उधर के लोग

उधर के लोग

अजय नावरिया

राजकमल प्रकाशन

ISBN : 978-81-267-1534-3

मूल्य : ₹495

पहला संस्करण : 2008
तीसरा संस्करण : 2021

प्रकाशक : राजकमल प्रकाशन प्रा. लि.
1-बी, नेताजी सुभाष मार्ग, दरियागंज
नई दिल्ली-110 002

शाखाएँ : अशोक राजपथ, साइंस कॉलेज के सामने, पटना-800 006
पहली मंजिल, दरबारी बिल्डिंग, महात्मा गांधी मार्ग, प्रयागराज-211 001
36-ए, शेक्सपियर सरणी, कोलकाता-700 017

वेबसाइट : www.rajkamalprakashan.com
ई-मेल : info@rajkamalprakashan.com

मुद्रक : बी.के. ऑफसेट
नवीन शाहदरा, दिल्ली-110 032

UDHAR KE LOG
by Ajay Navariya

"जिन्दगी को, तुम एक छोटे बच्चे की आँख से, सिर्फ अचम्भे की तरह देखो।"

मैंने, हाथ से मक्खी उड़ाते हुए, धीमे से कहा था। इस आलीशान और वातानुकूलित रेस्तराँ में भी, यह मक्खी, जाने कहाँ से चली आई थी। मैं कह तो गया था, पर तय नहीं कर पा रहा था कि यह सब उसकी समझ में भी आया होगा या नहीं।

मैं, समझाना यह भी चाहता था कि जिन्दगी में हर आनेवाला पल, एक नई शुरुआत के लिए, एक पूरी जिन्दगी से छोटा नहीं होता है। यह भी कि यह दुनिया, सिर्फ उन दस-बीस स्वार्थी और हिंसक आदमियों या औरतों से नहीं बनी है, जिनकी वजह से, उसने, यहाँ तक की यात्रा तय की है। वे लोग, इस दुनिया के एक हिस्सा भर हैं...पथरीले और नुकीले...इसके उलट जैसे तुम, तुम्हारी माँ और मेरे पिता, इस दुनिया के रूपहले और कोमल हिस्से हैं। इसे, बस दुनिया की सम्पूर्णता के रूप में समझो।

मैं जानता था कि यह सब उसकी समझ में नहीं आएगा। उसकी शिक्षा उतनी नहीं थी। पिछले पन्द्रह सालों का व्यवसाय भी, उसके दिमाग में, जड़ों की तरह, फिर बढ़कर, रेशों में बदल गया था। इस सबके बावजूद, उसका भोलापन और उससे भी बढ़कर भलापन, क्यों जिन्दा बचा रह गया था? उस तपती दुपहरी में यह जलकर मर क्यों नहीं गया था? वह, बेशक, झुलस गया था, पर उसकी शिराओं में जिन्दगी की हरकत और हरारत अब भी क्यों बची थी?

"तुम्हारे लिए यह बहुत जरूरी है।" उसे चुपचाप आँखें झपकाते हुए देख, मैंने फिर कहा था, कुछ पल बाद।

"क्या?" यह शब्द, उसके होंठों से, बहुत धीमे से, उछटकर बाहर गिरा था।

यह कहते हुए, उसके चेहरे पर कोई भाव नहीं आए थे। भूरी आँखों में सवाल की तुर्शी भी नहीं थी। मेरे कहे पर, उसने कोई प्रतिक्रिया भी नहीं की थी...शायद सिर्फ उसने पूछा था और जिस पूछने में किसी जवाब की उम्मीद भी नहीं थी। वह 'क्या' सिर्फ एक शब्द था और सवाल की पोशाक में नहीं था। वह एक अनमना और बेवजह शब्द था, जिसमें, अर्थ ने, शायद सेंध नहीं लगाई थी...।

मेरे लिए, यह बेवजह नहीं था और अनमना तो बिलकुल नहीं। यह, वहाँ से आया था, जहाँ से दिमाग की हदें, धुँधली पड़ने लगती है। यह, वहाँ से आया था, जहाँ से रोशनी और अँधेरे की आत्मीय मुलाकात शुरू होती है।

उसके भूरे, चमकीले बाल खुले थे और फैलकर गालों पर गिरे हुए थे। शैम्पू किए, रेशमी बाल, बार-बार उसकी आँखों पर गिरकर फैल जाते थे, जिन्हें वह बार-बार उँगलियों से उठाकर, कान के पीछे दबा लेती थी। कुछ देर बाद, धीरे-धीरे सरककर, बाल वहीं आ जाते थे और वह, उन्हें, फिर उठाकर पीछे कर लेती थी। इससे मुझे झुँझलाहट हो रही थी, पर उसके चेहरे पर वही मोहक मासूमियत फैली हुई थी।

क्या, वह वाकई सुन्दर और मासूम थी या सिर्फ मुझे वह ऐसी लगती थी?

पिछले दिनों की पहचान ने, शायद मुझे इस नतीजे तक पहुँचाया था। उसकी उठी नाक पर मुझे घमंड-सा बैठा दिखता था, पर खमीरी रोटी की तरह गदेली-फूली ठोड़ी में, आँखों की मासूमियत की तरह ही भलापन भरा था।

यह बात, पिछले साल के सितम्बर महीने की थी, जब हमारी पहली मुलाकात हुई थी। फोन पर हमारी कई बार लम्बी-लम्बी बातें हुई थीं, पर मिलने के लिए दोनों ही वक्त नहीं निकाल पाते थे। हालाँकि वह मिलने को बहुत उत्सुक रहती थी, पर मेरे लिए न यह मुमकिन था और न मुनासिब।

"तुम्हें, मुझ पर...।" मैंने उसकी आँखों में झाँकना चाहा था, आगे बोलने से पहले, इसीलिए यह बोलकर, मैं चुप हो गया पल भर। मुझे चुप देख, उसने आँखें उठाकर, मेरी तरफ प्रश्नसूचक नजरों से देखा था। "विश्वास कैसे हो गया?" मैंने बात पूरी करते हुए, उसकी आँखों में बात की असली प्रतिक्रिया देखनी चाही थी।

अगर यह बात, वह नजरें झुकाए सुनती तो वह अपनी प्रतिक्रिया छिपा भी सकती थी। मैं अपने सवाल का जवाब, उसकी जबान से नहीं, आँखों से सुनना चाहता था।

"पता नहीं...।" मुझे घूरते देख, वह यही बोल पाई, फिर वह कुछ पल चुप रह गई। इस बीच वह काँच की मेज की गोल धारदार किनारी पर उँगली फिराती रही। "तुम पहली ही नजर में...मन को अच्छे लगे।" वह फिर रुक गई। "तुम बहुत मासूम दिखते हो।" वह अब भी किनारी पर हाथ फेर रही थी। उसने आँख उठाई, फिर झुका ली थी। इन आँखों में चमक थी।

"क्या तुम मुझे प्रेम करने लगी हो?" मैं फुसफुसाया था। इस फुसफुसाहट में घबराहट काँपी थी।

उसके कहे इन शब्दों की, इस ऐतिहासिक पुनरावृत्ति से, मुझे घबराहट-सी हुई थी। मैंने भरसक मुस्कराकर, अपने दृढ़-निश्चय से इस घबराहट को जीत लिया था। यह सवाल इसी घबराहट में छिटका था। बहुत पहले, यही बात, मुझे मेरी पत्नी वनझा ने कही थी। "और तुम?" वह मेरी तरफ, अपनी भूरी आँखों में भारी सवाल उठाए थी।

मुझे, उसके ऐसे प्रतिप्रश्न करने की उम्मीद, बिलकुल नहीं थी। मैं चुप रह गया। इसका जवाब मेरे लिए मुश्किल न था, पर मुझे उसके जवाब चाहिए थे। मेरे पास कई सवाल थे और इन सवालों के माकूल जवाब, उस जैसी के पास ही थे। फिर "उस जैसी" शब्द मेरी चेतना में गूँजने लगा था। वह बहुत देर तक गूँजने के बाद धीरे-धीरे शान्त हुआ था।

"प्यार अन्धा होता है।" मुझे चुप देख, उसने कुछ देर बाद कहा था।

"शायद प्यार मल्टीपल डिसेबल्ड होता है...शायद एक से ज्यादा विकलांगताओं से लैस होने के कारण ही, वह हमेशा असुरक्षा की भावना से भरा होता है, नतीजतन वह ठोस जिद्दी भी होता है।" मैं बोल तो गया, पर फिर उसके चेहरे को पढ़ने लगा। वह कुछ समझी थी और कुछ नहीं समझी थी। वह अपनी लम्बी पलकोंवाली भूरी आँखों को, एक छोटी प्यारी बच्ची की तरह झपझपाती रही।

यह वसन्त के कुनमुनाहट भरे दिन थे। हवाओं में ठंडापन कम होता जा रहा था। इसके बावजूद रात को रखा पानी सुबह ठंडा ही मिलता था। वह पिछले महीने की तरह ऐसा ठंडा नहीं रहा था कि उसमें हाथ ही न डाला जा सके। मैं सुबह जब निकला, तो गुनगुने पानी से नहाकर ही निकला था, जो गीजर से गर्म किया गया था।

वसंत के ये दिन उद्दाम ऊर्जा और लहकती लालसा के थे।

यह दोपहर का वक्त था। 'बिग बनाना' में यह 'हैप्पी आवर्स' चल रहे थे। 'हैप्पी आवर्स' के दौरान एक बीयर पर एक बीयर मुफ्त थी। ह्विस्की, वोदका या जिन पर भी, एक पैग पर एक पैग मुफ्त था। उसे यह सब पहले से पता था और उसी ने मुझे भी इसका अर्थ समझाया था। मैं जानता था कि वह मुझे आज

भी बिल का भुगतान नहीं करने देगी। वह बिल हमेशा खुद चुकाती थी, ज़िद करके।

''यह मेरी खुशी है। इसके लिए मुझे ही कीमत चुकानी चाहिए।'' वह ज़िद करते हुए कहती थी। हालाँकि इस भारी बिल को चुकाने की मेरी हैसियत भी नहीं थी, पर मैं भलमनसाहत में ज़िद ज़रूर करता था।

''क्या लोगे?'' उसने बात पलट दी। पूछते हुए भी उसकी नजरें मेज के नीले काँच पर टिकी थीं।

''कुछ भी...जो तुम चाहो।'' मैं उसके बिखरे बालों के बीच उगे जादुई चेहरे को देख रहा था।

''ह्विस्की?'' कहकर वह मुस्कराई। उसकी आँखों में शरारत थी। मैं समझ गया था।

''बशर्ते कि हमें कोई शराबी न समझे।'' मैंने कहा और बिना शोर के शराबी का अभिनय करके दिखाया तो उसकी आँखें हँस गईं।

''लोगों को गोली मारो।'' उसने कन्धे झटके। ''बीयर लेते हैं।'' फिर उसने वेटर को इशारा किया, जो दूर खड़ा हमारे बुलाने के इन्तजार में, हमारी ही तरफ देख रहा था। उसकी आँखों में प्रतीक्षा और शरीर में प्रशिक्षित चुस्ती थी।

''मेरे लिए लेजर बीयर ही बोलना।'' मैंने वेटर के आने से पहले ही धीमे स्वर में उससे कहा। वह सुनकर भी चुप रही।

''वन स्ट्रांग एंड वन लॉगर बीयर...एंड सम फिंगर चिप्स...सम नट्स।'' उसने वेटर की तरफ एक बार भी नहीं देखा। अंग्रेजी में यह सब, वह इतनी कुशलता से कहती थी कि लगता ही नहीं था कि वह एक सरकारी स्कूल से सिर्फ दसवीं पास है। इस सबके अलावा, वह हिन्दी में ही बात करती थी।

मैंने दो-एक बार, अंग्रेजी में, उससे लम्बी बातें करने की भी कोशिश की थी, पर उसने स्पष्ट कह दिया था, कि उसे इससे ज्यादा अंग्रेजी नहीं आती।

''एनीथिंग एल्स, मैम।'' वेटर झुका था।

उस के 'ना' में सिर हिलाने पर, वह लौट गया था।

वेटर के इस तरह अंग्रेजी में पूछने पर, मुझे लगा था कि इस तरह काम चलाने के अलावा, वह भी ज़्यादातर वक़्त, हिन्दी में ही बोलता होगा। तब भी हम सब श्रेष्ठ दिखने के लिए अंग्रेजी बोल रहे थे और बोलते दिखना चाहते थे। क्या यह उसी तरह नहीं है, जिस तरह समाज में श्रेष्ठ होने या दिखने का मॉडल ब्राह्मण होना है?

''वह शायद हिमाचली होगा।'' वेटर की अस्वाभाविक रूप से लम्बी और नुकीली नाक देखकर मैंने सोचा था।

"लेजर बीयर नहीं बोलते, लॉगर बीयर बोलते हैं।" उसने वेटर के कुछ दूर जाने के बाद, धीमे से कहा।

उसके बोलते ही, पहला ख्याल मुझे निर्मल वर्मा की कहानियों में आए 'लॉगर' शब्द का आया और दूसरा ख्याल यह आया कि यह दो स्तरों का फर्क है। हम सब, जिसे अपने मुहल्ले-बस्ती में 'लेजर' बोलते रहे हैं, वह वास्तव में 'लॉगर' है।

लोक और आभिजात्य के इस फर्क में कौन जिन्दा बच पाएगा? क्या लॉगर, लॉगर बना रहेगा या वह 'लेजर' बन जाएगा कभी...जैसे लेन्टर्न, लालटेन बना था? क्या शब्द की सत्ता से अर्थ तय होगा या अर्थ की व्यापकता और ग्राह्यता की ताकत से शब्द की सीमा तय होगी?

वह मुझे बताकर चुप हो गई थी। उसके बोलने में कोई उपहास भी नहीं था। मैंने कोई हीनता भी महसूस नहीं की थी। मुझे लगा कि यदि यही शब्द मैं, वेटर को बोलता तो भी वह समझ जाता और 'लॉगर बीयर' ही लाता। बेशक तब वह, मेरे आर्थिक वर्ग को ज़रूर समझ लेता।

अंग्रेजी!...आज अंग्रेजी का वर्चस्व वैसा ही है, जैसा डेढ़ हजार साल पहले, ब्राह्मणों की संस्कृत का था...यह वक्त आज भी अज्ञात कारणों से स्वर्णयुग कहा जाता है...जिसकी तहकीकात बाकी है।

मैं, जिस शाम, उससे पहली बार मिला था, वह थकानभरी और उससे अधिक दुखद शाम थी।

हरियाणा के एक छोटे-से कस्बे गोहाना में, दलितों की एक पूरी-की-पूरी बस्ती, आग लगाकर राख में बदल दी गई थी। हम खबर लगते ही उधर भागे थे। यह आग, हमारे घरों में लगाई गई थी।

एन.डी. टीवी पर, दिबांग, किसी नेता से तल्खी से बात कर रहे थे, जो इस मौके पर भी, अपनी जातीय घृणा उगल रहा था।

बस्ती सुनसान थी और भाँय-भाँय, चिड़-चिड़ के साथ सुलग रही थी। बस्ती में सूअर, कुत्ते और मुर्गियाँ थीं। वे सब एक जगह इकट्ठे हो गए थे।

हम सब लाचार थे और कमजोरों की तरह सिर्फ खड़े थे और अपने जीवन की जमा-पूँजी को जलते हुए देख रहे थे। उस बस्ती की कई लड़कियों की शादी होनी थी। शादी के लिए सहेजा सामान राख में बदल गया था। लड़कियाँ वहाँ नहीं थीं। प्रशासन को पता तक नहीं था कि यहाँ हजारों बरस से रहनेवाले, हजारों लोग, रातों-रात कहाँ गायब हो गए?

अगले दिन दोपहर घर लौटा और सोया तो शाम को ही नींद टूटी। थकान और दुख अब भी वैसा ही था। मोबाइल पर कालरा का फोन आया था। मेरे

बार-बार ना करने के बावजूद, वह इसरार करता रहा तो मुझे जाना पड़ा। मैंने इसे ध्यान हटाने का साधन भी समझा था। शायद यह मुझे अपने लिए जरूरी लगा था, उस वक़्त, पर तब तक मुझे बाकी बातों का पता नहीं था।

वह वहीं मिली थी। यह मेरी उससे पहली मुलाकात थी। मैं बाहर ड्राइंगरूम में कालरा के साथ बैठा था। कालरा ने मेरे लिए ड्रिंक बनाया, पर मैं पी नहीं सका। मेरी इच्छा जैसे सर्द हो गई थी। तभी अन्दर के कमरे से वह निकलकर आई थी।

''राना कहाँ है?'' कालरा ने उससे पूछा था। वह खास अन्दाज था। वह उसकी तरफ देखकर मुस्करा रहा था। वह काफी रहस्यपूर्ण मुस्कान थी।

''अन्दर पड़ा है...खल्लास।'' उसने हाथ के अँगूठे और तर्जनी से शून्य के आकार का चिह्न बनाकर खोला था। ''पर सच में, राक्षस है।'' कहकर वह हँसी थी। उसने बढ़कर एक गिलास उठाया और एक ही साँस में खत्म कर दिया।

मैं भौंचक्क उसे देख रहा था।

''जा, राना को जरा यहाँ बुला।'' कालरा ने मेरी तरफ देखा था।

मैं उठकर अन्दर चला गया। राना मुझे देखकर मुस्कराया।

''तू कब आया?'' यह राना की पस्त आवाज थी।

''अभी गोहाना से लौटा हूँ, तुमने सुना तो होगा।'' मैंने उसके सवाल को अनसुना कर दिया।

''हाँ सुना...बहुत बुरा हुआ।'' वह वैसे ही पस्त हालत में पड़ा रहा। ''जब तक गरीब रहेंगे, तब तक ऐसे ही मरेंगे।''

''नहीं वे गरीब नहीं थे...इलाके के हिसाब से सम्पन्न थे...चल, कालरा बुला रहा है।''

मैं, उससे जो कमरे में चल रहा था, उसके बारे में पूछना चाहता था, पर भले बने रहने के फेर में पूछ न सका। यह सुनकर वह उठा और तहमद बाँधता हुआ बाहर निकल आया। वह उसी के सामनेवाली कुर्सी पर आकर बैठ गया था। वह चुपचाप बैठी कुछ चबा रही थी। उसने राना की तरफ भी नजर उठाकर नहीं देखा। मैंने अब उसे भरपूर नजरों से देखा। अब कुछ भ्रम नहीं बचा था। उसकी उम्र पच्चीस-छब्बीस साल के आस-पास लगती थी, पर बाद में उसने खुद को तीस का बताया था।

''यह आयशा...मेरी दोस्त।'' कालरा ने मेरी तरफ देखकर कहा।

कालरा हमेशा, उस जैसी लड़कियों के बारे में बात करते हुए आदर की जबान में बात करता था, जबकि राना हमेशा उन्हें 'रंडी' या 'साली' कहता था।

''आयशा, यह मेरे दोस्त हैं, प्रोफेसर हैं यूनिवर्सिटी में।'' कालरा ने पहले उसकी और फिर मेरी तरफ देखकर कहा था। ''प्रोफेसर इसकी एक प्रॉब्लम है, वह तुम ही 'सॉल्व' कर सकते हो।'' कालरा ने संजीदा ढंग से कहा।

मैंने उसे 'हैलो' किया था, पर उम्मीद के उलट उसने जवाब नहीं दिया था। उसने सिर्फ हाथ उठाकर, उँगलियाँ हिलाई थीं।

''बताइए, मैं क्या कर सकता हूँ?'' मैंने कहा तो उसने चेहरा उठाकर, मेरी तरफ अपनी भूरी आँखों को गड़ा दिया था। उसके चेहरे के भोलेपन को देखकर, मैंने अपनी सोच को दोबारा संयत किया। मैं क्या उलट-सुलट सोचने लगा था, उसके बारे में। वह बहुत मासूम थी। यह वह नहीं हो सकती...क्या वाक़ई यह वह है?

''आयशा, यहाँ भेजा मत खाओ। अन्दर जाकर बताओ।'' कालरा ने कहा तो वह बिना कुछ बोले उठी और अन्दरवाले कमरे की तरफ बढ़ गई।

मैंने कालरा की तरफ सवालिया नजरों से देखा, जिसका मतलब था 'यहाँ क्यों नहीं', पर कालरा ने सिर उसी कमरे की दिशा में हिलाकर आँख से इशारा किया, जिसका मतलब था 'जाओ और सुनो' मैं उसे मना नहीं कर सकता था। उसके कई बड़े अहसान मुझ पर थे। अहसानमन्द होने से आदमी का विरोध मद्धम पड़ जाता है।

मैं अन्दर पहुँचा। वह पलँग पर बैठी हुई थी। मैंने पलँग के पास पड़ी कुर्सी खींची और बैठ गया। वह उठी और उसने दरवाजे की चिटकनी लगा दी। अब वह बिलकुल मेरे सामने खड़ी थी।

मैं समझ गया कि मैं पहले सही था। उसकी मासूमियत छलावा था। अचानक उसने बढ़कर, मेरी गर्दन में अपनी बाहें डाल दीं। आश्चर्य कि मैं कुछ प्रतिक्रिया न कर सका। शायद, यह गुनाह के स्वाद के लम्हे थे।

''यह सब क्या है?'' मुझे यकायक होश आया, जैसे हजार वॉट का बल्ब किसी अँधेरे में जला हो।

''गिफ्ट फॉर यू फ्रॉम योर फ्रेंड।'' उसने मेरे द्वारा उसके हाथों को एक तरफ झटकने का बुरा नहीं माना। उसके चेहरे पर कोई शिकायत नहीं थी।

''नो...नो...प्लीज...बिहेब योअरसेल्फ...आपको कुछ कहना है तो बताइए।'' बोलते-बोलते मैं दरवाजे तक पहुँच गया था और चिटकनी खोलकर, पूरा दरवाजा खोल दिया।

मैंने दरवाजे पर पहुँचकर उसकी तरफ देखा। वह एकटक, विस्फारित आँखों से, मेरी तरफ देखे जा रही थी। मैं वाकई कुछ घबरा गया था। किसी सेक्स वर्कर से यह मेरा पहला साबका था। उसे कुछ बोलते न देख, मैं कमरे से बाहर निकल

गया था। मुझे लौटते देख, कालरा बहुत जोर से हँसा था। राना भी उसके साथ खींसे निपोर रहा था।

"मैं जानता था...तू किसी का दुख-दर्द नहीं बाँट सकता, प्रोफेसर।" कालरा ने उठते हुए मेरी पीठ पर धौल जमाई थी और कमरे में चला गया। दरवाजा बन्द होने की आवाज मेरी पीठ ने सुनी थी।

"जा प्रोफेसर, अन्दर बुला रही है।" कालरा कुछ देर बाद कमरे से बाहर आ गया था। मैं इस बीच भाग जाने के मनसूबे ही बाँधता रह गया था, पर भाग नहीं पाया था। आखिर क्यों?

"सुन ले।" कालरा के स्वर में आदेश नहीं, सिर्फ अनुराग भरा अनुरोध था।

"यहीं बुला ले।" मैंने हाथ नचाया था, जिसका अर्थ यह भी था कि मैं अन्दर नहीं जाऊँगा।

"अरे तेरे से जबरदस्ती कोई करेगी। औरत है वो, मर्द नहीं है। यारों की बात भी मान लिया कर। जा...जा...जबरदस्ती नहीं करेगी, मैंने समझा दिया है।" उसने बढ़कर मेरे कन्धे पर अपनेपन का दबाव दिया था। "तू भला आदमी है प्रोफेसर, हमारे जैसे लोगों को जीने के लिए, जिस विश्वास की जरूरत पड़ती है, वह तुम जैसे लोगों के पास ही है।"

कालरा की आँखों में समर्पण था, शिकस्त थी और शिकायत भी।

यह सब सुनकर, मैं पशोपेश में पड़ गया था।

क्या वाकई भगवान को भी विश्वासी और भोले भक्त, इसीलिए प्रिय बताए जाते हैं? क्या इसीलिए गीता में, कृष्ण अपने भक्तों को आँखें बन्द रखने की हिदायत देते हैं? क्या भगवान भी, कालरा की तरह चालाक रहा होगा, जिसका विश्वास दुनिया से उठ चुका है और वह अपने भोले भक्तों के लिए, हर तरह का आश्वासन देता है? क्या वाकई वह है? और है तो इतना निरीह क्यों है? निरीह, सबल का मददगार कैसे हो सकता है? क्या कालरा भी वहाँ पहुँच चुका है?

कालरा मुझे बुरा आदमी नहीं लगता था। माता-पिता की मौत के बाद उसी ने अपने छोटे भाइयों और बहन को सँभाला था। वह खुद शादी नहीं कर पाया था, इन्हीं जिम्मेदारियों को निभाते-निभाते।

मैं उठकर अन्दर चला गया। मुझे अन्दर आते देख वह उठकर खड़ी हो गई। मैं कुर्सी पर बैठ गया तो उसने बढ़कर फिर दरवाजा बन्द कर दिया। मैंने उसकी तरफ सवालिया नजरों से देखा।

"डरो मत, मास्टरजी।" उसने 'मास्टरजी' कहा तो मुझे अच्छा लगा। उसके स्वर में लिहाज़ था।

वह बिलकुल मेरी कुर्सी के हत्थे पर आकर बैठ गई। मैंने उसकी तरफ देखा, जिसका मतलब था कि "देखो, तुम फिर शुरू हो गई।" वह समझ गई। वह 'ओ.के., ओ.के.' कहते हुए तेजी से उठ गई और सामने पलँग पर जाकर बैठ गई।

"आपने किसलिए बुलाया मुझे।" मैंने उसे अपनी तरफ अपलक घूरते हुए देखकर, कुछ क्षणों बाद पूछा। मुझे असहजता महसूस हो रही थी।

"मुझे कुछ बात करनी है आपसे।" वह मेरी हताशा और असहजता को समझ रही थी। उसकी आँखों में कहते वक्त शरारत थी। इसके बावजूद, वह कुटिल नहीं लग रही थी...एक मासूम बच्चे की शरारत से ज्यादा नहीं थी यह।

"आपका नाम?" उसके उसी शरारती अन्दाज में गिरा था यह सवाल।

"क्या फर्क पड़ता है? मुझे आपसे दोबारा तो मिलना नहीं है।" मैंने लगभग चिढ़कर, कुछ अभद्रता से कहा।

"फिर भी...।" उसे जैसे इससे कोई फर्क नहीं पड़ा।

"सिद्धार्थ।" मैंने जान-बूझकर उसे गलत नाम बताया।

"नाम तो सही रखा है आपका योगीजी।" वह फिर उसी अन्दाज में हँसी।

"आपका?" मैंने भी पूछ लिया। शायद एक आदिम उत्सुकता, उसे लेकर मेरे भीतर भी थी। क्या मैं खुद भी उससे बातें करना चाहता था?...शायद हाँ, पर सिर्फ बातें। एक नई और अपरिचित दुनिया की जानकारी के लिए। आखिर वे भी उसी मनुष्य समाज के हिस्सा हैं—यह सोचकर।

"आयशा...।" कहते हुए उसके होंठ हरकत में आए।

"क्या आप...?" मैं पूछना चाहता था कि क्या वह मुसलमान है? पर चुप रह गया। सोचा कि क्या यह भी जाति पूछने जैसी ही अशिष्टता नहीं होगी। अगर वह हिन्दू है तो क्या फर्क पड़ता है और नहीं है तो क्या फर्क पड़ता है।

वह जो है, वह है और उसका यह होना एक घटना से ज्यादा क्या है? शायद एक तथ्य या फिर एक तथ्यात्मक घटना...जिसकी जरूरत, सरकार को जनगणना कराने और पार्टियों को दंगा भड़काने के लिए कभी-कभार पड़ती है। खुद उसे शायद उसकी जरूरत, जन्म और विवाह के अलावा, कभी पड़ेगी तो तब, जब वह खुद नहीं रहेगी।

"पूछिए, पूछिए, मास्टरजी।" उसने, उसी निर्भाव भाव से, मेरे चुप रह जाने को लक्ष्य करके पूछा। उसके पूछने में कुछ चहक जरूर थी।

"कुछ नहीं।" मैंने टाला।

"मैं मुसलमान नहीं हूँ...यही पूछना चाहते थे न आप?" वह उसी भाव से फिर बोली। उसके स्वर में चौंका देने जैसा कुछ नहीं था। शायद ये उसके स्वभाव का हिस्सा बन गया था। यह सब सहज ढंग से बता देने जैसा होता था।

"नहीं...नहीं...ऐसी बात नहीं...तुम्हारा नाम कुछ ऐसा है।" मुझे झेंप हुई थी।

"माँ को यह नाम अच्छा लगता था।" वह मेरी तरफ आँख उठाकर देखने लगी थी। "मुझे इसके प्रोफेशनल बेनेफिट हुए। पूछो, कैसे?"

"कैसे?" मैं बिना सोचे, रौ में, एकदम से बोल गया।

"हिन्दू ग्राहकों को मुसलमान औरतों के साथ, यह सब करने में बहुत तसल्ली मिलती है। वे कहते हैं कि मुसलमान औरतें बहुत गर्म होती हैं। यह तो बाइचांस की बात थी कि मेरे मुँह से एक ग्राहक के सामने, जैसे ही आयशा निकला, तो झट उसने खानम जोड़कर पूछा था, 'क्या मुसलमान'...और मास्टरजी, मैंने भी मजाक में 'हाँ' कह दिया था। बस वह तो दीवाना हो गया। हालाँकि वह आदमी कमज़ोर था, पर यह सुनकर तो वह भी पठान हो गया था। 'यह काम मत छोड़ना कभी। पैसे की जरूरत पड़े तो बताना।' जाते वक्त उसने मुझे ज्यादा पैसे दिए थे, अपना कार्ड भी दिया था।"

"कौन था वह?" मैंने उत्सुकता को दबाते-दबाते भी पूछ लिया।

"अब याद नहीं, व्यापारी था। पर मुझे अच्छी तरकीब मिल गई। शुरू में, मुझे मेरी जाति का भी एक आदमी मिला था। वह मुझे इस प्रोफेशन में देखकर दुखी हुआ था। वह मुझे किसी एन.जी.ओ. में काम देना चाहता थे, पर मैं गई नहीं। वह साला जाति के नाम पर मुझसे अकेले मजे लेता और महीने के पाँच-छह हजार पकड़ा देता। साला सेवाराम शास्त्री, बुढ़ापे में जाऊँगी, तो पूछेगा भी नहीं।" उसके स्वर में कोई कड़वाहट नहीं थी, आश्चर्य की बात थी।

मैं अवाक् रह गया था सुनकर, उसके अनुभव। ये बातें मेरे लिए नई नहीं थी। मौलाना सफदर अली मुस्लिम यूनिवर्सिटी से पोस्ट-ग्रेजुएशन करते वक्त, हिन्दू और मुसलमानों के परस्पर अविश्वास को, मैंने नजदीक से देखा था। इसी अविश्वास में, दोनों तरफ की नफरत, औरतें झेलती थीं...बेशक, गरीब आदमी भी। फीरोज से मैं इन सब पर खूब चर्चा करता था। वह मेरे सबसे अच्छे दोस्तों में था। वह निगार से बेहद मुहब्बत करता था और निगार भी।

"वह कुरैशी है। उसके परिवारवाले, उसकी शादी मुझसे नहीं करेंगे।" बहुत बाद में, मैंने जब उसे निगार से निकाह करने के बारे में पूछा था, तो उसने कहा था। "वह तुमसे उसकी शादी कर देंगे।" कहकर फीरोज हँसा था। यह टीसती हँसी थी।

"मतलब?" मैंने पूछा था।

"मतलब ये कि तुम दोनों कसाई हो।" उसका, मेरी जाति का इस तरह जिक्र करने से, मुझे भी हँसी आ गई। "तुम और निगार सच में ही कसाई हो. ..इश्क में भी तुम्हारे दिल पक्के हैं।"

उसके चेहरे पर इस बात की टीस थी। वह, मेरे और वंदना के रिश्तों के बारे में सब कुछ जानता था। वंदना, उन दिनों मुझसे मित्रता करने के लिए हाथ धोकर पीछे पड़ी हुई थी। अपने छोटे से चेहरे के कारण वंदना दिलकश थी, पर मैं मजबूर था।

"क्या, सच में यह तुम्हारा असली नाम है?" मैं खुद को, अब तक सहज कर चुका था। "ज्यादातर तो झूठे ही नाम बताती हैं।"

"अच्छा...आपको तो बहुत तजुर्बा है...और आपका नाम?" उसने मेरे व्यंग्य को समझ लिया था।

"मुझे क्या डर है?" मैंने हाथ नचाए।

"आपको क्या लगता है कि मुझे है? यहाँ के थानेवाले मुझे नमस्ते करते हैं। इस इलाके के डी.सी.पी. की कार में घूमती हूँ।" उसकी गर्दन में ऐंठ और आँखों में उच्चता का भाव आया था।

"आप मैरिड हैं?" मैं तय नहीं कर सका कि वह इस सवाल से क्या जानना चाहती है?

"नहीं।" मैं कह गया था। मैं उसे वंदना की मृत्यु की बात क्यों बताता? संगीता से तब तक मेरी शादी नहीं हुई थी। क्या कहता, मैं अपने लिए, विवाहित, विधुर या अविवाहित। मैंने छिपाना मुनासिब समझा। फिर सोचा कि क्या कालरा ने बता नहीं दिया होगा, मेरी पारिवारिक जिन्दगी के बारे में?

"मैं आपके लिए कुछ करना चाहती हूँ, मास्टरजी।" उसने फिर मुझे आत्मीयता से 'मास्टरजी' पुकारा तो मुझे अच्छा लगा।

"मैं...अपनी पत्नी के साथ ही... ।" मैंने कुछ अस्पष्ट शब्दों में उसे कह दिया।

"यह मेरी तौहीन कर रहे हैं आप।" वह एकदम उठ खड़ी हुई थी। इस स्वर में उम्मीद के उलट आवेश था।

उसने पलक झपकते ही अपने मैरून रंग के रेशमी गाउन की गाँठ खोलकर, उसे कन्धे से सरका दिया था। वह सर्र से जमीन पर जा गिरा था। नीचे कुछ नहीं पहना हुआ था उसने, ब्लैक मैटल की एक करधनी के अलावा, जो उसकी सुती हुई कमर में झूल रही थी। ये मादक क्षण थे, मदहोशी के क्षण थे, अपराध के क्षण थे। इसी एक क्षण में अपराध की आदिम अकुलाहट ने फन उठाया था।

"सब एक हैं।" सोचकर मैं खुद को सँभाल गया।

"मैं ही हूँ आयशा, जो तुम्हारी तौहीन नहीं कर रहा हूँ।" मैंने झुककर गाउन उठाया और उसके कन्धे पर डालकर, पेट पर गाँठ बाँधकर रोक दिया। "यह मामला जिस्म का नहीं, जमीर का है। इनसान की इज़्ज़त का है। चाँदी की चन्द चवन्नियों से कोई तुम्हारी इज्जत कैसे खरीद सकता है!"

यह बहुत गाढ़े पल थे, बहुत भावुक और अनपेक्षित भी।

वह चुपचाप खड़ी थी, जैसे कोई धातु की मूर्ति। कुछ पल मैं भी खड़ा रहा, फिर बैठ गया, फिर उठ गया, फिर उसकी तरफ देखा और फिर बैठ गया। मैं यह क्या कर रहा हूँ? मैंने सोचा।

"कुछ कहना है।" उसे चुप देख, मैंने पूछा। पर वह खड़ी रही, एकदम चुप। वह वहाँ नहीं थी। उसका पल्ला कहीं अटक गया था, शायद अतीत के कँटीले झाड़ में।

मैं उठ खड़ा हुआ। उसकी आँखें भी मेरे साथ उठी थीं, पर वह खामोश थी, वह वहाँ नहीं थी। मैं दरवाजा खोलकर बाहर निकल गया।

यह शायद उसका आखिरी हथियार था, जो व्यर्थ चला गया था। उसके पास अब कुछ नहीं बचा था, जिसका वह सन्धान करती। यह सब उसकी उम्मीद और तजुरबे की बाहरी हदों पर खड़ा सच था।

"मास्टरजी, दिल पर चोट खाकर जा रही हूँ।" वह तैयार हो चुकी थी और कोठी से बाहर निकल रही थी। उसने सबसे नजर बचाकर कहा था।

राना ने अपनी नई मारुति एस्टीम में स्टेयरिंग सँभाल लिया था। कालरा और मैं, बाहर दरवाजे के पास आ खड़े हुए थे। "नई ली है।" कालरा ने मुझे बताया था। यह सफेद रंग की थी। राना को सफेद रंग जुनून की हद तक पसन्द था। मैं उसे पिछले दो-ढाई साल से जानता था और इन सालों में, मैंने उसे सफेद कपड़ों के अलावा, किसी रंग के कपड़ों में नहीं देखा था।

राना मेहनती रंग का मजबूत आदमी था। पश्चिमी उत्तर प्रदेश में उसका गाँव था। बहुत गरीबी से निकलकर यहाँ तक आया था वह। उसने पढ़ाई की थी और शहर के एक महत्त्वपूर्ण सरकारी महकमे में अफसर बन गया था। वह मेधावी और दबंग अफसर था।

आजादी के बाद, आरक्षण ने उन तबकों से भी, इंजीनियर, डॉक्टर और प्रोफेसर दिए हैं, जिनका प्रवेश अब तक वहाँ वर्जित था। ये लोग इस देश के आम आदमी हैं और आम आदमी जैसे ही दिखते हैं। सरकारी नौकरियों में इनकी आमद से, आम लोगों में अभिजनों का हौव्वा कुछ कम हुआ है। देश के करोड़ों दबे-कुचले लोगों में यह विश्वास जागा है कि वे भी डॉक्टर-इंजीनियर बन सकते हैं। आखिर, आरक्षण ने लोकतंत्र को लोकप्रिय और लोकानुकूल बनाकर राष्ट्र को ताकत दी है।

कालरा, राना से सेवाएँ लेता भी था और उसे सेवाएँ देता भी था। धीरे-धीरे उनकी यह पारस्परिक निर्भरता, एक अजीब दोस्ती में तब्दील हो गई थी।

"राना, ये प्रोफेसर 'ट्रिपल पी' वाला आदमी है।" कालरा ने मेरे गले में बाँह डालते हुए कहा था। राना ने सुनकर ठहाका लगाया था। आयशा मुस्कराकर रह गई थी। आयशा की मुस्कान कुछ खिसियाई-सी थी।

कार कोठी से बाहर निकल गई थी। कार चलते वक्त आयशा ने हाथ मिलाने के लिए मेरी तरफ हाथ बढ़ाया था। हाथ मिलाते हुए, मैंने अपने हाथ में एक कागज के पुर्जे के वजूद को महसूस किया था। मैंने सबकी नजर बचाकर जेब में डाल लिया था उसे। उस पर उसका मोबाइल नम्बर था, मैंने बाद में देखा था।

"यह 'ट्रिपल पी' क्या है कालरा?" कार के जाते ही मैंने सवाल दागा।

"ट्रिपल पी...ट्रिपल पी माने परमानेंट पेड प्रोस्टीट्यूट...बीवियाँ, बीवी एक स्थायी और एकमुश्त वेश्या से ज्यादा क्या हैं?" कालरा ने सिगरेट जला ली थी।

कालरा का चेहरा बिलकुल निरपेक्ष और निर्भाव था। इतनी बड़ी बात कहते हुए, उसके चेहरे पर कोई घृणा या कोफ़्त भी नहीं आई थी। औरत के लिए उसकी ऐसी सोच से बदबू आती थी। क्या वह अपनी माँ को भी इसी श्रेणी में रखता होगा? मैं यह उससे पूछना चाहता था, पर पूछ न सका था।

"हम टी.पी.पी. वाले हैं।" मुझे चुप देख, वह कुछ देर बाद बोला। मैंने उसकी तरफ देखा, जिसमें सवाल था। "टेम्परारी पेड प्रोस्टीट्यूटवाले। यह फफूँद घर में क्या रखें? जब चाहो, बाजार में सिक्के उछालो, घर में लक्ष्मी बनकर, छम-छम करती आएगी। मनमर्जी का काम लो और तानकर सोओ।" उसने रुककर कश लगाया।

"परमानेंट की तरह चौबीसों घंटे कान तो नहीं खाती। काम तो दोनों का एक ही है, पर इसे हक भी चाहिए। बच्चों की दुहाई देगी हजार बार, जैसे मजे लेने में उसने कुछ कम लिया हो। ये राना...मेरे दोनों भाई...साला हर आदमी, अपनी औरत का सताया हुआ है। ये औरतें...ये औरतें चाइनीज मैथड ऑफ टॉर्चर जानती हैं...तिल-तिल करके मरना...तुम समझते हो, कैसा ट्रैजिक होता है।" वह चीखने लगा था, लगभग।

कालरा की यह मर्दवादी सोच, शराब पीने के बाद बाहर आती थी। रोजमर्रा की जिन्दगी में वह औरतों के साथ बहुत सभ्यता और शिष्टाचार के साथ पेश आता था। एक बार, एक औरत से, किसी आदमी के छेड़खानी करने पर, उस आदमी से हाथापाई करते हुए भी, मैंने उसे देखा था।

"सब औरतें उसी तरह एक जैसी नहीं हैं, जिस तरह सब आदमी एक जैसे नहीं हैं।" मैं आखिरकार कहने को मजबूर हो गया।

''नहीं, सब औरतें एक जैसी हैं...रंडी, कुतिया, हरामजादी।'' वह ज्यादा चढ़ा गया था। वह अपशब्द पर उतर आया था।

''हमारी माँएँ भी?'' अब जज़्ब करना मुश्किल था।

यह पैने शब्द थे। वह लहूलुहान हो गया था, धार से। उसकी बुझी आँखों में लहू लहका था।

''अपने आदमी के साथ वह भी ऐसी ही होती है।'' वह दबी आवाज में कह गया था।

यह उसका हिंसक रूप था। उसने बाघ की तरह, मेरी तरफ देखा था। उसकी आँखें, लाल और मोटी हो गई थीं। मैं जान गया कि वह औरत और आदमी की नहीं, नर और मादा की बात कर रहा था और जिसे गफलत और नशे में वह, पति-पत्नी के रूप में समझ और समझा जा रहा था।

क्या वैवाहिक स्थिति में आने के बाद ही, नर और मादा का रूपान्तरण, आदमी और औरत के रूप में नहीं होता।

इन दो विरोधी सत्ताओं के ताकत के खेल को कालरा समझ नहीं सकता था। शायद वह यह भी मानने को तैयार नहीं था कि विवाह, इन दो ताकतों का न्यूनतम साझा कार्यक्रम भर है। उसने सिर्फ धन की ताकत को समझा था और वह इसी को सब ताकतों की बुनियाद मानता था।

कालरा शायद अपने नजरिए में सही था या नहीं भी था, लेकिन विचारों के इस लोकतंत्र में, वह भी अपनी मनमर्जी के लिए आज़ाद था।

''औरतें भी शायद आदमियों के बारे में ऐसा ही सोचती होंगी।'' मैंने कहा, लेकिन वह चुप रहा। कुछ देर तक हम दोनों के बीच चुप्पी चहलकदमी करती रही।

''चलूँ।'' कहते हुए, मैं उठ गया। कालरा कुछ नहीं बोला था।

''मैं आयशा को छू क्यों नहीं पाया?'' मैं रास्ते-भर सोचता रहा। मुझे शायद सेक्स वर्करों से घिन आती है, क्योंकि वे कई आदमियों से सम्बन्ध बनाती हैं। मैंने खुद को जवाब दिया। फिर मुझे मधुरिमा से घिन क्यों नहीं आती थी? विवाह से पहले, उसके साथ मेरे गहरे सम्बन्ध थे और वह न केवल विवाहित थी, बल्कि दस साल बड़ी भी थी। क्या मुझसे पहले, उसके किन्हीं और आदमियों से ताल्लुकात नहीं रहे होंगे? शायद वह पेशेवर नहीं थी इसीलिए। पर क्या इससे कोई फर्क पड़ता है? क्या वह ज्यादा बड़ा अपराध नहीं था? क्या मैं खुद, मधुरिमा की ही तरह, वंदना और संगीता तक जूठन के रूप में नहीं पहुँचा था? क्या हम जूठन हो सकते हैं? क्या, आयशा से परिचय नहीं था, इसलिए मैं आगे नहीं बढ़ सका? आखिर हम पशु नहीं हैं कि यह सब पशुवत करें। क्या, मेरी सोच पवित्रता से

दूषित थी? बिना जुड़ाव और जरूरत के, शायद यह सब मेरे लिए मुश्किल था। सवालों के जाजे में फँसे मामूली कीड़े जैसी हालत थी मेरी।

सोचते-सोचते रास्ता कट गया था, उस रात।

•

''वैसे यह बीयर पीने का मौसम नहीं है।'' आयशा ने कहा तो मेरा दामन छूटा, जिसे आयशा से हुई पहली मुलाकात की याद ने पकड़ लिया था। वह जान गई थी कि मैं कहीं और था। इस बीच वह मुझे चुपचाप देखती रही थी।

''मुझे नहीं पता...जिनकी जानकारी कम हो, उनके फैसलों में फासला रह जाता है...अचूक होने का। मैं तो तुम्हारे साथ हूँ, और मैं बीयर भी ह्विस्की की तरह कम पीता हूँ...और वह भी कभी-कभी।''

''पहले क्यों नहीं कहा...मैंने सोचा कि तुम्हारा मन है...मेरा तो बिलकुल मन नहीं है।'' वह एक सपाट वक्तव्य था।

''मैंने सोचा कि तुम्हारा मन है...इसीलिए मैं राजी हो गया था।''

''क्या यह प्यार नहीं है? हम एक-दूसरे के लिए अपनी इच्छाओं को कुरबान कर रहे हैं, बिना शिकायत '' उसने मेरी आँखों-में-आँखें डालकर कहा।

''यह एक-दूसरे की भा ाओं का सम्मान भी हो सकता है।'' मैं अपनी तरफ से उसे किसी भुलावे में नहीं रखना चाहता था। संगीता मुझे छोड़कर पिछले महीने जा चुकी थी, लेकिन हम अब भी, बेशक पति-पत्नी थे, हमारा तलाक नहीं हुआ था।

''फिर प्यार क्या होता है?'' यह एक बुझा हुआ सवाल था...तपिश नहीं थी इसमें।

''शायद कॉफी ठीक रहेगी?'' मैंने एक नगा सवाल पूछकर बात पलट दी।

''हाँ, बिलकुल, कॉफी और प्यार में काफी समानताएँ हैं। एक दिलकश और अजीब मिठास। क्या नहीं?'' उसने पूछा था। वह मेरी आँखों में कुछ ढूँढ़ रही थी। शायद अकेलेपन से बचने का विश्वास। वह कह चुकी थी कि वह मेरी पत्नी का हक कभी नहीं छीने ।। आखिर, यह कैसे मुमकिन था?

''यह मैं नहीं जानता।'' मैं चुप रह गया। मैं कहना चाहता था या शायद उसे बताना चाहता था कि कॉफी और प्यार में नहीं बल्कि कॉफी और गृहस्थी में काफी समानताएँ हैं...एक ऐसी मिठास, जो अजीब कसैले स्वाद से लकदक है।

''क्या कहा?'' उसने पूछा।

''कुछ नहीं...।'' मैंने जल्दी से उत्तर दिया। क्या यह मन की बातें पढ़ लेती है। बंगालियों का क्या भरोसा?

उसकी आँखें कुछ फैली और फिर सिकुड़ गई। उसने हाथ उठाया, थोड़ा-सा और दो-तीन क्षणों में ही, वही वेटर आकर खड़ा हो गया। उसने वेटर को पहलेवाला 'ऑर्डर कैंसिल' का हुक्म दिया और कॉफी लाने को कहा।

वेटर ने सिर झुकाकर 'ऑर्डर' लिया था और लौट गया था।

वेटर ने शिकायत या खीज का एक भी भाव, चेहरे पर प्रकट नहीं होने दिया था। ग्लोबल विलेज और प्रतिस्पर्द्धा के इस दौर में ग्राहक की अहमियत को समझनेवाला कुशल वेटर था वह, या शायद 'हायर एंड फायर' के फार्मूले में अपनी असली औकात से आतंकित था वह या पीछे खड़े उस फ्लोर मैनेजर की मुस्तैद आँखों की क्रूरता से परिचित था जो रेस्तराँ के मालिक की अदृश्य आँखों से संचालित थी।

आयशा ने वेटर को यह सब अंग्रेजी में कहा था और वेटर ने भी 'यस मैम' कहने के बाद, आखिरी लफ्ज 'एनिथिंग एल्स' कहे थे।

''औरत को इतना कमजोर नहीं होना चाहिए कि वह इस काम से पेट भरे।'' मैं कह ही गया।

मैं क्यों कह गया था? क्या मैं उसके इस ऐश्वर्य से, कहीं ईर्ष्या महसूस कर रहा था? क्या मैं उसे ऐसा कहकर नीचे लाना चाहता था? मुझे लगा कि वह बुरा मान जाएगी, पर उम्मीद के उलट वह मुस्करा दी। मुझे खराब लगा...शायद उसकी बेशर्मी।

''तुम्हें क्या लगता है?'' वह पल-भर रुकी, फिर मुस्कराई, ''यह मेरी ख्वाहिश थी?'' उसके पूछने में तो सवाल था, पर चेहरे पर मलाल नहीं था।

''अच्छा तुम क्या पढ़ाते हो मास्टरजी?''

''कानून...।'' मैंने फिर झूठ कहा...हालाँकि मैंने पत्राचार से लॉ कर लिया था, पर मेरा विषय यह नहीं था।

''तभी ऐसे हो!'' वह धीमे-से बोली।

''कैसे?'' मैं हँसा।

''चोर!'' कहकर वह हँस पड़ी। ''हिन्दी पढ़ानेवाले अच्छे होते हैं...उनके भीतर इंसानियत ज्यादा होती है।'' उसने मीठा ताना दिया। ''जैसे मेरे अरुण सर थे।''

'अरुण सर' बोलते हुए, मुझे उसकी आवाज में, अतिरिक्त अमृत महसूस हुआ था। अरुण सर, उसकी किशोरावस्था पर पड़े निशान थे शायद।

''कौन थे!'' मैंने सवाल किया था, पर वह दूसरे रास्तों पर चली गई थी।

''हम जिस फॉर्म हाउस में रहते थे, उसके मालिक ने एक दिन, मुझे और मेरी माँ को बाहर निकाल दिया था। माँ को कोई बीमारी हो गई थी। पिताजी तो

हमें तभी छोड़कर चले गए थे, जब मैं दो-तीन बरस की थी।'' वह पल-भर को रुकी थी, शायद भीतर के उद्वेलन को सँभालने के लिए। ''पिताजी को माँ पर शक था...वह मुझे मालिक की औलाद समझते थे। यह सब मुझे माँ ने बताया था, मरने से कुछ महीने पहले।'' वह फिर रुक गई थी। वेटर आ खड़ा हुआ था। वह कॉफी रख रहा था। फिर वह चला गया।

''पिताजी गलत नहीं थे, पर माँ भी गलत नहीं थी।'' उसने गला हलके-से खँखार कर साफ किया। ''गलत यह था कि हम गरीब थे, गुलाम थे। माँ के मरने के बाद, मैं फॉर्म हाउस पर गई थी, उस मालिक से मिलने, जिस पर मेरे पिता को शक था। मालिक घर पर नहीं थे, पर उनकी पत्नी और बेटी से मुलाकात हुई थी। मेरे पिता सही थे। वह लड़की लगभग मेरा प्रतिबिम्ब थी।'' उसने कॉफी का पहला घूँट भरा। ''नाइस टेस्ट...।'' उसने सिर हिलाया और भवों को ऊपर चढ़ाकर कॉफी की तारीफ की। उसकी देखादेखी, मैंने भी दो घूँट भरे और हामी भरी कि कॉफी वाकई अच्छी है।

''मेरे पिता गलत नहीं थे।'' वह आगे बताने लगी, शायद उसने मेरी आँखों में उत्सुकता पढ़ ली थी। ''वह क्यों अपने मालिक की औलाद को पालते? सौतेली माँ भी दूसरे के बच्चे को, रहम करके तभी पालती है, जब वह उसके पति की नाजायज औलाद न हो। पर मेरी माँ गलत नहीं थी...यह सब उसकी मरजी से थोड़े हुआ था। वह मजबूर और कमजोर थी...मालिक ने मेरे पिता को झूठे मुकद्मे में फँसाने की धमकी दी थी और वह फँस गई थी। वह अपने पति को बचाना चाहती थी और वही पति उसे लात मारकर चल दिया था।'' वह चुपचाप कॉफी में व्यर्थ ही फूँक मारती रही। शायद वह अपने भीतर धधक रही आग को ठंडा कर रही थी।

''जो मेरे पिता हैं, उन्हें मैं पिता नहीं कह सकती और जिन्हें कहती थी, उन्हें किस मुँह से कहूँ? क्या मुझे कोई कानून असली पिता का नाम दिला सकता है, वकील साहब।'' वह हँसी थी, व्यंग्य से...यह एक कराहती हँसी थी। उसने पहली बार मुझे वकील साहब बुलाया था।

मुझे पल-भर को लगा कि यह सब कुटनी कहानी है, हर वेश्या के पास एक कहानी होती है सुनाने को और हर ग्राहक इसे सुनना चाहता है...शायद भावुक बनाने और इमोशनल ब्लैकमेलिंग के लिए, पर मेरे पास ऐसा क्या था, जिसकी उसे जरूरत थी...सहज दिखने की उसकी असहजता से भी मेरी यह आशंका टूट-टूट जा रही थी। मुझे लगा कि वह किसी भी पल फूट-फूटकर रो पड़ेगी।

''और नौकरी?'' मैंने पूछा तो वह कुछ नहीं बोली।

"एक ऑफिस में रिसेप्शनिस्ट हो गई और पहली बार...वहीं।" कुछ पल बाद वह बोली और 'वहीं" पर दबाव देकर चुप रह गई। मैं समझ गया था और पूछना व्यर्थ लगा, इसलिए चुप रह गया था।

"फिर सोचा, जब महीने भर हजार-पन्द्रह सौ के पीछे भी यही करना है, तो क्यों न ढंग से किया जाए। बिजनेस-इज-बिजनेस...बाजार है और तरीका बड़ी चीज है...अपनी मरजी सबसे बड़ी चीज है...फिर मेरी अंग्रेजी ने इस तरीके में चार चाँद लगा दिए। ऐसे जवान और खूबसूरत लड़के भी मेरे लिए तड़पने लगे, जिन्हें मैं जीवनसाथी के रूप में पाने का सपना देखती थी।" उसके स्वर में लालसा थी।

"वह नौकरी तुम्हें छोड़ देनी चाहिए थी आयशा।"

"कहाँ कहाँ से...? आवा-का-आवा दहक रहा है मास्टरजी और भूख बहुत बुरी होती है, सातवें दिन का फाका, सारी इज्ज़त भुला देता है। यह जगह, मर्दों की इनायत है।" उसकी आवाज में नफरत लिपटी थी।

"आदमी भी भूखा मरता है, पर वह तो यह सब नहीं करता, वह मेहनत करता है।" मैंने जान-बूझकर उसे दबोचा, जबकि मुझे उसके दर्द से हमदर्दी थी।

"मास्टरजी, तुम भले आदमी हो, मर्दों की दुनिया नहीं जानते, गुंडागर्दी...स्मगलिंग और दलालगिरी...सब मर्द करते हैं और इस पेशे में भी कितने देखे हैं आपने, बताओ।" वह फीकी-सी हँसी, हँसी थी। उसकी आवाज में पीड़ा थी। "वी ऑल आर प्रोडक्ट्स या कभी हो सकते हैं...दुनिया बदल रही है।"

यह सुनकर, मुझे वाकई चुप होना पड़ा था। मुझे महानगर में बढ़ती पुरुष वेश्यावृत्ति की रिपोर्ट याद आ गई थी। शायद नैतिकता को, दकियानूसी विचार मानने वाले, इस कॉस्मोपोलिटन शहर का एक बड़ा कॉस्मोपोलिटन बिजनेस बन रहा था यह। इस बिजनेस में औरत और आदमी नहीं थे, कम-से-कम, वे दो उत्पाद थे और ज्यादा-से-ज्यादा, नर और मादा। इन उत्पादों का बाजार भाव था जो शेयर बाजार सेंसेक्स की तरह घटता-बढ़ता था। रंग, रूप, कद-काठी और सामर्थ्य के साथ-साथ, अंग्रेजी भाषा, इसके भाव तय करने में अहम् थे।

बाजार के इस नए रूप ने, महानगरों में, रंग-रंग के गुल खिलाए थे। इन गुलों में खुशबू भले न थी, पर रंग खूब चटकदार थे।

"मास्टरजी, औरतें बस शुरुआत में अलग होती हैं, आखिर में सब एक जैसी होती हैं।" वह रुक गई। "पर आदमी...वह तो शुरुआत से आखिर तक अलग

होता है, फिर भी औरतें, आदमी की तुलना में कम छिनाल होती हैं। बुरा मत मानना आप, पर आदमी की जात को कितना भी प्यार दो, मौका मिलने पर, दूसरी जगह मुँह मारने से नहीं रुकेगा।''

यह बहुत सरल वाक्य नहीं था, इसमें बहुत जटिलता थी, मुझे कालरा याद आया था। आयशा को आदमियों पर भरोसा नहीं और कालरा औरतों पर यकीन नहीं करता था। मुझे, आयशा के बताए 'जिगोलो'' भी याद आए थे, जो किन्हीं औरतों के लिए खुद को गर्क करते थे।

मादाओं के ये विराट बाजार नरसत्ता की विजय की स्मृतियाँ ही हैं।

शायद नरों के ये नए बनते बाजार भी, मादाओं के विजय स्मारक हैं, भले ही लघु।

''क्या सब?'' मैंने कहा, पर उसने कुछ जवाब नहीं दिया।

''मेन्डारिन फोर्ट, मेरा फेवरेट हंट है।'' उसने बात बदली। ''तुम गए हो कभी?''

मैंने ना में सिर हिलाया।

मेन्डारिन फोर्ट, यूनिवर्सिटी से पैदल भर की दूरी पर था। मैंने कई बार, वहाँ से गुजरते हुए, बाहर से वह देखा था। दोपहर में वह एकदम सुनसान दिखाई पड़ता था। जैसे-जैसे शाम गहराती थी, वैसे-वैसे इसकी रहस्यमयता गहराती जाती थी। इस बड़े शहर की, बड़ी-बड़ी गाड़ियाँ, उसकी पार्किंग में, रंग-बिरंगे काकरोचों की तरह, इधर-उधर फैल जाती थीं। इन बड़ी गाड़ियों में बैठे, कम उम्र के बच्चे, बेवजह और बेतरह, किस्म-किस्म के हॉर्न बजाते थे। ये खुद को 'यंग' समझते थे, परन्तु प्रशासन उनके ड्राइविंग लाइसेंस नहीं बनाता था। वे इस बात की फिक्र भी नहीं करते थे कि प्रशासन उन्हें क्या समझता है। वे गाड़ियाँ खुद चलाते थे और तेज गति से चलाते थे। किसी के सामने आ पड़ने पर 'चींSSS' की तेज चिंचियाहट के साथ तेज ब्रेक लगाते थे। उनकी गाड़ियाँ कभी-कभी जाम हो जाती थीं और कभी-कभी दूसरी दिशा में घूम जाती थीं। ऐसे में, उनके चेहरे पर डर या घबराहट के भाव नहीं होते थे। उलटे, वे जोर-जोर से हँसते थे और अपने साथी की हथेली पर, हथेली मारकर ताली बजाते थे। वे अपनी कार से बचे गरीब लोगों के डरे हुए चेहरों की तरफ हिकारत से देखते थे, जैसे वे लोग गलीज कीड़े-मकोड़े हों।

वे बहादुर बच्चे थे, पर वे अपने अन्दर की असुरक्षा और बाहर के अकेलेपन से घबराए हुए थे। उनकी फूली-फूली काया में यही भय भरा हुआ था। उनकी सूनी और वीरान दुनिया में, यही शामें, खुशी की वजह बनती थीं शायद। वे अपने माता-पिता को, एक ही शहर में रहने के बावजूद, कई-कई दिन नहीं देख पाते

थे। वे बच्चे बीम.र थे और उनके माता-पिता, उनकी तीमारदारी के लिए वक्त नहीं निकाल पाए थे।

मध्यमवर्गीय माता-पिता की तरह, वे अपने बच्चों के 'फ्यूचर' के लिए पैसा कमाने में व्यस्त नहीं थे, न उनके लिए 'फ्यूचर' एक 'फ्रस्टेटेड डेविल' की तरह था।

ये बच्चे, जो चाहते थे, उन्हें नहीं मिल पाया था। उसी की तलाश में, या तो ये वक़्त से पहले और ज़रूरत से ज्यादा बड़े हो गए थे या खुद को गोली मारकर या ढेर सारी नींद की गोलियाँ खाकर, दुनिया को अलविदा कह गए थे।...वे मायूस, कमजोर और शायद गैर-जरूरी सवर्ण बच्चे थे।

क्या दलितों की भी किसी पीढ़ी के बच्चे, ऐसे ही हो जाएँगे, एक दिन? मैं परेशान हुआ था।

''वहाँ बैठने का अपना मज़ा है।'' आयशा ने मेरे हाथ पर अपना हाथ रखा तो मैं ऐसे वापस आया, जैसे कोई लम्बे और खराब सफर से आता है। ''वहाँ फ्राइड फिश के साथ टार्टर सॉस और ब्लडी मैरी का जवाब नहीं। यहाँ भी है, पर न वैसा स्वाद है, न माहौल।''

''कालरा कैसा आदमी है।'' मैंने उसकी बात काट दी। मैं जानना चाहता था कि वह कालरा के बारे में क्या सोचती है? शायद मेरे मन में, इस बात को लेकर उत्सुकता थी कि स्त्रियों के बारे में जघन्य सोचनेवाले कालरा के बारे में, पुरुषों के प्रति अविश्वास से भरी, आयशा क्या कहती है।

''कालरा दिल का बुरा नहीं है, पर उसे भी मेरी तरह, किसी पर भरोसा नहीं है...वह अकेला और कमजोर है।'' उसने कॉफी का घूँट भरा, जो अब तक लगभग ठंडी हो चुकी थी।

''शायद तुम पर, वह भी भरोसा करता है और अपने खालीपन को भरना चाहता है।''

उसकी आँखों में, अपनेपन की तरलता थी। यह एतबार की रोशनी में नहाई तरलता थी, जिसके दम पर जिन्दगी जी जाती है। इन आँखों में एक सवाल भी चमक रहा था, जिसे समझना, मेरे लिए आसान था, पर उसको हल करने में, उसकी कोई मदद, मैं नहीं कर सकता था।

''पर वह राना है न, वह तो राक्षस है साला।'' पहले वह मुस्कराई और फिर एक आँख दबाकर कहा तो वह पल-भर में दूसरी आयशा हो गई, ...एक ही पल में, सिर्फ आँख दबाकर हँसने से।

''ऐसा क्यों?'' मैं पलकर को आश्चर्य से उसे देखता रहा।

"उस साले का... ।" कहकर उसने हाथ से एक निश्चित नाप का अश्लील इशारा किया और मुस्कराने लगी। "ये डोम लोग ऐसे ही होते हैं?"

बादवाले वाक्य से, मैं सकपका गया। मैं तय नहीं कर पाया कि वह हमारी तारीफ कर रही है या बुराई। मैं यह भी तय नहीं कर पाया कि इस पर मुझे खुश होना चाहिए या नहीं।

"राना डोम है?"

"और क्या...ये एस.सी. लोग डोम ही तो होते हैं।" उसने सहजता से कहा और कॉफी का घूँट भरने लगी।

मैं जानता था कि राना डोम नहीं है। वह धानुक जाति से था और खुद को हमेशा वाल्मीकियों से ऊपर बताता था। मैं चुप रहा। मैंने देखा कि वही मक्खी फिर आ गई थी और कॉफी के आस-पास भिन-भिन कर रही थी। आयशा ने उसे कप के पास से उड़ा दिया, पर मक्खी, फिर वहीं आ बैठी थी। राना की इस खासियत के बारे में मुझे, एक बार कालरा ने भी बताया था। आयशा ने फिर हाथ से मक्खी उड़ाई थी। मक्खी उड़कर, मेरी तरफ आ बैठी थी।

मुझे अजीब लगा कि इस आलीशान, एयरकंडीशंड रेस्तराँ में भी यह मक्खी पहुँच गई।

"शायद औरतों को तो यह अच्छा ही लगता होगा?" मैंने फिर दबाए थे, कोने।

"हो सकता है...पर अगर यही सच है तो राना की बीवी, किसी और से क्यों लग गई?" वह बोलते-बोलते मेरी तरफ देखने लगी। वह अचरज से खुले मेरे मुँह को देख रही थी।

"तुम्हें नहीं पता, वह तो रोता था, मेरे सामने...औरत सिर्फ शरीर ही तो नहीं है न, मास्टरजी। यह भूख तो सबकी है, पर हमें प्यार और दुलार भी चाहिए।" उसने हाथ से फिर मक्खी उड़ाई थी, जो उसके कप के किनारे पर बैठ गई थी। कप में कॉफी अब भी थी।

"औरत, प्यार के अलावा दुलार भी चाहती है। जब औरत, माँ बनकर आदमी की सेवा करती है, उसकी देखभाल करती है, तब आदमी पिता बनकर उसे दुलार क्यों नहीं दे सकता?...पति को, दोस्त और पिता भी बनना आना चाहिए मास्टरजी। औरत को अपने बच्चे की तरह दुलार देने से क्या छोटा हो जाएगा आदमी?...राना अब रोता है।"

"क्या तुम्हें राना अच्छा नहीं लगता?"

"पहले बात और थी...कालरा के दोस्त के नाते, पर अब नहीं... ।" वह रुकी। "ये डोम लोग बहुत गन्दे रहते हैं।"

''तुम्हें कैसे पता?'' मैंने, उसकी अल्पज्ञता की वजह से, अपने अन्दर के गुस्से के उफान पर, छींटे डालते हुए पूछा।

''मैंने गाँव में, इनके घर देखे थे...फ्लाइओवर के पास, जैसे तुमने कार में उस भिखारी को खुद को हाथ नहीं लगाने दिया था, ये बिलकुल वैसे ही दिखते थे, गाँव में, गन्दे और बदबूदार।'' उसने हाथ से मक्खी उड़ाई थी। ''देखकर तो मक्खी नहीं निगली जा सकती न मास्टरजी।''

मुझे अपना गाँव याद आया था, जहाँ मेरे अपने कुनबे के लोग बहुत गन्दे रहते थे। उनमें से ज्यादातर गरीब और मेहनतकश लोग थे। जो दो-एक परिवार सम्पन्न थे, वे खूब बन-ठनकर रहते थे। आयशा, जिसे जाति की वजह से समझ रही थी, वह असलियत में पैसे का खेल था।

''हम ऊँचे कुल के लोग हैं मास्टरजी।'' कहते हुए उसने हाथ से शांखा और पौला को दिखाया था। उसने उस कड़े पर भी हाथ फेरा था, जो सुनहरे रंग का था। शायद यह सोने का था या फिर पीतल। मक्खी हमारे आस-पास मँडरा रही थी। मेरा ध्यान रह-रहकर मक्खी की तरफ चला जाता था। ''हम रायचौधुरी हैं...आयशा रायचौधुरी।'' यह गर्वीला स्वर था।

आयशा के चेहरे पर आए पारम्परिक गर्व को देखकर, मेरे मन में घृणा जागी। मैंने चाहा कि मैं उसे चिल्लाकर कहूँ, ''साली, हरामजादी, दो पैसे की रंडी। देख तेरे सामने दूसरा डोम खड़ा है, जिसके लिए तू मरी जा रही है।'' मैं यह क्या कर रहा हूँ? मैंने सोचा और मुझे खुद पर शर्म आई।

''तुमने विवाह कब किया?'' मैं उसे कुछ न कह सका।

''तुम्हें कैसे पता?'' उसकी आँखें फैल गईं।

''ये शांखा-पौला।'' मैंने आँखों से सवाल पूछा।

''ओह तो आपको पता है कि यह बंगाली शादी-शुदा औरतें ही पहनती हैं...की थी, यह सोचकर कि परिवार बनेगा, पर वह सूअर तो मेरी कमाई पर पलने आया था।'' वह चुप हो गई। वह शायद उबरने की कोशिश कर रही थी। 'सूअर'' कहते हुए वह क्रूर हो गई थी। मैं चुपचाप उसे देखता रहा।

यह मेरी आदत थी। मैं दूसरे को खुद से लड़ने और उबरने का मौका देता था। आखिर, सभी को अपनी लड़ाई लड़ने की ताकत खुद में पैदा करनी चाहिए। यह मुझसे वह सीख रही थी, लगातार, पिछले दिनों की दोस्ती में।

''मैंने उसे छोड़ दिया...लात मारकर भगा दिया।'' वह कुछ देर बाद बुदबुदाई थी। उसके चेहरे पर पीड़ा थी, पर धीरे-धीरे उससे मिलती राहत भी थी।

''कौन था?''

''हमारी ही जात का था।'' उसने कहा।

हालाँकि मैंने उसकी जाति नहीं पूछी थी। मैं अब तक के अनुभवों से यह समझ चुका था कि हम जैसी समझ के लोग, अल्पसंख्यक समाज के लोग हैं।

हमारी नामंजूरी के बावजूद, हमारी जाति से भी हमारी पहचान है। मैं जिस जाति में जन्मा हूँ, वह मरते दम तक और यकीनन मरने के बाद भी, मेरी गर्दन नहीं छोड़ेगी। जाति की इस पहचान को शायद हमारी पीढ़ियाँ भी वहन करेंगी। आदमी से लेकर देवता तक, सब जाति में हैं। इसमें कोई बदलाव नहीं है। बस कुछ और देवता, विभिन्न जातियों से घट-बढ़ जाते हैं। फिर मैं जाति से क्यों भागना चाहता हूँ? क्या हम इसे खत्म कर पाएँगे? क्या मेरा ऐसा सपना देखना दिन में तारे देखने जैसा है।

''तुम कौन जात हो मास्टरजी?'' यह उसका अब तक का अपरिचित, परन्तु ठेठ देशी स्वर था।

कप के किनारे बैठी मक्खी, यकायक कप में जा गिरी थी। ''ये लो।'' उसने मेरी तरफ मुस्कराकर देखा। उसकी उँगली का इशारा कप की तरफ था।

मैं उसे कहना चाहता था कि जिस रास्ते पर, मैं आगे बढ़ आया हूँ, उस पर वापस नहीं जाऊँगा। मैं उसे कहना यह भी चाहता था कि अगर राना डोम है, तो हम सब भी डोम हैं।

''जिन्दगी को तुम एक छोटे बच्चे की तरह, सिर्फ आश्चर्य से देखो।'' इतना कहने के अलावा मैंने और कुछ नहीं कहा...मैं जानता था कि इससे ज्यादा वह कुछ कर नहीं पाएगी।

वह चली गई थी। मैंने जाते हुए भी इस बात पर विचार करने के लिए कहा था।

''करूँगी।'' उसने जाते हुए, अपनी दोनों हथेलियों से, मेरी हथेली को दबा दिया था। ''कुछ मेरे बारे में भी विचार करिए,'' वह बहुत मायूसी से बोली थी। ''मैं तुम्हारी जिन्दगी में से कुछ चाहती थोड़े हूँ...बस थोड़ी सी जगह अपनी जिन्दगी में तुम्हारे लिए रखना चाहती हूँ।''

''तुम मेरी अच्छी दोस्त हो।'' मेरे आखिरी अलफाज यही थे, उस शाम। फिर हम अपने-अपने ठिकानों पर लौट आए थे, पाँव घसीटते हुए।

सुबह गुनगुनी गर्म और उजासभरी थी। याद नहीं, रात जाने कब, सोचते-सोचते नींद आ गई थी। विश्वविद्यालय के इस तीन कमरेवाले फ्लैट में, अकेले पड़े-पड़े, अब मैंने, अकेलेपन के आनन्द को उठाना, सीखना शुरू कर दिया था। वंदना की मौत के बाद अथाह अकेलेपन की आदत-सी पड़ गई थी, पर संगीता के आने के

बाद, जैसे इस अकेलेपन को थाह मिल गई थी, जैसे खालीपन, उसकी प्यार भरी उपस्थिति से भरता-सा चला गया था।

जिन्दगी के पिछले दस वर्ष यातनाओं और प्रेममिश्रित सुखों के अद्भुत मिश्रण थे। क्या वाकई सभी की जिन्दगी ऐसी ही होती है? या फिर मेरी ही जिन्दगी ऐसी है, जहाँ आनेवाला हर पल, अप्रत्याशित घटनाओं का पुलिन्दा होता है।

कालरा, राना, वंदना, संगीता—क्या वाकई सभी, अप्रत्याशित घटनाओं को सिर्फ भोगते नहीं हैं? हम सभी, बिन मर्जी के, इन घटनाओं को अपने सामने खड़ा पाते हैं—यह सुख की होती हैं, ये घटनाएँ दुख की भी होती हैं, उल्लास की होती हैं, तांडव की होती हैं...और...और हम नियति के सामने मजबूर, झुकी पलकों और खुली आँखों से इसे स्वीकार करते हैं, चुपचाप स्वीकार करते हैं बस। ज्यादा-से-ज्यादा, जो हमारी ताव में होता है, वह यह कि इन घटनाओं को घटने से पहले रोकने के लिए हाथ-पैर मारने और घट जाने के बाद, रास्ता निकालने का...उल्लास में नाच-गाकर और तांडव के समय शोक-गीत में शामिल होकर।

क्या यही है वह...जिसे सब जिन्दगी कहते हैं?

"जाग गया?" अम्मा पास आ खड़ी हुई थी। मुझे उनकी आहट भी नहीं आई थी।

"चाय पिएगा?" वह मेरी आदत अच्छे से जानती थी।

"हाँ अम्मा!" दादी को, पिताजी 'अम्मा' बोलते थे। उनका यह सम्बोधन चाचाओं से होते हुए, हम भाइयों तक पहुँच गया था। जिस बस्ती में, मेरा शुरुआती बचपन बीता था, वहाँ अधिकतर घरों में, माँ को अम्मा या माई ही पुकारा जाता था।

"संगीता का फोन आया था।" अम्मा ने कहा तो मैंने उनकी तरफ देखा। मेरी आँखों में सवाल था। मैं समझ नहीं पाया कि अम्मा मुझसे संगीता के फोन के बारे में पूछ रही है या बता रही है।

"मेरी तबीयत के बारे में पूछ रही थी।" उन्होंने मेरे सवाल को समझ लिया था।

अम्मा अपनी दमे की बीमारी से परेशान थी। धूलभरी आँधी से उन्हें तकलीफ बढ़ जाती थी। विश्वविद्यालय की जंगलनुमा हरियाली में, उनकी तबीयत, बाहर शहर के प्रदूषित माहौल की बजाय ज्यादा ठीक रहती थी। संगीता, इसीलिए, खुद जिद करके अम्मा को ले आई थी, हमारी शादी के बाद। अम्मा और संगीता के बीच, गहरी दोस्ती जैसा कुछ था...सास-बहू का रिश्ता तो नहीं ही था।

हालाँकि दोनों की पहचान, सात-आठ महीने पुरानी ही थी, पर लगता ऐसा था कि दोनों, एक लम्बे अरसे से, एक-दूसरे को जानती हैं। दादाजी की हत्या के समय, अम्मा की उम्र सिर्फ तीसेक साल थी। पिताजी उस समय बारह-तेरह साल के थे। पिताजी के बाद, दो चाचा और दो बुआ भी, परिवार में थीं। अम्मा, दादाजी की जगह नौकरी पर लग गई थी। उन्हें 'वाटरवुमैन' के पद पर नियुक्ति दी थी, विभाग ने। कैसी-कैसी दुश्वारियाँ झेली होंगी अम्मा ने, मेरी प्यारी अम्मा ने, पर वह कभी बताती नहीं थी।

"वह मुझसे मिलना चाहती है, कहती थी कि अम्माजी आपको देखने को जी करता है।" अम्मा के स्वर में लाड़ से सना मान था।

वृद्ध मन, क्या इसी प्यार और तवज़्ज़ो से हरा रहता है?

"मैं क्या मना करता हूँ?" मैंने अम्मा की तरफ से मुँह फेर लिया।

"मैंने भी यही कहा था, उसको।" वह लम्बी साँस लेकर रुक गईं।

"मैं कहा कि घर आ जा, पर...उसने मना कर दिया।"

"दिन में तो मैं घर नहीं होता, मिलने का मन हो तो मिल जाए।" मैं खिड़की के पास ही देखता रहा।

"यहाँ नहीं आएगी वह...मैं जानती हूँ उसको...उसके मन को ठेस लगी है, बाहर बुला रही थी कहीं।" अम्मा पल-भर रुकी। "तुझे बुरा तो नहीं लगेगा रे।"

"तो चली जाओ...तुम्हारी बहू है...अभी तलाक थोड़े ही हुआ है कोर्ट में।" मेरे स्वर में अनपेक्षित आवेश था।

गह सुनकर अम्मा का चेहरा बुझ गया था। वह कुछ देर अनन्त में, आँख टिकाए, जाने क्या सोचती रही। मैं जानता था कि वह अपने अभागे जीवन की, मेरे अभागेपन से तुलना कर रही होंगी। संगीता से उनका लगाव छूटते नहीं बनता था...और मैं तो उनके रक्त-मांस का हिस्सा ही था। वह अजीब दुविधा में फँस गई थी।

"वंदना जैसी नहीं है, संगीता...संगीता को मैं जानती हूँ। वंदना के साथ मैं रही नहीं, पर जिन्दगी का तजुरबा है मुझे...वह लड़की, दूसरों को अपने उसूलों पर चलाना चाहती थी, पर खुद के लिए कोई उसूल नहीं मानती थी। वह चाहती थी कि सारी दुनिया उसके सुख के लिए मरे-कटे... ऐसी खुदगर्जी किस काम की, जिसमें इनसान अकेला रह जाए। संगीता ऐसी नहीं है, वह सबके साथ बड़ी होना चाहती है।" अम्मा लम्बी साँस लेकर चुप हो गई।

अम्मा की ऐसी सुलझी समझ थी कि वह उलझी-से-उलझी बात को भी दो-टूक समझा देती थी। यही गुण पिताजी में था, शायद अम्मा से ही उन्हें यह

विरासत में मिला था। मुझमें दादाजी का गुस्सा आया था, यह बात अम्मा मुझे हमेशा बताती थी। दादाजी की बात करते हुए उन्हें आज भी, एक अबूझी-सी खुशी महसूस होती थी। अम्मा ने, दादाजी के बाद, दूसरी शादी नहीं की थी। माँ बताती थी कि अम्मा अपने वक्त में बहुत सुन्दर थी। हालाँकि अम्मा चाहती तो कर सकती थीं, क्योंकि बिरादरी में, तब भी औरतों के तीन-तीन बार ब्याह हो जाते थे।

उन्होंने शादी क्यों नहीं की थी—इसका जवाब उन्होंने संगीता के पूछने पर एक दिन संगीता को दिया था।

''उनके बाद किसी और की होने के लिए मन ही नहीं माना। उन्होंने मुझे ऐसा प्यार और दुलार दिया था कि बस एक जिन्दगी के लिए तो वह जरूरत से ज्यादा ही था। वो बहुत गुस्सेवाले थे, पर उतने ही प्यारवाले भी थे। फिर मैं कमाने लगी थी। किसी पर आसरित तो थी नहीं।'' संगीता ने मुझे यह सब बताया था।

मेरी अम्मा, मेरी बूढ़ी अम्मा, घुटनों पर जोर देकर उठी और चली गई। कुछ देर बाद वह चाय लाकर दे गई थी। ''तू एक बार बात तो करके देख।'' अम्मा ने जाते हुए कहा था। अम्मा के जिन्दगी के प्रति नजरिए को मैं समझ गया था। उन्होंने घटनाओं और दुर्घटनाओं को नियति मानकर स्वीकार कर लिया था। वह हर चीज और हर बदलाव को स्वीकार कर लेती थी। मैंने अम्मा को कभी शिकायत करते हुए नहीं देखा था। वह हर घटना के बाद आगे बढ़ने और लड़ने के साथ-साथ खुशियों के लिए नए रास्ते ढूँढ़ने की सलाह देती थी।

वंदना कभी अम्मा की कोई सलाह नहीं मानी थी। वह कभी अम्मा को अपने घर बुलाना पसन्द नहीं करती थी। उसे मेरी अनपढ़ माँ पसन्द नहीं थी और उसकी परिभाषा में 'जातिवादी'' मेरे पिता भी नापसन्द थे। शादी के छह महीने में ही, हम घर से अलग रहने पर मजबूर हो गए थे। मैं जिस कॉलेज में तब पढ़ाता था, नया घर उसने वहीं किराए पर जिद करके लिया था। वंदना ने सबसे पहले निगार से दोस्ती की और फिर फिरोज के मार्फत वह धीरे-धीरे नजदीक आती चली गई थी।

गुज़रा वक़्त, चीथड़ों की तरह सामने बिखरता जा रहा था।

एम.ए. करने के साथ मैंने यू.जी.सी. की नेट परीक्षा भी पास कर ली थी। एम.ए. में स्वर्णपदक लेने के कारण यूनिवर्सिटी में मेरा रुतबा काफी बढ़ गया था। अध्यापक भी अधिक स्नेह-भाव से देखने लगे थे। मुझे सबसे पहले अपने नजदीक लेनेवालों में प्रो. अमरेश तिवारी सर थे। एम.फिल. में भी उन्होंने मुझे अपने साथ ही रखा था और पी.एच.डी. में भी। उन्हीं की बदौलत, शहर के इस

विख्यात कॉलेज में मुझे पहले ही साक्षात्कार में नौकरी मिल गई थी। उन्होंने मुझे सदा पिता की तरह स्नेह दिया था, पर वंदना की आत्महत्या से वे भी सकते में आ गए थे।

यूनिवर्सिटी में हिन्दू लड़के-लड़कियाँ कम ही थे।

प्रो. अमरेश तिवारी बहुत पहले कभी कविताएँ लिखते थे, पर उन्हें छपने के लिए कभी भेजने की हिम्मत नहीं जुटा पाए थे। मैं अक्सर घर जाता था उनके। तब अकेले और आत्मीय क्षणों में उन्होंने ये कविताएँ मुझे कई बार सुनाई थी। ये प्रेम में डूबी, विरह से कातर कविताएँ थीं।

"मैं जिससे प्रेम करता था, उससे शादी करने की हिम्मत नहीं जुटा सका था। वह मुझसे ज्यादा बहादुर थी।" खुद को कायर बोलने में शायद उन्हें संकोच होता था। तीसरा पैग बनाने के बाद वह अपने मन का गुबार निकाल लेते थे। केथार्सिस का यह तरीका उन्होंने जीने के लिए ईजाद किया था।

"हम प्रेम में कैसी-कैसी जघन्य हत्याएँ करने को तत्पर रहते हैं न?"

अमरेश सर को मेरे और वंदना के बनते सम्बन्धों का खूब पता था। वंदना के 'झा' होने के बावजूद वे इसमें बाधक नहीं बने थे। उलटे, उन्होंने इस सम्बन्ध को बनने देने में सहूलियतें ही दी थीं। वे शायद मेरी मदद के बहाने अपने अतीत को सहला रहे थे। पर अतीत जब घाव की तरह हो, तब उसे सहलाने से वर्तमान बीमार और नपुंसक ही बनता है। वर्तमान और भविष्य, खुद से, अतीत को अलग काटकर रखने से ही, शायद चमकदार और स्वस्थ बनते हैं। अमरेश सर ऐसा नहीं कर पाए थे।

वंदना से विवाह करने से पहले ही मैं कॉलेज में पढ़ाने लगा था। वंदना पढ़ने में साधारण थी। उसे मैं नोट्स बनाकर देता था, ताकि वह यू.जी.सी. की नेट परीक्षा पास कर सके, पर वह आलसी भी थी। शुरू में, मैं भी इस व्यवहार का सही मूल्यांकन नहीं कर सका था। पर शादी के बाद के उसके इस रवैये से घर में रोज क्लेश होने लगा था।

वंदना की माँ से चिक-चिक लगी रहती थी। माँ उससे घर के काम में मदद की उम्मीद करती थी। वंदना मदद करती भी थी, पर उसे काम की आदत ही नहीं थी। माँ उसे कोई काम देती, तो वह पाँच मिनट के काम में घंटा भर लगा देती। माँ उस पर झल्लाती और मुझे ताने मारती। वंदना के पिता चार्टेड एकाउंटेन्ट थे और काफी पैसेवाले थे। वंदना, माँ के रूखे व्यवहार से तंग आकर मुझे खरी-खोटी सुनाने लगी थी। माँ और पत्नी के झगड़े के बीच मैं पिस गया था।

पिताजी मेरी शादी में भी शामिल नहीं हुए थे। मैंने उनसे कोर्ट चलने के लिए कहा था। "आपके बिना यह शादी कैसे होगी पापा?" मैंने आग्रह किया था।

''बेटा, मैं जीवन-भर बाबा साहेब अम्बेडकर के समता, स्वतंत्रता और मैत्री के सिद्धान्त पर चला हूँ। तुम अपनी स्वतंत्रता का इस्तेमाल कर रहे हो। क्या हम तुम्हें रोक रहे हैं? शादी करना तुम्हारा अधिकार है। कैसे करो, किससे करो, कब करो—यह तुम जानो। हमारा तो यह फर्ज है कि हम इसमें तुम्हारी मदद करें।''

''पर क्या आप अपना फर्ज निभा रहे है?'' मैंने पिताजी से पूछ ही लिया था।

''हमारे लिए बचा ही क्या। अब अगर हम इसमें शामिल नहीं होना चाहते, तो तुम्हें इसमें दखलंदाजी का हक नहीं है। यह हक हमारा है।'' उन्होंने तर्क दिया था।

''क्या आप मेरे साथ नहीं हैं, पापा।'' मैंने पूछा था।

''इस फैसले में नहीं हूँ, मेरे बच्चे। बिलोई हुई छाछ में, दला हुआ दलिया घुलता है, दूध में नहीं...वंदना की संस्कृति अलग है।'' घुटनों पर हाथ रखकर वह बैठ गए थे।

शादी में वे नहीं आए थे। माँ आई थी। औरतें बहुत देर तक नाराज नहीं रह सकती। शादी में मेरी तरफ से अमरेश सर ने गवाह के रूप में हस्ताक्षर किए थे। उन्होंने यह करके शायद क्षतिपूर्ति की थी।

पिताजी वंदना से कोई बात ही नहीं करते थे, इसलिए तकरार का तो कोई अर्थ ही नहीं था। पर जब वंदना पिताजी से भी उलझने लगी, तो अलग हो जाना लाजिमी हो गया था।

''तुम्हारे पापा घोर जातिवादी हैं। वे एक पल के लिए भी नहीं भूलते कि मैं ब्राह्मण हूँ।'' वंदना ने एक रात झल्लाकर कहा था।

''तुम्हें उनसे बात करने की जरूरत ही क्या है। वे तो तुम्हारी कोई शिकायत नहीं करते मुझसे।'' मैंने ठंडे लहजे में कहा था।

'मैं उनकी बहू हूँ। उन्हें मुझसे बात जरूर करनी चाहिए।'' वह पैर पटककर बोली थी।

''माँ की भी तो बहू हो। उनसे ही तुम्हारी कौन-सी बनती है। आए दिन तुम दोनों की चिक-चिक होती रहती है। इन सब कामों में अपनी ताकत खर्च करने से अच्छा है कि तुम पढ़ाई करो और परीक्षा पास करो।'' मैंने संयत स्वर में कहा था।

''तुम सब एक जैसे हो। तुम्हारे पापा को पता नहीं है कि तुमसे शादी करने के लिए मैंने अपने मम्मी-पापा को कितना मनाया था। मम्मी का तो रो-रोकर बुरा हाल था। तुम्हारे प्यार के कारण मैं इतना नीचे तक आ गई।'' वह गुस्से में बोल गई थी।

''अपनी जबान सँभालो, वंदना। मेरे पापा अगर जातिवादी हैं, तो तुम और तुम्हारे माँ-बाप उनसे ज्यादा जातिवादी हैं और यह जाति हमारे पुरखों ने नहीं, तुम्हारे पुरखों की बनाई हुई है। अब उसकी सन्तानों को तो इसका फल भुगतना ही पड़ेगा।'' मैंने भी गुस्से में अंगार फेंक दिए थे। वह बुरी तरह झुलस गई थी। पर इसके एक महीने बाद ही हम अलग रहने चले गए थे।

मुझे उसी दिन अहसास होने लगा था कि अब हमारे सम्बन्धों में सहजता आना मुश्किल है। बात बढ़ते-बढ़ते एक-दूसरे के माता-पिता को कोसने तक जा चुकी थी। विवाहित जीवन में दम्पति को अगर सबसे अधिक किसी चीज से बचना चाहिए, तो वह है एक-दूसरे के परिवारवालों की बेइज्जती। पर उस दिन हम दोनों उस सीमा पर आ खड़े हुए थे। बावजूद इस सबके, मैं फिर सहजता की कोशिश करना चाहता था। मुझे अपने किए फैसले को दूसरों की नजर में गलत साबित होने का डर भी था। मैं नहीं चाहता था कि मेरे कुटुम्ब के लोग मुझे इस बात का ताना दें कि मैंने यह विवाह करके कोई गलती की है। यह डर, क्या वंदना को भी था?

इसी लिहाज और डर से, मैं अपने प्यारे पिता और माँ को, छोटे भाई और उसकी पत्नी के भरोसे छोड़कर, अलग रहने का फैसला लेने पर मजबूर हुआ। मैं किसी भी रास्ते शान्ति और सुकून चाहता था। माँ और पिताजी के साथ, घर में कई छोटी-छोटी बातें थीं, जिनसे वंदना चाहती, तो बेवजह की तकरार से बचा जा सकता था। मसलन, माँ को उसका घर में स्कर्ट और शॉर्ट पहनना खराब लगता था। मैं कभी-कभार, माँ और पिताजी से छिपकर एकाध सिगरेट पी लेता था, पर वंदना ने इसमें भी बराबरी शुरू कर दी। वह सबसे छोटे भाई, रिंकू को भेजकर सिगरेट का पैकेट मँगाकर खुल्लम-खुल्ला पीने लगी थी। पिताजी यह सब, चुपचाप देखकर, घर से बाहर चले जाते थे, पर माँ वंदना से भिड़ जाती थी। वंदना चाहती थी कि मैं सिगरेट न पीऊँ...क्या उसका यह चाहना कुछ गलत था?

हद उस रात हुई, जिस रात उसके जन्मदिन की पार्टी थी। माँ और पिताजी ने, खुद को, पहले ही फर्स्ट फ्लोर तक सीमित कर लिया था। वे पार्टी में नीचे उतरकर भी नहीं आए। जयंत, फीरोज, असलम, सुशील और वेदप्रकाश भी आए थे। जयंत और वेदप्रकाश अपनी पत्नी के साथ आए थे। जयंत और वेदप्रकाश आए भी साथ-साथ, एक ही कार में थे। जयंत और सुशील की लगातार नोंक-झोंक चलती रहती थी, पर थे हम सब पक्के दोस्त। हम सभी लोग कोल्ड ड्रिंक्स ले रहे थे, पर सुशील ने अपने बैग से रॉयल स्टैग का हाफ निकाला और दो गिलासों में पैग बना दिए।

"यार अपना पानी से कुछ होनेवाला नहीं है।" सुशील ने कहा।

"तो आखिर तेरा खून जोर मार ही गया।" जयंत ने कहा, तो सुशील ठहाका मारकर हँस पड़ा।

"बच्चे, हमारा खून ही गर्म है। और कौन साझीदार बनता है, बताओ।" सुशील ने पहले जयंत की तरफ देखा, पर उसने आँख का इशारा, दूर गप्पों में लगी अपनी पत्नी की तरफ किया।

"साले...जोरू के गुलाम।" कहते हुए उसने वेदप्रकाश की तरफ देखा तो वेदप्रकाश ने भी वही किया, जो जयंत ने किया था।

"साले सब खस्सी हैं।" सुशील ने कहा, तो सब हँस पड़े।

"ला मैं लेता हूँ।" असलम ने बढ़कर दूसरा गिलास ले लिया।

"ये हुई मर्दोंवाली बात।" सुशील ने गिलास ऊपर उठाकर कहा।

"पर आधा तुझे लेना होगा, दोस्ती के नाम पर।" असलम ने मेरी तरफ देखकर कहा।

"अच्छा ठीक है।" कहकर मैंने गिलास हाथ में लेकर दो सिप ही लगाए थे कि वंदना वहाँ से उठकर मेरे सामने आ खड़ी हुई। उसने वह गिलास मेरे हाथ से ले लिया और उसे सूँघकर देखने लगी। उसके इस व्यवहार से, मैं दोस्तों के सामने लज्जित महसूस कर रहा था।

"तुमने शराब पी?" वंदना ने पूछा।

"थोड़ी-सी...ये असलम नहीं माना।" मैं कोई अप्रिय बात नहीं चाहता था।

वंदना ने गिलास को मुँह से लगाया और एक ही साँस में सारी शराब खत्म कर दी। वह इस पर भी नहीं रुकी और उसने सुशील के पास रखी शराब में से दूसरा गिलास भरा और बिना पानी मिलाए ही पीने लगी, तो मैंने उसका हाथ पकड़ लिया।

"मत पियो, वंदना, नुकसान पहुँचाएगी।"

"तुम पी सकते हो, हम नहीं पी सकते, क्योंकि हम औरतें हैं। हम तुम्हें पीने के बाद सँभालें, तो क्या तुम नहीं सँभाल सकते?" कहकर उसने दूसरा गिलास भी खत्म कर दिया। "अब बराबरी हो गई। हम तुम्हारी नौकरानियाँ नहीं हैं।"

मैं आपे से बाहर हो गया था। कई दिनों का गुस्सा मेरे भीतर लावा बनकर खौल रहा था। मैं चुप था तो बस इसलिए कि किसी तरह एक दिन सबकुछ ठीक हो जाएगा। मुझे उसके पीने पर एतराज नहीं था। यदि हम पी सकते हैं तो वह क्यों नहीं पी सकती। पर बड़ी बात वह कारण थी जिसकी वजह से उसने पीने की जिद की थी। मैं या मेरे दोस्त अपनी पत्नियों को चिढ़ाने के लिए नहीं पी

रहे थे पर वंदना ने सरासर यह मुझे बेइज्जत करने के लिए किया था...और उस रात मैं फट पड़ा था।

"तड़ाऽऽक।" एक झन्नाटेदार थप्पड़, मैंने उसके गाल पर मारा। "पढ़ाई और नौकरी में बराबरी नहीं करनी है। सारी क्रान्ति घर में ही करोगी।" मैं गुस्से में थरथरा रहा था। वंदना थप्पड़ खाकर वहाँ से हटी नहीं, मुझे घूरती रही। सारे मेहमान सन्न रह गए थे।

"तड़ाऽऽक।" वंदना ने पलटकर एक जोरदार थप्पड़ मेरे मुँह पर मारा था।

वेदप्रकाश और जयंत की पत्नी, वंदना को लेकर दूसरे कमरे में चली गई थीं।

"सॉरी यार।" सुशील ने मुझसे माफी माँगी और उसी वक्त चला गया था।

"रुक सुशील, मैं भी चलता हूँ।" कहकर असलम भी मेरे कन्धे पर हाथ रखकर निकल गया था।

फीरोज, वेदप्रकाश और जयंत मेरे इर्द-गिर्द चुपचाप खड़े थे।

"हो जाता है यार कभी-कभी।" फीरोज ने मुझे गले लगा लिया था।

"मैं बरबाद हो गया, फीरोज।" फीरोज के प्यार का सहारा पाकर मैं टूट गया था। मैं हिचकियाँ लेकर रो रहा था।

"सब ठीक हो जाएगा यार। औरत-आदमी में तो झगड़े होते रहते हैं। कौन से घर में चूल्हे काले नहीं हैं।" जयन्त ने ढाढ़स बँधाया।

"उसने शराब पी ली थी, उसको नशा हो गया होगा।" वेद प्रकाश बोला। "तू दिल से मत लगा, इस बात को।"

फिर सब चले गए थे। किसी ने खाना नहीं खाया था। खाना बना भी नहीं था। खाना रेस्तराँ से ऑर्डर करके मँगाना था, जो तब तक मँगाया ही नहीं गया था।

"सॉरी!" अगली सुबह मैंने उससे माफी माँगी थी।

"सॉरी!" उसने भी मुझे कह दिया था।

मैंने समझा कि बात आई-गई हो गई, पर उसने यह बात भुलाई नहीं थी। तीसरे-चौथे दिन ही उसने मुझे सूचना दी थी कि उसने कॉलेज के पास एक फ्लैट किराए पर ले लिया है और अब हम वहीं रहेंगे।

"वहाँ मैं पढ़ सकूँगी और कुछ तैयारी करने का वक्त भी रहेगा।" उसने कारण गिनाया। 'तुम्हारा वक्त और ट्रान्सपोर्ट का खर्चा भी बचेगा।"

मैंने पिताजी को अलग रहने के दूसरे कारण बताए थे, जिनमें आपसी प्यार बने रहने का प्रमुख कारण था। "जरूरी नहीं कि हम पास रहें और झगड़ा करते रहें। बेहतर यह है कि दूर रहकर हम प्यार बनाए रखें।" पिताजी चुपचाप सुनते रहे थे। वे लगातार मेरी तरफ मेरी आँखों में जाने क्या झाँकते रहे।

''तुम खुश रहो। कहीं भी रहो। हम अकेले कहाँ हैं। अभी तो मेरी नौकरी है।'' उन्होंने कहा था। ''फिर चीकू और रिंकू तो हैं ही।''

''मम्मी और इसकी बनती नहीं आपस में।'' मैंने चलते वक्त, बेबसी में कहा था।

'तुमसे तो बनती है न, बस यही काफी है। हम आश्रित नहीं है, मेरे बच्चे।'' पिताजी ने धीमे और गम्भीर स्वर में कहा था।

''परसों चले जाएँगे।'' मैं कह गया था। मन हो रहा था कि पिताजी के सीने से लगकर फूट-फूटकर रोऊँ।

''ठीक है, तुम्हारी चिन्ता लगी रहेगी बस। यहाँ थे तो नजर के सामने तो थे।'' पिताजी ने मेरे कन्धे पर हाथ रखा था।

''मुझे माफ कर देना पापा।'' कहकर मैं उनके पैर पकड़कर फूट-फूटकर रोने लगा था।

पिताजी चुपचाप खड़े रहे थे। उन्होंने मुझे रोने से रोका नहीं था। वे मेरे बालों में हाथ फिराते रहे थे। कुछ देर बाद मैं खुद ही उठा था, देखा तो पिताजी भी चुपचाप रो रहे थे। उनकी आँखों से आँसू बिना किसी शोर के बह रहे थे, जैसे कोई ग्लेशियर पिघल रहा हो। मुझे याद है कि हम तीनों भाइयों में से पिताजी शायद मुझे ही सबसे ज्यादा प्यार करते थे। माँ अक्सर मुझे बताती थी कि ''जब तू छोटा था, तो तेरे पापा कहते थे कि मैं बिलकुल इसके जैसा ही लगता था, जब इसके बराबर था। तू सुभाव में भी उनके जैसा ही है।''

शायद यह सच भी था। मुझे, पिताजी अपनी तमाम अव्यावहारिकता और भावुकता के बावजूद, कभी गलत नहीं लगे थे। ज्यादा-से-ज्यादा, वे अपने समय में असंगत और अजनबी लगते थे। मेरी नजर में, उत्पाद और उपभोक्ता के इस क्रूर समय में वे निरीह मनुष्य थे, बस। जिन्दगी में उन्होंने बार-बार धोखा खाया था। वे उन अपराधों के लिए सजा पाते थे, जो उन्होंने कभी नहीं किए थे। पर मैंने उन्हें कभी इस तकलीफ की शिकायत करते हुए नहीं सुना था। अम्मा का यह गुण भी उनमें उतरा था।

वे दो-तीन बार रिश्वत के इल्जाम में सस्पेंड भी हुए, पर उन्होंने उन सेनिटरी इंस्पेक्टरों के खिलाफ, कोई अपशब्द भी कभी नहीं निकाला, जिन्होंने यह सब करवाया था।

''वे भी मजबूर हैं। सफाई कर्मचारी भी मजबूर हैं।'' इससे ज्यादा वे कभी नहीं बोले। वे हमें बताते थे कि इंस्पेक्टर जानते हैं कि सफाई कामगार खुद न आकर किसी और को कम पैसे पर सफाई का काम करने भेज देता है। कुछ पैसा वे इन इंस्पेक्टरों को भी खिला देते हैं, जो उनकी हाजिरी भरता है। कुछ तो ऐसे

कामगार हैं, जिन्होंने पूरी जिन्दगी, नौकरी पर सफाई का काम नहीं सँभाला और रिटायर हो गए। इनमें से ज्यादातर निजी धन्धे या प्राइवेट कॉलोनी में कूड़ा उठाने का एक्स्ट्रा काम करते थे। 'आवा-का-आवा खराब है।'' माँ सुनकर कहती थी।

वंदना बुरी नहीं थी, बस वह जरूरत से ज्यादा जिद्दी थी। फीरोज के शब्दों में, वह बहुत पजेसिव थी। उसे अपनी बात, सबके ऊपर रखने की आदत थी। वह विचार सम्पन्न भी थी, पर उसकी विचार सम्पन्नता को जिद खा जाती थी या शायद मैं ही अपने भीतर के मर्द को समझा नहीं पाता था। यह वही वंदना थी, जो मेरे लिए अपनी जान तक देने को तैयार थी।

यह 7 दिसम्बर, 1992 की डरावनी सुबह थी। एम.फिल. की कक्षाएँ स्थगित हो गई थीं। दोपहर में, हमने इमरान भाई की कैंटीन में खाना खाया और बैठे-बैठे बतियाते रहे। यह हमारी दोस्ती के कच्चे-पक्के दिन थे।

असलम और जयंत भी साथ थे। फीरोज, निगार के साथ मौलाना महमूद हसन लाइब्रेरी चला गया था, जो सेन्ट्रल लाइब्रेरी के नाम से जानी जाती थी। सुशील आया था, मगर वह किसी काम से पहले ही निकल गया था। फीरोज ने जाते हुए हमें भी लौट जाने को कहा था।

यूनिवर्सिटी का माहौल काफी तनावपूर्ण था, पर दिख सब कुछ शान्त रहा था। यूनिवर्सिटी और दुकानें खुली थीं, पर खामोश थीं। अयोध्या में बाबरी मस्जिद उसी तरह ढहा दी गई थी, जिस तरह बाद में, बामियान में बुद्ध की दो हजार साल पुरानी, विशालकाय, प्रस्तर मूर्ति, तोप से उड़ा दी गई थी। आस्था और धार्मिकता की 'सर्वश्रेष्ठता' का गुमान, दूसरों के लिए कोई जगह नहीं छोड़ रहा था।

''खुदा उन पर क़हर बरपाए।'' यासमीन ने सुबह यूनिवर्सिटी में आते ही मुझे खबर दी थी। वह अपना सिर, अपने सफेद दुपट्टे से लपेटे थी। ''दोज़ख़ में भी जगह न मिलेगी।'' यासमीन पास ही की कोहिनूर नगर बस्ती से आती थी। यूनिवर्सिटी के आस-पास कई बस्तियाँ और पॉश कॉलोनियाँ थीं। वहाँ ज्यादातर मुस्लिम परिवार और छात्र ही रहते थे। हिन्दू लड़के-लड़कियाँ हॉस्टल में रहते थे या यूनिवर्सिटी से बाहर बसी किसी और कॉलोनी में। बाहर शहर में, हिन्दूवादी लोग, इस इलाके को, 'मिनी पाकिस्तान' कहा करते थे। उनके मुहावरे में यह दूसरा 'मिनी पाकिस्तान' था, पहला वह इलाका था, जहाँ शहर की छहः सौ साल पुरानी, भव्य मस्जिद थी।

फीरोज हमें समझाकर जा चुका था। आश्चर्यजनक रूप से, सबसे पहले वापस घर लौटने का यह मशविरा हमें यासमीन ने ही दिया था। हम सभी इधर-उधर टहलते रहे। हम सभी दुविधाओं में थे।

"मुझे सच में गहरा दुख है, इस दुर्घटना का।" मैंने असलम से कहा था। "पर फीरोज का यह कहना मुझे अच्छा नहीं लगा, कि हमें यहाँ से निकल जाना चाहिए।"

"मुझे तो विश्वास ही नहीं हो रहा कि ये लोग इतनी हिम्मत कर सकते हैं। आइ एम रियली शॉक्ड।" वंदना ने हाथ हिलाते हुए कहा था। "धर्म ने इन्हें अन्धा कर दिया है।"

"पर यार असलम, तुम्हारे होते, क्या वाकई हम इनसेक्यूर हैं।" यह बात जयंत ने कही थी।

"जब तक असलम खान की नसों में खून है, तब तक तो तुम पर कोई माई का लाल हाथ नहीं डाल सकता।" असलम ने जयंत को गले से लगाया था। यह काफी नाटकीय संवाद था, पर उन हालातों में इससे हम सबको काफी राहत और हिम्मत मिली थी। "ये साले फीरोज की रगों में बहादुरी नहीं है, कमीना है साला।" उस दोपहर, हम फीरोज को कमीना कहने का मतलब भी नहीं समझे थे। हमारे लिए वे दोनों उसी तरह मुसलमान थे, जिस तरह, उनके लिए, मैं और वंदना या सुशील और जयंत हिन्दू थे। पर क्या वास्तव में हम सब वह थे, जो हमें समाज ने पहचान दे दी थी?

'यूनिवर्सिटी में सितम्बर के बाद चारों तरफ ऐसी हरियाली छा जाती थी कि वह देखते ही बनती थी। दुनिया-भर के पेड़ असंख्य पत्तों से लद जाते थे। पेड़ों की टहनियाँ दिखना मुश्किल हो जाती थीं, इन वक्तों में। पूरा शहर खूबसूरत हो जाता था, दिसम्बर की इस ठंड में, और यूनिवर्सिटी तो किसी गलगोदे बच्चे की तरह दिलकश हो जाती थी। यह ऐसा ही समय था और यूनिवर्सिटी की सारी फिज़ा लकदक थी। यह दुर्घटना ऐसे ही समय में हुई थी।

"चलो नहर के किनारे चलते हैं।" यह प्रस्ताव वंदना ने किया था।

नहर के पास ही एक कृष्णकुंज नाम का गार्डन था, जहाँ हम अक्सर चले जाया करते थे। यह हमारे शहर से बाहर दूसरे राज्य की सीमा में था, पर बिलकुल हमारे शहर से सटा था।

"मैं निकलता हूँ फिर।" जयंत ने कहा।

"मैं भी।" असलम ने मेरी तरफ हाथ बढ़ाते हुए कहा था। "जल्दी निकल जाना वहाँ से। माहौल ठीक नहीं है। तुम समझ रहे हो न। चलो जयंत भाई।" फिर वे दोनों निकल गए थे।

"रिक्शा!" वंदना ने रिक्शा रुकवाया था।

"कहाँ जाएँगे भाईजान!" रिक्शा रोके हुए, रिक्शावाले ने मेरी तरफ देखा था।

"कृष्णकुंज।" वंदना ने बैठते हुए कहा था।

"इस वक्त।" रिक्शावाले के चेहरे पर आश्चर्य के भाव थे।

शायद वह समझ गया था कि सवारी मुसलमान नहीं है।

"क्या लोगे?" वंदना ने पूछा।

"दस रुपए!" उसने दुगने पैसे माँगे थे। वंदना मेरी तरफ देख रही थी।

"क्यों बे, कोई ताजमहल ले जा रिया है।" मैंने पुराने शहर की बनावटी जबान में कहा, तो वह मिन्नत पर उतर आया।

"भाई जान, वहाँ से खाली आना पड़ेगा। आप बड़े आदमी हैं।" उसने मुझे मुसलमान और वंदना को हिन्दू समझकर, मुहब्बत का मामला समझ लिया था इसे।

"पाँच में चलना है तो बोल।" मैंने फिर कहा।

"सात दे दीजिए भाई जान।" वह रिरियाया।

"चल, चल।" मैं बैठ गया था। बैठते हुए मैंने वंदना की तरफ देखा था, उसकी आँखों में तारीफ का भाव था।

दोपहर के तीन बज रहे थे। दस-पन्द्रह मिनट में हम कृष्णकुंज पहुँच गए थे। वहाँ काफी गहमागहमी थी। लड़के-लड़कियों के दुनिया-भर के जोड़े इस कुंज में अपने-अपने कोने और पेड़ों की ओट थामे, एक अलग ही दुनिया में थे, जहाँ न मन्दिर था, न मस्जिद थी, न गिरिजा था और न ही कोई बुद्ध-विहार। वहाँ सिर्फ प्रेम की लौ थी, जो निष्कम्प जल रही थी। मेरे और वंदना के इस लौ में शामिल हो जाने के बावजूद, वह उसी तरह अकम्प बनी रही, जिस तरह निर्वात कमरे में दीपशिखा अकम्प बनी रहती है।

"क्या हमें मंजिल मिलेगी?" वंदना ने पेड़ से पीठ टिकाते हुए कहा था।

"...।" मैं दूसरी तरफ देखने लगा था। मुझे रोमांटिक बातें करनी ही नहीं आती थी। वह खुद ही सवाल करती और जवाब देती रहती थी।

"देख लेना, हम एक होकर रहेंगे।" उसने मेरी छाती पर सिर टिका दिया था। "मेरा ख्वाब है कि मरते वक्त तुम्हारी गोद में मेरा सिर हो।"

मैं बस उसके बालों में हाथ फेरता रहता था। वह बोले चली जाती थी। ये संवाद फिल्मी होते थे, पर मुझे तब नाटकीय नहीं लगते थे। वंदना शुरू में न मुझे अच्छी लगती थी, न बुरी। वास्तव में उसके चेहरे में ऐसा कोई आकर्षण ही नहीं था कि वह मेरी सौन्दर्यानुभूति को भाता। वह साधारण गोरी और औसत शक्लो-सूरत की लड़की थी। उसकी आँखें कुछ बड़ी और उभरी हुई थी। नुकीली नाक और पतले होंठ होने के बावजूद, वह खूबसूरत नहीं लगती थी। उसका चेहरा तिकोना और छोटा होने के कारण, जरूर कुछ दिलकश लगता था। लेकिन, कोई लड़की खुद बढ़कर प्रेम प्रस्ताव करे, तो किसे बुरा लगता है।

मैं धीरे-धीरे उसे बेहद प्यार करने लगा था और इसके लिए उसका शरीर जिम्मेदार नहीं था, उसकी बातें थीं। वह मुझ पर ऐसे जान छिड़कती थी कि जैसे मेरे सिवा उसका इस दुनिया में कोई और था ही नहीं। क्या, वाकई मैं उसे प्यार करने लगा था या यह बस मेरे पौरुष अहम् की सन्तुष्टि या भ्रम था कि एक लड़की मुझ पर जानो-बदन से फिदा है। पर यह भ्रम या अहम् की सन्तुष्टि या कि फिर प्यार इस कदर बेहद हुआ कि मैं उसके बिना एक पल भी यूनिवर्सिटी में नहीं रह पाता था। यह मुझ पर शासन करने की शुरुआत थी। वह मुझसे अब रूठने-मचलने लगी थी। वह दो-दो दिन तक बात नहीं करती थी और ताज्जुब कि वह रह भी लेती थी, पर इन दो ही दिनों में मेरे प्राण कंठ को आ लगते थे। क्या उसने सेवा और समर्पण को नशे की तरह इस्तेमाल करके मुझे अपना आदी बना लिया था? पर उस वक्त मैं विश्लेषण नहीं कर पाया था।

एक बार तो, हम दोनों की किसी बात को लेकर, खासी तकरार हो गई थी और उसने मुझसे एकदम बात करना बन्द कर दिया था। मैं हैरान परेशान था कि क्या करूँ? मैंने दो दिन तक अन्न का एक दाना भी मुँह में नहीं डाला था, सिर्फ पानी पीकर दो दिन गुजारे थे। शनिवार और रविवार की इस भूख हड़ताल की खबर सोमवार को जयंत ने वंदना को दी थी और वंदना दौड़ी-दौड़ी आई थी। उसने मुझे गले लगा लिया था, दिन-दहाड़े, भरी यूनिवर्सिटी फैकल्टी में। हम दोनों ही रो पड़े थे, और फिर साथ-साथ खाना खाया था हमने। क्या यह प्यार था या वक्ती जुनून या फिर प्यार का जुनून होना?

"तुम मुझे कितना प्यार करती हो वनझा?" कृष्ण कुंज के जादुई प्रभाव से मेरे मुँह में भी कभी-कभार शब्द आ जाते थे। वंदना झा की वजह से मैं उसे वनझा बुलाता था।

"जितना कोई इनसान नमक से प्यार करता है, उतना।" उसने मेरी छाती से सिर उठाकर मेरी आँखों-में-आँखें डाली थीं।

ये शुरुआती दिन थे और वह हर पल मेरे लिए बेचैन रहती थी पर छह महीने में हालात बदल गए थे। अब मुझे लगता था कि वह मुझे पहले की तरह प्यार नहीं करती, पर अब मेरे लिए उसे भुला पाना नामुमकिन था। या तो मेरी सारी समझदारी घास चरने चली गई थी या फिर उसे दिल लेने का हुनर खूब आता था। उसकी मीठी-मीठी बातों में मेरी समझदारी उसी तरह डूब गई थी, जैसे मधुमक्खी शहद में डूब जाती है। प्यार में सयानापन चल भी नहीं पाता। पर वंदना शायद यह जानती थी कि प्रेम भी, राजनीति की तरह, वेट एंड वाच की नीति से, जीता जाता है।

कृष्णकुंज में बातें करते-सुनते वक्त का पता ही नहीं चला था। हम यह भी भूल गए थे कि अपने शहर में वापस जाने का एकमात्र रास्ता यूनिवर्सिटी के बीचों-बीच होकर ही गुजरता है। कुंज से बाहर निकले तो बाहर अँधेरा था। कुंज के भीतर रंगीन रोशनीदार और संगीतमय फव्वारों से बाहर के अँधेरे का अहसास ही नहीं पाए थे। हमारे लगभग साथ-साथ ही एक जोड़ा और निकला था। मैं उन्हें पहचान गया था। वह लड़की, एक हिन्दू लड़की थी, वह सुबह हमारी ही यू-स्पेशल में यूनिवर्सिटी आती थी। उसका नाम शायद तन्वी अरोड़ा था। वह शहीद लाजपत विहार से चढ़ती थी और फाइन आर्ट्स की फैकल्टी के सामने उतरती थी। पर वह लड़का हिन्दू नहीं था, वह मुसलमान था। वह एकाध बार, असलम के साथ, मुझे और वंदना को मिला था। वह मैरून हाउस हॉस्टल में रहता था। वह असलम के गृहनगर अमरोहा का ही था। इसीलिए वह अपना नाम भी दानिश अमरोही बताता था।

हॉस्टल में बिहार और यू.पी. के दो गुट थे और उनमें अक्सर संघर्ष होता था। कभी-कभार, रात-रात भर हॉस्टल में इन गुटों के लोग आपस में लड़ते थे। एकाध बार, दो-चार छात्रों के मारे जाने तक की दुर्घटना घटी थी। ये दोनों ही गुट मुसलमान लड़कों के थे। ये लड़ाइयाँ मुसलमान और हिन्दू लड़कों में नहीं होती थीं। ये धर्म नहीं, स्थानीयता के कारण लड़ी जाती थीं। मतलब यह कि, लड़ने के लिए इनसान कोई-न-कोई मुद्दा खोजना चाहे तो मुद्दों का टोटा नहीं है। जिस विश्वविद्यालय से मैंने बी.ए. किया था, वहाँ आपसी संघर्ष का कारण जातियाँ थीं। आस-पास जाटों के गाँव थे, उन जाट लड़कों का खासा दबदबा कॉलेज पर था। उनके खिलाफ हमारी कॉलोनी के लड़के मोर्चे पर रहते थे, क्योंकि इनमें से ज्यादातर पल में चाकू मार देने में माहिर थे।

"वनझा, पहचाना कौन?" उसके मोटर साइकिल स्टार्ट करके जाने के बाद मैंने पूछा था। दानिश की आँखों में आत्मीयता या परिचय का भाव भी नहीं था।

"हाँ, ये तो एक बार असलम के साथ मिला था न।" उसने बहुत अनभिज्ञता और गैर-दिलचस्पी से कहा था।

"एक बार नहीं, कई बार। ये दानिश था। मैरून हॉस्टल में असलम के साथ रहता है।" मैंने आगे बढ़ते हुए कहा था।

वंदना शायद जान-बूझकर अनजान बन रही थी। दानिश बहुत खूबसूरत और कद्दावर लड़का था। लड़कियों-सी मासूम खूबसूरती और पठानों-सा डील-डौल था उसका। वह ऐसा लड़का था जिसे एक बार मिलने के बाद आसानी से भुला पाना मुश्किल था। फिर लड़कियों के लिए तो यह लगभग नामुमकिन था और वंदना इस तरह दिखा रही थी कि वह उसे पहचान ही नहीं पाई थी। लड़कियाँ और

औरतें अपने आदमियों के सामने, इसी तरह सदाचारिणी बनकर उन्हें ठगती हैं। क्या औरतें, आदमी से ज्यादा लोकाचार समझती हैं?

"हाँ, हाँ, याद आया। हमने एक बार साथ-साथ चाय भी तो पी थी न, इमरान भाई की कैंटीन में।" वह बोली।

"यह बहुत ज़ज़्बाती और गुस्सैल है।"

"फिर तो कमअक़्ल भी होगा।"

"पता नहीं, पर ये तय है कि कमअक़्ल लोग अपनी हरकतों से खुद तो परेशानी उठाते ही हैं, दूसरों को भी परेशानी में डालते हैं।"

"गुरुजी, इन्हें पहचाना कैसे जाए?" वंदना ने नाटकीय अन्दाज में हाथ जोड़ते हुए कहा था।

"बच्चा, इनकी सबसे बड़ी पहचान यह होती है कि ये खुद को सबसे ज्यादा अक़्लमन्द और दुनिया को बेवकूफ समझते हैं।" फिर हम दोनों हँस पड़े थे।

'उसके साथ वह लड़की कौन थी?" वंदना ने हँसने के बीच पूछा था।

"वह एक पंजाबी लड़की है। रिफ्यूजियों का मुहल्ला है न, सदर रोड पर, वहीं की शहीद लाजपत विहार की रहनेवाली है। मेरे साथ अक्सर यू-स्पेशल में आती है।"

"हिन्दू?"

मैंने हाँ में गर्दन हिलाई थी। असलम से दानिश के बारे में मेरे पास कई जानकारियाँ थीं। अमरोहा में उनकी काफी जमींदारी थी। उसके पुरखों का अरब के किसी खास इलाके के होने की वजह से बिरादरी में उनकी काफी इज़्ज़त थी। फीरोज ने बताया था कि वह एक बदचलन लड़का है और मजहब के नाम पर किसी का कत्ल तक कर सकता है। वह जज्बाती और जुनूनी है। हिन्दू लड़कियों के साथ जिस्मानी रिश्ता बनाकर वह 'सवाब' कमाने का दम्भ भरता है। यह बात मेरे लिए नई नहीं थी। कई हिन्दू और सिख लड़के भी मुसलमानियों के बारे में यही बात कहते थे। हिन्दू हो, सिख हो, ईसाई हो या मुसलमान—हर जगह, आदमियों की तोप के निशाने पर, कुर्बान होने के लिए औरतें ही थीं।

शाम के साढ़े पाँच ही बजे थे, पर अँधेरा उतर आया था। हमने कुंज के बाहर रिक्शावालों से चलने को कहा, पर वे पड़ोसी राज्य के रिक्शावाले थे। हमारे शहर में दाखिल होने से उन्होंने मना कर दिया था। हम बातें करते-करते काफी आगे बढ़ आए थे। नहर के किनारे-किनारे कई बस्तियाँ थीं। ट्रैफिक लगभग ना के बराबर था। कोई एकाध ट्रक या कार ही, इतने देर के रास्ते में, गुजरी थी। बस्तियों के झोपड़ीनुमा घरों के चूल्हों से उठता धुआँ बता रहा था कि खाना बनने की तैयारी शुरू हो चुकी है। कहीं से बिरयानी की महक आ रही थी, हवा के साथ।

नहर के साथ-साथ बने फुटपाथ पर हम चल रहे थे। सर्दी काफी बढ़ गई थी। वंदना ने अपनी जींस में हाथ खोंसे हुए थे और मैं अपनी कलाइयाँ स्वेटर के पोंचे में सरका चुका था। कुंज से यूनिवर्सिटी का रास्ता बमुश्किल बीस मिनट पैदल का था। आधा रास्ता हम तय भी कर चुके थे कि तभी सामने से आते हुए पाँच-छह लड़कों की एक टोली, हमारे पास से गुजर गई। हमारा ध्यान उनकी तरफ था भी नहीं, पर हम बीस कदम ही आगे बढ़े थे कि वंदना ने कहा कि कुछ लोग हमारा पीछा कर रहे हैं। ''मुड़कर मत देखना।'' मैंने धीमे-से कहा। ''अनजान बनने की कोशिश करो।'' मैं कह तो गया था, पर, सहसा विचार आया था कि इस तरफ, आस-पास की सारी बस्तियाँ मुसलमानों की हैं। दाएँ हाथ की तरफ गहरी नहर थी और बाएँ हाथ की तरफ मुसलमान बस्तियाँ। फिर तेजी से, सुबह का सारा घटनाक्रम घूम गया था।

फीरोज की चेतावनी याद आई थी। यासमीन का दोजख याद आया था। सुशील का घर चले जाना याद आया था। असलम का जाते हुए यह कहना याद आया था, ''जल्दी निकल जाना, माहौल ठीक नहीं है।'' दानिश का मोटर साइकिल स्टार्ट करते हुए अजनबीपन याद आया था। मैंने अन्दाज लगाया कि जरूर इनके पास हथियार भी होंगे। मेरे मन में लड़ने का ख्याल बनता जा रहा था। मैं जानता था कि नहीं लड़े तो मार दिए जाएँगे। मुझे वंदना की चिन्ता हो रही थी। मैंने हिसाब लगाया था कि हम बहुत तेज दौड़ें तो भी लगातार दस मिनट तक दौड़ना होगा। वंदना नहीं दौड़ पाएगी।

''थोड़ा तेज चलो।'' वंदना धीमे से फुसफुसाई। उसने जेब से हाथ निकालकर, कसकर मेरा हाथ पकड़ लिया था। ''वे बिलकुल पीछे आ गए हैं।''

हम थोड़ा तेज चलने लगे थे। बमुश्किल हम दो-चार पल ही आगे चले थे, पर लग रहा था कि जैसे हम बरसों से चल रहे हैं और मंजिल नहीं आ रही है। हमारे पैरों में मनों वजन बढ़ गया था।

''अबे रुक...मादर...।'' उनमें से एक लड़के ने बढ़कर पीछे से हाथ पकड़ लिया था। उसने मुझे गाली दी थी।

''क्या परेशानी है? गाली क्यों बक रहा है बे।'' मैंने आँख तरेरते हुए कहा।

''क्या नाम है तेरा।'' उसने मेरा मुँह अपने हाथ की उँगलियों से भींच दिया था। उसके पीछे मुझे कृष्ण कुंज का जगमगाता जलवा दिख रहा था, जहाँ हमने कुछ देर पहले अपनी जिन्दगी के बेहतरीन लम्हे गुजारे थे। नहर के पानी की खुशबू भी वहाँ थी।

''हम यहीं पढ़ते हैं यूनिवर्सिटी में।'' वंदना ने उसका हाथ हटाते हुए कहा। ''आप अपने से मतलब रखिए।''

''पढ़ते हैं, साले आशिकी करने आते हैं यहाँ।'' कहते हुए उसने एक छोटा-सा चाकू खोल लिया था। यह ऐसा चाकू था, जो आमतौर पर अमरूद या केले बेचनेवालों के पास होता है, जो ग्राहकों को फल काटकर, नमक लगाकर बेचने का काम करते हैं। पर माहौल के तनाव में उस चाकू का भी असर पैदा हुआ था। चाकूवाले लड़के के पीछेवाले लड़के अब भी चुपचाप खड़े थे। चाकूवाले लड़के ने पठानी शलवार-कमीज पहना हुआ था। वह चेहरे से भी ठेलेवाला ही लग रहा था।

''नाम बता साले...नहीं तो काट दूँगा।'' वह गुर्राया।

''आप गाली मत दीजिए...मेरा नाम निगार है भाईजान...हम भी मुसलमान हैं।'' वंदना ने अपने गले में पड़ा वह लॉकेट उसे दिखाते हुए कहा था, जो कुछ दिन पहले ही निगार ने उसे दिया था। ''हम कोहिनूर नगर में रहते हैं, आप पता कर लीजिए...मेरे मंगेतर हैं ये।'' वंदना ने मेरी हथेली को अपनी उँगलियों से पकड़ा था।

''क्या नाम है?'' उसने मेरी तरफ आँखें तरेरीं। उनकी आँखों में कुछ विश्वास था, कुछ अविश्वास। वे सब इन दोनों के बीच झूल गए थे।

''फीरोज।'' इस बार भी वंदना ने जवाब दिया।

''आप उधर जाइए।'' वह ठमककर बोला। उसे इस बात से क्या लेना-देना था कि हम मुसलमान हैं या कोई और। ''पैंट खोलो, अभी पता चल जाएगा।'' उसके चेहरे पर मुस्कराहट उभरी थी। यह सिर्फ शरारत से भरी थी, पर उस वक्त यह भी डर पैदा कर रही थी।

वह इतना ही बोल पाया था कि अचानक वंदना ने एक जोरदार लात उसके गुप्तांग पर मारी। लात इतनी सटीक पड़ी थी कि उसके हाथ से चाकू छिटककर दूर जा गिरा और लड़का आलू की बोरी की तरह, एक तरफ ढेर हो गया। यह अप्रत्याशित वार था और लड़का इसके लिए तैयार नहीं था।

''भागो!'' वंदना मेरा हाथ पकड़कर जोर से चिल्लाई थी। मैं और वे लड़के सब हक-बक खड़े रह गए थे। हम भाग रहे थे, यूनिवर्सिटी की तरफ। वंदना मेरी उम्मीद के उलट काफी तेज भाग रही थी। जींस की वजह से, उसे लम्बे डग भरने में सहूलियत हो गई थी। साड़ी, लहँगा और स्कर्ट को इसीलिए मैं पुरुषवादी सोच के परिधान मानता हूँ।

''पकड़ो-पकड़ो, मारो-मारो, साले काफिर हैं।'' दूसरे चारों लड़के उस लड़के को सँभाल रहे थे। कुछ देर बाद, उनमें से दो हमारे पीछे भागे भी थे, पर तब तक हम काफी आगे निकल चुके थे और वे बहुत दूर दिखाई दे रहे थे। तभी हमारे पास से एक रिक्शा तेजी से गुजरा था। हम दौड़ रहे थे।

''चर जाओ भाईजान।'' कहकर उसने रिक्शा हलका-सा धीमा किया था।

इतना सुनते ही वंदना कूदकर उसमें चढ़ गई थी। फिर दौड़ते-दौड़ते मैं भी चढ़ गया था। रिक्शा तेज-तेज चलाते हुए वह काफी आगे निकल आया था। लड़के अब दिखाई देना बन्द हो गए थे।

'माहौल खड़ाब है भाईजान।'' उसने रिक्शा धीमा कर लिया था।

वंदना के हाथ काँप रहे थे। घबराहट मुझे भी बेहद हो रही थी, ...तब भी, मैंने उसके हाथों को अपने हाथों में छिपा लिया था। उस सर्दी में भी हम पसीने से नहा गए थे।

''गुजर गया! अब क्यों घबराती हो?'' मैंने टूटे-हाँफते शब्दों में कहा था।

''हाँ, डरावना था बहुत।'' उसने धीमे-से कहा।

''पर तुम्हारी लात जिन्दगी-भर याद रखेगा।'' मैंने भरसक मुस्कराने की कोशिश की थी।

''आप हिन्दू हो, भाईजान?'' रिक्शावाले ने अचानक पूछा।

''क्यों?'' घबराहट फिर बढ़ गई। अब क्या नई मुसीबत आ गई।

''नहीं, वो लड़के काफिड़-काफिड़ चिल्ला रहे थे न, इसलिए पूछा।''

''हाँ!'' मैंने हिम्मत करके कह ही दिया।

उसने सुनते ही रिक्शा की रफ्तार कुछ और धीमी कर दी। अब सामने यूनिवर्सिटी की बी.एड. फैकल्टी दिखने लगी थी। कोहिनूर नगर का बाजार सुनसान दिखाई पड़ रहा था। और दिनों, इस बाजार में इस वक्त निकलने की राह नहीं मिलती थी। हलवाइयों के दूध के कड़ाहे, मटन-बिरियानी के बड़े-बड़े देगों से, दुनियाभर की महक, बाजार में छाई रहती थी। जलेबी, इमरती, कचौड़ी, पान की दुकानें सजी रहती थीं। पर इस वक्त बाजार को देखकर ऐसा लगता ही नहीं था कि यह ऐसा रौनकदार बाजार होगा।

''माहौल ठीक नहीं है। आपको ऐसे वक्त में बाहड़ नहीं होना चाहिए था।'' रिक्शेवाले का अन्दाज बदल गया था।

''हमें अन्दाजा नहीं था।'' वंदना बोली।

''एक तो आपने जींस डाली हुई है।'' वह भुनभुनाया। ''आप लोग खुद तो मड़ेंगे, मुझे भी मड़वा देंगे।'' उसने लगभग रिक्शा रोक दिया था। ''आप लोग उतड़ जाइए। दंगाई यहीं गार देंगे, हम सबको।''

''हम पर मेहरबानी करो, भैया।'' वंदना उसकी आवाज के टोन से उसके मिथिला के इलाके का होने को समझ चुकी थी। उसके बार-बार 'र' को 'ड़' और 'ड़' को 'र' बोलने से, मैं भी समझ गया था। खुद वंदना भी शुरू में ऐसे ही बोलती थी, पर बार-बार टोकने से उसने इसे सुधार लिया था।

"नहीं, ये मुमकिन नहीं।" वह बोला।

"हमें यूनिवर्सिटी के इलाके से बाहर पहुँचा दो बस।" वंदना ने मिन्नत करते हुए कहा।

"साड़ा इलाका जल ड़हा है। आप लोगों ने कपरे भी ऐसे पहन रखे हैं। जिसको न पता चले, उसे भी पता चल जाएगा।" वह बिलकुल मरे-मरे पैरों से पैडल मार रहा था।

इस वक्त हम कोहिनूर नगर के बाजार से गुजर रहे थे। तभी कहीं से एक पत्थर रिक्शा के अगले टायर में आकर लगा। वह किसी छत से फेंका गया था। उस सुनसान में उस पत्थर से तेज आवाज हुई। बाजार में घूमते कुत्ते भौं-भौं करके भौंकने लगे थे। उनकी आवाज सुन, दूसरे मुहल्लों से भी कुत्तों के भौंकने की धीमी-धीमी आवाजें आने लगी थीं। हम सब सहम गए थे, हालाँकि यहाँ कुछ ऐसा नहीं था...पर जो हो सकता था, उसकी दहशत हर जगह थी।

"हम आपको पचास रुपए देंगे।" वंदना ने कहा।

"जान जोखिम का काम है। पचास ड़ुपए का क्या कड़ूँगा, जब जान नहीं बचेगी तो। घड़ में मेड़ी बेटी बीमाड़ है। उसी की दवा लेने निकला था मैं।"

"चलिए, तीन सौ रुपए देंगे। प्लीज हमें यहाँ से निकाल दीजिए।" मैंने जान-बूझकर जरूरत से ज्यादा रुपए बोले।

मुझे लगता था कि सोच और हैसियत के बाहर पैसा पाने की उम्मीद इनसान के इरादे को तोड़ देती है। संयोग से, मेरी जेब में, उस दिन महीने की फीस के पैसे पड़े थे, जो ट्यूशन पढ़ाने के एवज में मेरे छात्र ने दिए थे।

"वादा नहीं कड़ सकता। देखते हैं चलिए...कोई ड़ोके तो खुद को मुसलमान बतांइएगा।" कहते-कहते उसने तेज पैडल मारना शुरू कर दिया था

हम रिक्शा, कसकर पकड़कर बैठ गए थे। वह हवा से बातें कर रहा था। रेनबेक्सी आई हॉस्पिटल तक का सफर पन्द्रह मिनट का था। यह हॉस्पिटल, शहर के इस कथित 'मिनी पाकिस्तान' को शेष 'हिन्दुस्तान' से अलग करता था। रास्ते सुनसान पड़े थे। लाइब्रेरी और कैंटीन जो देर रात तक गुलजार रहती थी, सूनी पड़ी थी। मुख्य सड़क पर, दो सरकारी बसें फूँक दी गई थी। वह अब भी धुँधवा रही थी। कृष्ण कुंज में इस इलाके का धुआँ तक हमने नहीं महसूस किया था।

"लीजिए भाईजान।" उसने हॉस्पिटल के गेट पर रिक्शा रोकते हुए कहा।

"ये लीजिए।" मैंने उसके हाथ में तीन सौ-सौ के नोट रखते हुए कहा।

"बहुत-बहुत शुक्रिया।"

"आपका यह अहसान, हम कभी नहीं भूलेंगे।" वंदना ने आगे बढ़कर कहा।

"नहीं, मैं तीन सौ नहीं लूँगा। बीस खुला दे दो।" उसने तीनों नोट वंदना के हाथ पर रख दिए थे। "ईमान बरी चीज है। कयामत के दिन अल्लाह मियाँ को जवाब देना परेगा।"

"नहीं ये तो आपको रखने ही होंगे भैया!" कहकर वंदना ने जबरदस्ती उसकी जेब में तीनों नोट रख दिए।

फिर हम आगे बढ़ आए थे। यहाँ और दिनों की ही तरह रौनक थी। मार्केट वैसे ही सजा हुआ था। पुलिस की एक टुकड़ी उस सड़क पर मोरचा जमाए बैठी थी। मोटी-मोटी पंजाबी औरतें, अपने शरारती बच्चों के साथ गोल-गप्पे निगल रही थीं। सड़क पर दूर तक चमचमाती कारें लगी हुई थीं। वह रिक्शेवाला हॉस्पिटल के साथवाली मेडिकल शॉप पर बढ़ गया था। मैंने पलटकर देखा था, वह कुछ खरीद रहा था, शायद अपनी बीमार बेटी की दवा।

1992 में मुझ पर जान देने वाली वंदना 1994 में मरने-मारने पर उतारू क्यों हो गई थीं? यह बात मैं कभी नहीं समझ सका। यह वही वंदना थी या किसी और वंदना से विवाह कर बैठा था मैं? मार्क्सवादी वंदना का जातिवादी वंदना में रूपान्तरण अकल्पनीय था।

मैं वर्तमान और अतीत के बीच झूलने लगा था।

कॉलेज के नजदीक पहुँचने से यातायात का खर्च बचने लगा था और समय भी, पर हफ्तेभर बाद ही वंदना फिर वैसी ही हो गई थी। रिश्तों में जहाँ समाई नहीं होती, वहाँ कभी शान्ति भी नहीं हो सकती। रिश्तों के फूल तो सहनशीलता की जमीन पर ही खिल सकते हैं। एक-दूसरे को दबाने और कुचलने से तो रिश्तों में नागफनी ही पैदा होती है।

"तुम सिविल सर्विसेज की तैयारी क्यों नहीं करते?" वंदना ने एक शाम मुझसे कहा था।

"नहीं, मुझे सिर्विल सर्वेन्ट बनना अच्छा नहीं लगता।" मैंने कहा था। "मैं अपने अन्दर एक सिविल सर्वेन्ट की काबिलियत नहीं देखता हूँ।"

"अपने विषय का गोल्ड मैडिलिस्ट और एक मेरिटोरियस स्टूडेंट यह बात कैसे कह सकता है।" उसने बात नहीं मानते देख, मुझ पर ताना कसा था।

"यह तो अपने-अपने ख्यालात की बात है। तुम क्यों नहीं करती तैयारी?" मैंने प्रतिप्रश्न किया। "मुझे पढ़ाना ही अच्छा लगता है। जिसका काम उसी को साजे।"

''ये क्यों नहीं कहते कि तुम आलसी हो।'' उसने बिफरते हुए कहा था। ''तुम्हें शर्म आनी चाहिए, औरत से कमवाकर खाना चाहते हो।''

मैं उसके अपशब्द सुनकर भी कुछ नहीं बोला। मैं उसकी आदतों को समझ चुका था। वह लड़ना चाहती थी और मैं अपनी मानसिक शान्ति भंग नहीं करना चाहता था। मैं उठकर कपड़े बदलने लगा।

''अब कहाँ चल दिए?'' उसने बढ़कर मेरा हाथ पकड़ लिया।

''कुछ काम है।'' मैंने हाथ छुड़ाते हुए कहा।

''काम है। क्या काम है? मैं उन लड़कियों में से नहीं हूँ, जो पैर की जूती बनकर रहूँ। मैं यहाँ खाना बनाकर तुम्हारा इन्तजार करूँ। माई फुट!'' उसने पैर पटकते हुए कहा।

''प्लीज वनझा। हर वक्त झगड़ा अच्छा नहीं। तुम्हें खाना बनाना हो तो बना लेना। नहीं बनाना हो तो मत बनाना। मैं आकर बना लूँगा।'' कमीज के बटन लगाकर मैं पैंट पहन रहा था। ''और, हाँ अपनी बारी के बरतन मैं माँज चुका हूँ।''

वह चुपचाप जाकर बैड पर बैठ गई थी। मुझे तैयार होते हुए देखती रही। जूते पहनकर मैंने हमेशा की तरह, अपना मनपसन्द परफ्यूम लगाया था।

''किस काम से जा रहे हो?'' उसकी आवाज में तीखापन तैर रहा था।

मैं चुप रहा। मुझे खुद ही नहीं पता था कि मैं कहाँ जा रहा हूँ? मैं उसे क्या बताता कि मेरी मंजिल क्या है? मेरी मंजिल तो खो गई थी। मैं सिर्फ सफर में था। बस ज्यादा-से-ज्यादा मैं यह बता सकता था कि मैं घर में हर समय ताने नहीं खा सकता। मैं समझता था कि उसे अपनी बात चलाने की आदत है और वह अब इस आदत को छोड़ नहीं सकती। अपने परिवार में भी वह बड़ी लड़की थी और वहाँ भी वह वैसा ही व्यवहार करती थी। पर कुछ भी ऐसा जवाब देने का मतलब, उसे झगड़े का मौका देना था।

''क्या काम है? मुझे बताकर जाओ।'' वह बेड से खड़ी हो गई।

''अमरेश सर के पास जा रहा हूँ। बहुत दिन हो गए।'' मैंने टालना चाहा।

''मैं भी चलती हूँ।'' उसके स्वर में हठ था।

''तुम क्या करोगी?'' मैंने हड़बड़ाकर कहा।

''ये क्यों नहीं कहते कि अपनी नई प्रेमिका से मिलने जा रहे हो।'' उसने मेरी हड़बड़ाहट का गलत मतलब निकाला था। ''मैं खूब समझती हूँ, तुम्हारे इन...।''

''बेकार की बातें क्यों करती हो। तुम जानती हो, मैं तुमसे ही निभा लूँ, वह बहुत है।'' मैंने व्यंग्य में कहा, पर शायद उ सका ध्यान इस तरफ गया ही नहीं था।

"अभी यह ब्लैंक कॉल जो आई थी, यह तुम्हारी किसी प्रेमिका की ही होगी, जिसे वक्त देकर तुम भूल गए होंगे। तुम अय्याश आदमी हो।" उसने कहा था।

इधर कई दिनों से, घर के फोन पर ब्लैंक कॉल का लगातार आना लगातार बढ़ गया था। वह मुझ पर शक करती थी क्योंकि जब भी वह फोन उठाती थी तो उधर से कोई नहीं बोलता था। कभी-कभी कोई लड़की उधर होती थी, जो किसी और नम्बर मिलाने के चक्कर में, गलती से हमारा नम्बर मिला बैठती थी। ऐसा नहीं था कि हमेशा ये लड़कियाँ ही होती थीं, कभी-कभी ये लड़के भी होते थे। पर वंदना हमेशा मुझ पर आशिक होने का इलजाम लगाती। लड़कों के फोन को वह बिचौलिए या दलाल का फोन बताती थी। मैं खूब समझता था कि मुझ पर शासन करने का, यह उसका नया नुस्खा भर है।

मेरी चुप्पी, मेरे बोलने से ज्यादा लहूलुहान करती थी उसे। मैं चुप रहा।

"तुम कहीं नहीं जाओगे?" मुझे चुप देख, वह आगे बढ़, मेरी कमीज के बटन खोलने लगी थी।

"ये क्या बदतमीजी है, वनझा। कहीं तो मुझे चैन से रहने दो।" मेरे स्वर में आवेश था।

"हाँ-हाँ मैं तो तुम्हें चैन से नहीं रहने देती न। इसीलिए तुम बाहर भागे फिरते हो। ये क्यों नहीं कहते कि मुझसे मन भर गया है तुम्हारा।" वह मनुहार पर उतर आई। उसके हाव-भाव बदल गए।

"क्यों बेवजह नाटक कर रही हो। हटो पीछे।" मैंने हलके में उसे धकियाया था।

"मैं नाटक कर रही हूँ। मैं मर जाऊँगी, जहर खाकर, किसी दिन, तब तुम्हें पता लगेगा कि मैं तुम्हें कितना प्यार करती हूँ।" उसने मुँह बनाया।

मैं जानता था कि वह मुझे बहुत प्यार करती थी। यह भी जानती थी कि मैं उसे बहुत प्यार करता था। पर ऐसा क्या था, हमारे बीच, जो हमें एक-दूसरे से असहज बनाए रखता था। क्या यह प्यार का आग्रही रूप था, जहाँ सिर्फ एक-दूसरे के शरीरों पर हुकूमत और प्रभुत्व ही प्रमुख हो गया था? क्या वहाँ एक-दूसरे की भावनाओं की कद्र की कोई जगह नहीं बची थी? क्या हम दोनों के बीच, नर और मादा के बीच चलनेवाला सत्ता का आदिम खेल शुरू हो गया था? मरने की धमकियाँ भी उस खेल की एक टेकनीक ही थी।

"मरने की बात मत करो, वनझा।" मैंने बढ़कर उसे गले लगा लिया था। "मैं तुम्हारे बिना रह नहीं पाऊँगा।" मैं मरने की बात सुनकर, सच में भावुक हो गया था।

अब वह मुस्करा रही थी। मैंने भी जाना स्थगित कर दिया था और कपड़े बदल लिए थे। उस शाम मैंने ही खाना बनाया था। वह पढ़ती रही थी, सारा वक्त। मैंने ही उसे पढ़ने के लिए कहा था। वह रात भी, कई दिनों बाद अच्छी तरह गुजरी थी। उसने कोई झगड़ा या आनाकानी नहीं की थी। वरना ज्यादातर वक्त वह पेट दर्द, कमर दर्द, सिर दर्द या शरीर दर्द का बहाना करके, करवट बदलकर सो जाती थी।

"तुम्हारी जरूरत ज्यादा है। तुम एक औरत और रख लो।" पसीने से लथपथ, मेरे कन्धे पर पड़ी, वंदना ने मजाक करते हुए उस रात कहा था। मेरे सीने के बालों में वह उँगलियाँ फेरती रही।

यह भी उसका एक रूप था। यह वही रूप था, जो मुझे 7 दिसम्बर 1992 की वंदना की याद दिलाता था। पर यह रूप, कभी छठे-चौमासे ही दिखाई देता था। अगली सुबह, वह फिर वैसी ही थी। नाश्ता मैंने खुद बनाया और कॉलेज निकलने से पहले उसे जगाता हुआ गया।

वह प्यार में मुझसे जीत गई थी और हारने के सुख से वंचित हो गई थी। प्यार को उसने 'खाला का घर' समझा था और शीश रूपी अहंकार को काटने की जगह, बेतरह पोसने लगी थी। हमारे रिश्तों में तनाव की बुनियादी वजह यही थी, जिसे वह बिलकुल समझना नहीं चाहती थी।

दिन इसी तरह कट रहे थे। इस बीच मेरे व्यक्तित्व में एक खराबी आ गई थी। मैं ज्यादातर घर से बाहर रहने की कोशिश करता था। घर की चिक-चिक से निजात का एक रास्ता सुशील की महफिल को जाता था। मैं, जाने कब, उस महफिल का स्थायी सदस्य बन गया था। शराब की वजह से मुझे एक फायदा जरूर हुआ था कि मैं चैन से सो जाता था। वंदना झाँय-झाँय करती रहती थी और मैं बेखबर खर्राटे भरता रहता था। मैं उसकी झाँय-झाँय से 'इम्यून' हो गया था।

"मेरी कसम खाओ कि तुम आज के बाद शराब नहीं पिओगे।" वंदना ने मेरा हाथ अपने सिर पर रखते हुए, एक रात कहा था।

"मैं इन दकियानूसी बातों को नहीं मानता।" नशे की झोंक में मैंने हाथ झटक दिया था। मुझे भी जिद-सी हो गई थी कि जब वह मेरी कोई बात नहीं मानती, तो मैं भी क्यों मानूँ। मैं भी अपनी मर्जी से जीना चाहता था।

"शराब से तुम्हारी सेहत खराब हो जाएगी, तुम क्यों नहीं समझते?" वह रोने लगी थी।

"सेहत की तुम्हें क्या चिन्ता? मेरी सेहत की सबसे बड़ी दुश्मन तो तुम हो।" नशे की वजह से भावावेश सँभलता नहीं था।

''अगर तुम नहीं माने तो देख लेना मैं जान दे दूँगी।'' वह गुस्से से थर-थर काँप रही थी। उसने छुरी उठा ली थी।

''यू आर ए कावर्ड, डरपोक हो तुम और मुझे भी डराती हो। तुम कभी नहीं मरोगी। जिन्दगी-भर, जोंक बनकर मेरा खून पियोगी, यू पेरासाइट।'' शराब की वजह से, मैं भी अपशब्दों पर उतर आया था। ''कमाकर खाना, तुम्हारे खून में नहीं है, साले बामनों ने, भिखारियों की तरह माँग कर खाया है हमेशा।'' मैंने उसके हाथ से छुरी छीन कर फेंक दी थी। ''कोई और लड़की होती, तो मेरे पाँव धो-धोकर पीती, अपने नसीब को मानती।''

उस रात वह खूब रोई थी। शराब की लत का दुष्प्रभाव, मैं तब नहीं देख पाया था। इसका एक तात्कालिक लाभ, मुझे यह मिला कि वंदना ने मुझसे कड़वी बातें कहना बन्द कर दिया था। सुबह जो भी कड़वी बात वह मुझसे कहती थी, मैं रात को उसी बात को लेकर उसे भयानक खरी-खोटी सुनाता था। दृश्य जब बदल चुका था।

मुझे वंदना को लेकर, सुशील की सुनाई वह कहानी याद आती थी, जिसमें एक जिद्दी औरत अपने पति की कही बात का हमेशा उलटा करती थी। एक दिन औरत के कहने पर, वह दोनों नदी किनारे नहाने पहुँचे। ''उधर मत नहाना, वहाँ गहरा पानी है।'' पति ने समझाया तो पत्नी उधर ही नहाने गई और जब वह तेज बहाव में बहने लगी तो पति ने हाथ देते हुए कहा कि ''मेरा हाथ पकड़ लो, नहीं तो बह जाओगी।'' पत्नी ने कहा, ''नहीं बहूँगी, नहीं पकड़ती जा।'' और वह बह गई।

पुरुषों की ऐसी महफिलों में औरतों का खूब मान-मर्दन होता था। पर शराब के सेवन ने मेरे विवेक को कुंठित कर दिया था और मैं स्थिति की भयानकता को हँसी-मजाक में टलका ले बैठा था।

यह नए साल की पूर्व संध्या की पार्टी थी। मैं तैयार होकर पार्टी में निकलने की तैयारी में था। घंटा-भर पहले ही हम दोनों सेंट्रल मार्केट में विंडो शॉपिंग करके लौटे थे।

''आज मत जाओ।'' वंदना ने प्यार से कहा था।

''क्यों?''

''बस यूँ ही। मेरा मन कहता है कि हम आज साथ-साथ रहें।''

''पर मैं उन लोगों को वक्त दे चुका हूँ।''

''फोन करके मना कर दो।''

''नहीं, कमिटमेंट-इज-कमिटमेंट।''

''मैं तुम्हारे लिए कुछ नहीं हूँ।'' कहकर वह रोने लगी थी।

''हो क्यों नहीं, हम अभी तो घूमकर आए हैं। निगार या जयंत की बीवी को बुला लो फोन करके।'' मैं तैयार होकर निकलने लगा था।

''आप जाओगे, तो मेरा मरा मुँह देखोगे।'' वंदना ने फुफकारते हुए कहा था।

''बेकार क्यों डराती हो। यू आर ए रियल कावर्ड।'' मैंने यह रोज की तरह की एक फिजूल धमकी समझी थी। पर यह बात भी मैंने मजाक में हँसते हुए कही थी।

''आज तो मैं तुम्हें जाने नहीं दूँगी।'' उसने बढ़कर मेरे गले में बाँहे डाल दीं।

''बेकार की जिद मत करो वनझा।'' मैंने उसे गले लगा लिया था। मैं उससे बहुत देर तक जिद नहीं कर पाता था। हालाँकि मैं जाना स्थगित नहीं करना चाहता था, पर उसे उदास भी मैं नहीं देख सका था। ''मैं जल्दी लौट आऊँगा। प्लीज!''

''नहीं, एक बार कह दिया था न।''

''यह आवाज प्रेम करनेवाली वनझा की नहीं लगी थी मुझे। इस आवाज में पहले की कोमलता की जगह सख्ती थी। यह अनुरोध की जगह आदेश था। यह मेरी वनझा नहीं, शासन करनेवाली वंदना झा लगी थी मुझे, उस पल। उसके स्वर की, इस हुकुम की बदबू से मैं भीतर-ही-भीतर तिलमिला गया था।

''ठीक है।'' मैंने लाचारगी से कहा। ''खाना क्या बनाएँ?''

''दाल-भात।''

''नहीं, शाही पनीर।'' मैंने कहा। यह कहते हुए मेरे मन में योजना थी।

''ठीक है।''

''शाही पनीर मैं बनाऊँगा। तुम दाल-भात बनाओ। अरहर की दाल।'' मैंने उसके हाथ को दबाया था। ''तब तक मैं पनीर ले आता हूँ।''

''ठीक है। थोड़ा दही भी ले आना।''

मैं हाँ कहकर निकल गया था। मैंने घड़ी देखी। आठ बज रहे थे। बाहर निकलकर मैंने ऑटो लिया और आठ बीस पर मैं सुशील की महफिल में पहुँच चुका था। यह पार्टी सुशील की तरफ से थी। हफ्ता-भर पहले ही उसे, आई.पी. एस. की ट्रेनिंग का पत्र मिला था। चार-पाँच महीने पहले ही उसने इंटरव्यू पास किया था। तब से हम सभी उसके ट्रेनिंग में जाने का इन्तजार कर रहे थे। हम उसे एक बार वर्दी में देखना चाहते थे। जयंत, इस बार भी पिछली बार की तरह अलायड सर्विस में आया था और वह इसे फिर ज्वॉइन नहीं कर रहा था। उसे जिद थी कि वह आई.पी.एस बने।

''अरे, महाराजा साहब आ गए।'' कमरे में घुसते ही, मुझे देख सुशील ने ताना मारा। ''पधारो, पधारो।''

"साला जोरू का गुलाम।" असलम ने उठकर गले लगाया। "जयंत भाई, ये तुम्हारा जोड़ीदार है।"

"अबे छोड़ यार।" मैंने बैठते हुए कहा।

मैंने जयंत और सुशील से हाथ मिलाया। महफिल में तीन नए चेहरे भी थे जो अपने-अपने गिलास हाथ में उठाए थे। मैंने उन तीनों से भी हाथ मिलाया। फीरोज अपनी बीयर की बोतल थामे एक कोने में बैठा था। हम दोनों आपस में कम ही हाथ मिलाते थे। पर सबसे ज्यादा हम एक-दूसरे पर निर्भर करते थे। हम एक-दूसरे के राजदार थे। शायद हमारे बीच ऐसी नजदीकी बन चुकी थी कि हाथ मिलाना एक फिजूल औपचारिकता लगती थी।

"वेदप्रकाश नहीं आया?" मैंने उसको गैरहाजिर देख पूछा था।"

"मैंने उसे बुलाया नहीं?" सुशील ने कहा।

"क्यों?" मैंने पूछा और अपना गिलास उठा लिया, जो सुशील ने मेरे लिए बनाया था।

"उस पंडत के दिल में मेरे लिए नफरत है।" सुशील ने कहा। "वाल्मीकि हूँ न मैं, इसलिए।" उसके स्वर में कड़वाहट नहीं थी, परिहास था, बोलते हुए भी वह मुस्करा रहा था।

सुशील का पूरा नाम सुशील वाल्मीकि था। उसके पिता की मृत्यु तभी हो चुकी थी, जब सुशील ग्यारह-बारह साल का था। नगर-निगम में सफाई कर्मचारी के पद पर वह काम करते थे और एक बार सीवर साफ करते हुए उनकी मौत हो गई थी। नगर निगम में, उनकी जगह उनकी पत्नी को अनुकम्पा के आधार पर नौकरी मिली थी। पापा ने भी उनकी मदद की थी। सुशील की मम्मी को औरत होने की वजह से सड़क पर झाड़ू लगाने की नौकरी मिल रही थी, पर वह इसके लिए तैयार नहीं थीं।

सुशील की मम्मी इसी शहर में पली-बढ़ी थी और दसवीं पास थी। वह चाहती थीं कि उन्हें झाड़ू लगाने का काम न करना पड़े। उनके पिता भी नगर निगम में चपरासी के पद पर काम करते थे। मेरे पापा और उनके पिता की लगातार भाग-दौड़ के चलते उन्हें निगम में वाटरवुमैन के पद पर नियुक्ति मिल गई थी।

"जब काम की वजह से ही हमें गन्दा समझा जाता है, तो हम ऐसा काम क्यों करें?" वह आज भी कहती है। "शहर को साफ करो और खुद पर गन्दगी पुतवाओ, ऐसा काम करने से कौम को क्या फायदा?"

उन्होंने सुशील और उससे छोटे विनोद को पढ़ाया था। आज उसी का नतीजा था कि वह देश की सर्वोच्च सेवा में चुना गया था। पापा इसे लोकतंत्र की जीत कह रहे थे।

"यह सिर्फ लोकतंत्र में सम्भव है कि मोची का बेटा राष्ट्रपति बने और सफाई कर्मचारी का बेटा सुशील कलेक्टर बने। लोकतंत्र बराबरी के मौके देता है।" उन्होंने यह सुनकर कहा था।

वेदप्रकाश, इसीलिए सुशील से, ज्यादा बातचीत भी नहीं रखता था। वह सुशील के घर भी नहीं आता था। "मुझे सुशील की जात से परेशानी नहीं है।" वेदप्रकाश ने एक दिन मुझसे कहा था। "मुझे इस काम से घिन आती है, जबकि मैं जानता हूँ कि मैं रोज खुद अपना मल अपने ही हाथ से धोता हूँ। पर क्या करूँ? मन को समझाता हूँ, पर मन मानता नहीं। अगर उसके पापा सीवर साफ करने का काम नहीं करते होते तो कोई बात नहीं थी।" उसकी आवाज में असहायता से अधिक दीनता थी।

"पर, उनकी मृत्यु को तो एक जमाना हो गया है और उसकी मम्मी तो झाड़ू भी नहीं लगाती। उनका घर देखा है, कैसा चमकता है, वेद।" मैंने सुनकर कहा था।

"नहीं मानता यार, मन तो नहीं मानता। तुम्हारे साथ या जयंत के साथ तो मुझे कोई दिक्कत नहीं है। जयंत तो जाटव है और अपने गाँव में जाटवों के साथ हम बैठ नहीं सकते। पर वह सब मैंने नहीं देखा। मैं तो शहर में पैदा हुआ हूँ। गाँवों में जाटव क्या करते हैं, मैंने तो देखा नहीं। पर शहर में सीवर साफ करते या कूड़ा उठाते हुए तो वाल्मीकियों को मैंने देखा है।" वह पल-भर के लिए चुप हुआ था। "देख कर तो मक्खी नहीं निगली जा सकती।" उसने बताया था मुझे।

शायद मन की इन्हीं दुश्वारियों से वनझा लड़ रही थी। सुशील, जयंत, असलम, निगार और फीरोज भी लड़ रहे थे। अमरेश सर भी जूझ रहे थे और मैं और मेरे पिता भी। हम मन से हारे नहीं थे, पर संघर्ष अभी खत्म नहीं हुआ था। अम्मा शायद जीत गई थी। वह मन पर सवार थी। उन्होंने भयानक सिंह को सवारी के लिए साध लिया था।

"हम लोग दो-दो पैग ले चुके हैं। तू खत्म कर अपना गिलास।" सुशील ने कहा। 'कब तक लेकर बैठा रहेगा।" उसकी आवाज में लय थी।

"सुशील भाई, मुझे एक डालो यार।" असलम ने अपना गिलास बढ़ाते हुए कहा।

"आप लोगों से नहीं मिलवाया।" मैंने सुशील से कहा। मेरा इशारा उन तीन नए चेहरों की तरफ था।

"ओह सॉरी यार! ये हैं हमारे तीन नए दोस्त। इसी शहर के हैं।" सुशील ने सबसे नजदीक बैठे युवक के घुटने पर हाथ रखते हुए कहा। 'इनका भी इसी साल सिविल सर्विस का एग्जाम पास हुआ है।"

"अच्छा! बधाई...पर तुमने पता कैसे लगाया, मतलब परिचय कैसे हुआ।" मैंने पूछा।

"जाटव लॉबी जिन्दाबाद।" सुशील ने जयंत की तरफ देखते हुए हँसकर कहा।

"मतलब?"

"मतलब यह कि सरकारी दफ्तरों में हमारे लोग भी तो काम कर ही रहे हैं। जयंत के कोई फैमिली फ्रेंड हैं, उन्हीं से जयंत ने पता किया था कि रिजर्व्ड कॅंडिडेट्स में हमारे शहर से कौन-कौन हैं। उन्हीं से इनके पते मिले। जयंत ने आज की पार्टी के लिए इन्हें इनवाइट कर लिया।"

"जयंत, यह तुमने बहुत अच्छा किया।" मैंने जयंत से कहा।

"अच्छा क्या...संगठित हुए बिना कैसे बनेगा यार। अब मैं सुशील की तरह चौबीसों घंटे जात को तो कोस नहीं सकता।" उसने सुशील की तरफ देखा। 'इसके तो विरोधी भी बदल गए हैं। पहले सवर्ण थे, अब तो यह जाटवों को ही विरोधी मानने लगा है। वे लोग यही चाहते थे और यह वही कर रहा है।"

"तू साले मेरी बात कभी नहीं समझेगा।" सुशील अपना गिलास रखते हुए बोला।

"मैंने कब कहा कि जाटव जाति से मैं चिढ़ता हूँ। मुझे उन जाटव लोगों से चिढ़ है, जो हमारे लोगों से छूत-छात करते हैं। ये साले भी छिपे हुए वेदप्रकाश हैं। तुम्हारे जैसे कितने लोग हैं?"

"बहुत लोग हैं।"

"दस-बीस लोगों से यह हजारों साल की नफरत खत्म नहीं होने जा रही।"

"दस-बीस नहीं, दसियों लाख लोग हैं जिनके दिलों में वाल्मीकियों के लिए प्यार है, बराबरी है। पर वाल्मीकि खुद असुरक्षा-बोध, अपमान-बोध और हीनता-बोध से पीड़ित हैं। इसका इलाज तो उन्हें खुद करना पड़ेगा।" जयंत ने तेज आवाज में कहा।

"एक मिनट, एक मिनट।" मैं जानता था कि इसके बाद सुशील और तेज चिल्लाएगा।

पिछले कई सालों की दोस्ती थी, हम सबकी। पहले यह सब नहीं था, पर तब हम छात्र थे। जब से हम नौकरियों में आए, हम लोगों में यह चेतना भी साथ-साथ, जाने कैसे विकसित होती चली गई थी। "यार सुशील, नए दोस्तों से मिलाएगा या लड़ना ही है आज भी।"

"ये जयंत, मूड खराब करता है।"

''मैंने कब शुरुआत की थी। तू ही बोला था, जाटव लॉबी जिन्दाबाद।''

''ये हैं...?''

''अविनाश गौतम।'' उस नए युवक ने सुशील की बात बीच में ही काटते हुए कहा। ''पहले मैंने पूरा नाम नहीं बताया था आपको सुशीलजी। मुझे लगा था कि अपने लोगों के बीच सरनेम से क्या फर्क पड़ता है।''

''मैं बीरपाल सिंह जाटव।'' इस नए युवक के स्वर में, अविनाश की तरह कोमलता नहीं थी। वह रूखा और सख्त स्वर था। वह शहर के पास के गाँवों की भाषा का टोन था। बीरपाल ने मेरी तरफ फिर हाथ बढ़ाया था।

''मेरे पिताजी मोची का काम करते हैं, गाँव में, अब भी। हम तो पक्के चमार हैं भाई।'' फिर वह हँसा था। मुझे लगा कि उसने जान-बूझकर अपने नाम के पीछे जाटव लगाया था वरना वह बीरपाल सिंह ही होगा।

''आप किशनगढ़ की तरफ के रहनेवाले हैं क्या?'' मैंने पूछा। उस तरफ से फॉर्महाउस शुरू हो जाते हैं। ये गूजरों के गाँव थे।

''नहीं, किशनगढ़ से आगे एक गाँव है, मंगोल खुर्द। सुना है आपने?''

''हाँ, बिलकुल, एक बार गया था, कुछ दलित डॉक्टरों ने गाँव की दलित बस्ती में फ्री कैम्प लगाया था...शनिवार को।'' मैंने कहा। ''मेरे दूर के एक चाचा डॉक्टर हैं।''

''हाँ आए तो थे, छह-सात महीने पहले की बात है।''

''हाँ, बिलकुल।'' कहते हुए मैंने तीसरे युवक की तरफ देखा।

''माइसेल्फ के. राकेश कुमार।'' अपनी तरफ देखते हुए पाकर उसने कहा।

यह नाम सुनकर महफिल में एक बार सभी चुप हो गए। क्या ये सब मेरी तरह उसकी जाति का न पता लग पाने के कारण चुप हो गए हैं? उसके नाम से उसकी जाति का अन्दाजा लगा पाना मुश्किल था। उसने अपना कुछ गोत्र बताया होता तो कुछ आसानी हो जाती। कौन जात होगा ये? मेरे दिमाग में अब सिर्फ यही सवाल रेंग रहा था? क्या सुशील, जयंत और दूसरे लोग भी यही सोच रहे होंगे? क्या उनकी चुप्पी का कारण भी यही है कि गोत्रों के इस जमावड़े में बेगोत्री कैसे आ गया और ये कौन है? क्या असलम और फीरोज भी कुछ सोच रहे होंगे? क्या राकेश के नाम ने हमारी जातीय चेतना उघाड़ दी थी? हम भी जानना चाहते थे, उसकी जाति? हम, जो जाति की इस व्यवस्था के खिलाफ थे। हम, जो दलितों के लिए कैम्प लगा रहे थे। हम, जो जातियों के सदस्यों को, दलित के एक समूह में बदलना चाहते थे। क्यों हम भी जानना चाहते थे कि यह कौन है?

"क्या आप साउथ इंडियन हैं।" उसके मेहनती रंग को लक्ष्य करके, मैंने अपनी योजना में आगे बढ़ने का उपक्रम किया था। यह एक बेईमान कोशिश थी।

"नहीं, यू.पी. के हैं हम, पर मैं तो इसी शहर में पैदा हुआ हूँ।" शायद वह मेरी बेईमानी को ताड़ गया था। पर उसने इसमें मेरी कोई मदद नहीं की।

"जयंत, मानेगा नहीं, पर सच यह है कि आरक्षण का सबसे ज्यादा फायदा जाटवों ने उठाया है।" सुशील ने कहा।

"यह तो सच है।" के. राकेश ने उसका समर्थन किया तो उसे और बल मिल गया।

"हर जगह, चाहे शासन-प्रशासन की कोई जगह हो, सब जगह वही हैं, जाटवों की भी एक लॉबी हो गई है।" सुशील के स्वर में व्यंग्य था।

"इसमें न माननेवाली बात क्या है? हम पढ़े-लिखे, हमने बाबा साहेब अम्बेडकर के 'शिक्षित बनो, संगठित रहो, संघर्ष करो' के नारे को अपना जीवन दर्शन बनाया, तो हम आगे आए।" जयंत के स्वर में भी कुछ तल्खी थी। "वाल्मीकियों को या किसी और जाति को हमने तो मना नहीं किया था कि मत पढ़ो-लिखो, मत अम्बेडकरी विचारों को मानो। अब कोई झाड़ू लगाने के आरक्षण को ही अकेले उठाना चाहे, तो उठाए, खूब उठाए।"

"चमारो में से हमारा तो कोई भला करनेवाला नहीं।" सुशील भी तल्ख हो गया। "रही बात झाड़ू लगाने की, तो सुन ले जयंत, भीख माँगकर खानेवाले से तो अच्छा है, हम झाड़ू लगाकर खाएँ।"

"मुझे लगता है कि ब्राह्मण की तरह जाटव से भी यह उम्मीद नहीं रखनी चाहिए कि वह दूसरी जातियों के लिए कुछ करेगा।" के. राकेश ने कहा।

"क्यों?" मैंने पूछा।

"मेरा ऐसा अनुभव है।" के. राकेश ने कहा।

"क्या जाट, यादव, कायस्थ और भूमिहार दूसरों की मदद करेंगे?" मैंने फिर पूछा।

"मेरा ऐसा अनुभव नहीं है। पर ब्राह्मणों और जाटवों का अनुभव है।" के. राकेश ने कहा।

"मुझे लगता है कि कोई भी वह जाति दूसरों की मदद नहीं करती, जिसके पास खुद की जाति के उम्मीदवार बहुसंख्या में उपलब्ध होते हैं। ब्राह्मण, जाटव ही नहीं, उत्तर भारत की ये सभी अगड़ी-पिछड़ी जातियाँ इसी तरह बर्ताव करेंगी।" मैंने के. राकेश की तरफ देखकर कहा।

अब तक की उसकी बात से यह साफ समझ में आ रहा था कि वह किसी गैर-जाटव जाति का सदस्य था।

"जाटव समाज की जो स्थिति उत्तर भारत में है, वैसी दक्षिण भारत में नहीं है। महाराष्ट्र में महारों की वही स्थिति है, जो यहाँ जाटवों की है।" मैंने राकेश की तरफ ध्यान से देखकर कहा था।

"महाराष्ट्र में तो चमारों से ज्यादा अछूत महार, मातंग और मांग हैं। बाबा साहेब अम्बेडकर का सबसे ज्यादा विरोध चमारों ने किया था। यह सच है या नहीं?" सुशील झल्लाकर बोला।

"यह झूठ है। बाबा साहेब का विरोध जाटवों ने नहीं किया था। सुशील इस साजिश को समझो। इतिहास हमें पुनर्विचार की ताकत देता है...इसे समझो।" मैं कुछ गर्म लहजे में बोला, जबकि मैं भी जानता था कि सुशील गलत नहीं कह रहा है।

"पर हमें कई मराठी लेखकों से पता चला है कि वहाँ जगजीवन राम के साथ मिलकर चमारों ने बाबा साहेब के आन्दोलन को कमजोर किया था।" के. राकेश ने कहा।

"लेखक खुदा नहीं है। वे भी हमारी तरह इनसान हैं। उनकी भी कमजोरियाँ, सीमाएँ और क्षुद्रताएँ होती हैं। उनके भी पक्ष और स्वार्थ होते हैं। चाहे बाबा साहेब हों, जगजीवन राम हों या जगन्नाथ पहाड़िया...सब हमारे महत्त्वपूर्ण लोग हैं। इनमें आपस में हमें गैर-बराबरी सिखाई जा सकती है। हम इनके योगदान की तुलना जरूर कर सकते हैं, पर एक को खारिज करके दूसरे को स्थापित करना गलत होगा।" मैंने कहा तो जयंत ने हामी में सिर हिलाया।

"मैं आपकी बात से सहमत हूँ। हमारे लिए वे अलग-अलग तरह की विरासत हैं।" अविनाश गौतम ने कहा।

"और सुशील, यार तू अब एक उच्चस्तरीय सेवा में जा रहा है। अपना दृष्टिकोण बना कि सब जातियों के लिए काम करेगा। यह ठीक है कि तेरी बिरादरी के लिए तो तुझे ही जिम्मेदार होना होगा।" मैंने उसका घुटना हाथ से दबाते हुए कहा। "वाल्मीकि अगर कोई गलती कर रहे हैं तो यह वही गलती है, जो महाराष्ट्र में महारों के खिलाफ, तुम्हारे हिसाब से, चमार जाति ने की थी। यह गलती है, अपनी ही बहुसंख्यक जाति के खिलाफ अपेक्षाकृत अल्पसंख्यक जातियों की गोलबंदी की। ब्राह्मण जाति अपनी कम संख्या के कारण निरीह है, इसीलिए, वह हमेशा बहुसंख्यक जातियों के खिलाफ, अन्य अल्पसंख्यक समुदायों को गोलबंद करता रहा है। यह लड़ाई बहुसंख्यक बनाम अल्पसंख्यक जातियों की है। इसीलिए, ये बहुसंख्यक समाज कहीं जाटव हैं, कहीं महार हैं और कहीं माला और डोम हैं। पर लोकतंत्र में यह लड़ाई नहीं चल सकती।"

"नया चश्मा है, पत्थर के शिगाफों में उबलने को, जमाना किस कदर बेताब है, करवट बदलने को। भाईजान इस महफिल में मुसलमान भी हैं, तुम्हारे साथ।" असलम ने शेर पढ़ते हुए जोड़ा तो सब हँसने लगे।

"बिलकुल, बिलकुल, तुम को हमने कब अलग माना?" जयंत ने कहा।

"कॉलेज में तुम्हीं तो थे, जो मुसलमानों से हमें बचाते थे।"

"हफ़ीज अपनी बोली, मुहब्बत की बोली, न हिन्दी, न उर्दू, न हिन्दोस्तानी। जयंत भाई हमने तो यही जबान सीखी है।"

असलम तीसरे पैग के बाद शेर की बरसात करने लगता था।

"बहुत खूब, बहुत खूब।" बीरपाल चिल्लाया। वह भी काफी चढ़ा चुका था।

"भाईजान, हिन्दुओं को तो उनकी जात ले बैठी। जात-में-जात, जात-में-जात, ज्यों केलन के पात।" एक बार एक फकीर ने सोचा कि यार भीख तो यह बराहमन भी माँगता है, पर सब उसे इज्जत भी देते हैं और भीख भी और मुझे सब फटकार कर भीख देते हैं। उसने बाल मुँड़वाए और एक लम्बी चोटी रख ली। माथे पर टीका लगाया और धोती पहनकर भीख माँगने निकला। उस दिन उसे किसी ने फटकारा नहीं और ज्यादा भीख भी मिली। अब वह रोज यही करने लगा। एक दिन बराहमनों की कतार में बैठकर वह खाना खा रहा था। एक बराहमन ने पूछा कि तुम कौन-से बराहमन हो। उसने कहीं सुना था कि गौड़ बराहमन बड़े होते हैं, इसलिए उसने गौड़ बोल दिया। उस बराहमन ने फिर पूछा, "गौड़ में कौन-से वाले।" तब फकीर अनायास बोला, "या अल्लाह गौड़ में भी कौन-से।" असलम ने चुटकुला सुनाया तो हम सब हँसने लगे।

"असलम ठीक कहता है, हिन्दुओं में सैद्धान्तिक रूप से गैर बराबरी है।" जयंत हँस-हँसकर दोहरा हो रहा था। उसे इस चुटकुले पर सबसे ज्यादा और देर तक हँसी आ रही थी।

बातों के रुख कुछ-कुछ देर बाद बदलते रहे। समाज, धर्म, राजनीति से होती हुई ये पूर्व प्रेमिकाओं के किस्सों और उनके साथ बिताए गोपनीय पलों के बखान तक पहुँच गए। इसमें कोई किसी से कम नहीं पड़ रहा था। हर किसी के चार-पाँच से नीचे प्रेमिकाओं के चक्कर नहीं रहे थे। क्या लड़कियाँ या औरतें भी समूह में होने पर अपने पूर्व प्रेमियों के किस्से एक-दूसरे को सुनाकर, वक्त बिताती होंगी? क्या ये सारे किस्से सच होते हैं या फिर शेखियों के पुलिन्दों के अलावा कुछ नहीं? वंदना के अलावा, जो किस्से मैंने सुनाए थे, वे सब मनगढ़ंत या दूसरों के थे, जिन्हें मैंने अपना मानकर सुनाया था। कुछ फॉर्महाउस की कहानियाँ थीं। तब क्या बाकी भी ऐसे ही झूठे और मनगढ़ंत किस्से सुना रहे थे?

और अगर ये सच थे, तब क्यों हर युवक, अनछुई, अक्षत और फर्स्टहैंड युवती की उम्मीद और ख्वाहिश करता है? क्या युवतियाँ भी अनछुए और फर्स्टहैंड युवकों की ख्वाहिश करती होंगी?

दस-साढ़े-दस बजे के लगभग अविनाश, बीरपाल सिंह, के. राकेश, फीरोज और जयंत निकल गए थे। असलम, मैं और सुशील खाते-पीते रहे। वक्त कब सरक गया पता ही नहीं चला। नए साल में सिर्फ एक मिनट था। सुशील ने उठकर बत्ती बन्द कर दी।

"नया साल मुबारक।" असलम ठीक एक मिनट बाद चिल्लाया।

"तुम्हें भी।" कहकर हमने एक-दूसरे को बधाई दी। बत्ती जला दी।

"चल अब निकलते हैं।" मैंने असलम से कहा।

यह कहकर हम तीनों नीचे उतर आए। माँ सो रही थी या शायद सोने का नाटक कर रही थी, ताकि बेटों को चुपचाप निकल जाने का मौका मिल सके। माँ जैसा कोई रिश्ता इस दुनिया में नहीं हो सकता। माँ ऐसी ही होती है। वह प्यार भी जानती है और दुलार भी।

"तेरी मोटर साइकिल कहाँ है?" सुशील ने उतरते ही असलम से पूछा।

"खराब पड़ी थी, रूम पर ही पटक आया।" असलम ने कहा।

"तुमने मरवा दिया यार असलम। अब पता नहीं कोई ऑटो मिलेगा या नहीं।" मेरा सारा नशा उतर गया।

"नहीं मिला तो यहीं सो जाएँगे।" उसने जवाब दिया।

"वंदना अकेली है यार घर पर।" मेरे स्वर में चिन्ता देखकर, असलम के चेहरे पर मुस्कान आई थी।

"वह अकेली कहाँ होगी, अपने गुस्से के साथ होगी।" सुशील ने कहा।

"साले घर जाएगा, भूनकर खा जाएगी।"

फिर हम घंटा भर तक ऑटो ढूँढ़ते रहे, पर ऑटो नहीं मिला।

रात में जो ऑटो मिले, पहले से भरे थे। आखिर थक-हारकर, हम सुशील के घर लौट गए थे।

सुबह सात बजे नींद खुली। मैंने असलम को जगाया। हम दोनों तैयार हुए और निकल पड़े। असलम को मैंने पहले घर चलने के लिए मना लिया था। वह पहले ना-नुकर करता रहा, पर फिर मान गया था। वह भी वंदना के तेज बोलने से डरता था। वह हमेशा कहता था, कि अगर यह मेरी बीवी होती, तो मैं इसे सुधार देता और नहीं सुधरती तो तलाक देकर अलग करता। मैं ऐसा नहीं कर सकता था। मैं उसे प्यार करता था। मैं सिर्फ उसके जिद्दी स्वभाव से आहत था। मैं जानता था कि वह मेरे बिना एक पल नहीं रह सकती। मैंने उसकी डायरी में

कुछ दिन पहले ही पढ़ा था कि वह मुझे ना चाहते हुए भी दुख देती है। वह खुद अपनी आदत से परेशान थी।

जब हम घर पहुँचे, तब आठ बजे थे। घर के नीचे भीड़ देख मेरा माथा ठनका था। मैं और असलम थोड़ा ही आगे बढ़े थे कि वहाँ जो पुलिस की जीप खड़ी थी, वह स्टार्ट हुई और चली गई। उसके पीछे-पीछे एम्बुलेंस भी चली गई।

''अरे भाई साहब आप कहाँ थे? आपकी बीवी ने सुसाइड़ कर लिया।'' मेरे एक पड़ोसी ने मुझे जैसे ही देखा, दौड़कर खबर दी थी।

''असलम!'' कहकर जैसे मैं पल-भर को उसकी बाँह पकड़कर ख़ुद को सँभालने लगा, पर रुकते-रुकते भी मैं गश खाकर जमीन पर गिर गया था।

वह पड़ोसी और असलम मुझे कब सड़क के किनारे बिल्डिंग के पास लाए, मुझे पता नहीं चला। धीरे-धीरे मुझे होश आया। मुझे सबकुछ याद आ गया था। मैं रोना चाहता था, पर अजब बात थी कि मैं रो नहीं पा रहा था। क्या आदमी होने का झूठा दम्भ मुझे इतने लोगों के बीच में रोने नहीं दे रहा था।

अगले छह महीने मेरे जीवन के सबसे ज्यादा अपमान और यंत्रणा के दिन थे। शुरू में दुख सिर्फ वंदना के चले जाने का था पर तब यह घनघोर हो गया, जब मुझ पर उसको आत्महत्या के लिए उकसाने का आरोप लगा। मुझ पर जैसे गाज गिरी थी। वंदना की उसी डायरी के एक पन्ने के आधार पर मुझे छह महीने जेल में रहना पड़ा। इस पन्ने पर लिखा था कि मैंने शराब पीकर उसे पीटा। इसी आधार पर मुझे पक्का शराबी और स्त्री-पीड़क माना गया। मेरे चरित्र को उछाला गया। मेरे अवैध सम्बन्धों के किस्से उड़े। मेरी नौकरी चली गई। अमरेश सर के पास भी मैं न जा सका। वे खुद भी इस घटना को समझ नहीं पाए थे। मैं खुद नहीं समझ सका था कि आखिर मौत से डरनेवाली वंदना ने जहर खाकर आत्महत्या कैसे कर ली? उसने कोई सुसाइड नोट भी नहीं छोड़ा था। लोगों ने बताया था कि वह घर के दरवाजे पर पड़ी मिली थी। घर का मुख्य द्वार खुला था। तब शायद उसने मेरा इन्तजार करने के बाद यह किया था, या शायद उसने सोचा होगा कि मैं वक्त पर आ जाऊँगा और वह बच जाएगी। पर यह सब नहीं हुआ था। वह मुझे अकेला छोड़कर चली गई थी।

जेल में, छह महीने जिन्दगी गुजारने के बाद जीवन में एक नया अनुभव जुड़ गया। यह वही अनुभव था, जो अम्मा ने धीरे-धीरे सीखा था। यह अनुभव था, घटनाओं को स्वीकारने का। हताश न होने का। शिकायती न होने का। आगे बढ़ने और जिन्दगी जीने की सतत राह। केस तीन साल तक चला और अन्ततः मैं 'बाइज्जत' बरी हो गया।

इन तीन सालों में पुराने दोस्तों के नए-नए चेहरे देखने को मिले। इस दौरान नए दोस्त बने, जो अपराधी थे, जिन पर कत्ल और जालसाजी के मुकदमे चल रहे थे। इन अपराधियों के भी वे चेहरे दिखे, जो आमतौर पर दुनिया नहीं देख पाती। ज्यादातर अपराधी जज्बाती और गुस्सैल थे। वे छोटी-छोटी बातों को बहुत बड़ा मानकर अपराधी बन बैठे थे। कोई प्रेमिका की हत्या करके आया था तो कोई प्रेमिका के दूसरे प्रेमी की। कोई पत्नी की सिर्फ इसीलिए हत्या कर बैठा था कि उसे अपनी पत्नी के किसी दूसरे आदमी के साथ अवैध सम्बन्ध होने का शक था। वह उसके खिलाफ कोर्ट को सबूत नहीं दे पाया था और उसे तलाक नहीं मिला था। कोर्ट की फटकार और पत्नी के खुलकर किए जानेवाले व्यवहार से वह पगला गया था।

ये सब कहीं भीतर बहुत सुन्दर मनुष्य थे। एक जिम्मेदार पिता, एक पागल प्रेमी, कैसे अपराधी बन गए थे? क्या सिर्फ जाति, मजहब और कानून की दीवारों के कारण? क्या वाकई इनसान की जिन्दगी से बढ़कर जाति, मजहब, कानून हो सकते हैं? क्या बेतहाशा हँसने और फूट-फूटकर रोनेवाले इनसान अपराधी हो सकते हैं? इन छह महीनों में मैंने अपनी जिन्दगी को खील-खील कर दिया था। इन छह महीनों में मैं मनोविकारों से घिरा, उन्हें समझा और मुक्त हो और निखर आया।

यह एक नई जिन्दगी मिली थी मुझे, जैसे अम्मा को मिली थी, दादाजी के जाने के बाद।

फिर संगीता आई थी, मेरी जिन्दगी में। वंदना को मैं भूल नहीं पाया था, पर आखिरकार उसकी मौत को एक दुर्घटना मानकर स्वीकार कर लिया था। इस स्वीकार ने ताकत दी थी, जीने की, लड़ने की और आगे बढ़ने की। वंदना को मैं कभी नहीं भूल पाऊँगा...अब मैं किसी और को प्यार नहीं कर पाऊँगा...उसके बिना मैं जी नहीं पाऊँगा...मैं ऐसा सोचता था। पर धीरे-धीरे वक्त ने मन पर अनेक परतें चढ़ा दीं और मैंने इसमें कोई बाधा नहीं डाली।

पिताजी ने जिद करके मेरा दूसरा विवाह कर दिया था। यह रिश्ता सुदेश चाचा लाए थे। वह डॉक्टर थे। उनकी पत्नी भी डॉक्टर थीं। सुदेश चाचा और चाची बामसेफ से जुड़े हुए थे। वे दूसरे दलित डॉक्टरों के साथ मिलकर फ्री कैम्प भी लगाते थे, झुग्गी-झोंपड़ियों में। संगीता उन्हीं के किसी जूनियर बैच की थी। शायद वह चाची के दूर-रिश्ते में कोई रिश्तेदार भी थी। दोनों पंजाब के लुधियाना जिले की थीं। संगीता ने मेडिकल की पढ़ाई हमारे ही शहर से की थी। संगीता के पिता का नाम सुनकर उन्होंने कहा था, "ये तो कैंट में रहते हैं, हमारे चमारों में से ही हैं। बिरादरी का आदमी कहीं भी चला जाए, पता चल ही जाता है जी।"

संगीता के परिवार के लोग बौद्ध धम्म को मानते थे। हमारे घर में माँ अब भी एकाध हिन्दू-व्रत जरूर रख लेती थी। पापा ने हिन्दू धर्म में तो आस्था छोड़ दी थी कभी की, पर किसी धर्म की तरफ, औपचारिक रूप से वह भी नहीं बढ़ पाए थे। पापा से कोई उनका धर्म पूछता था तो वह बौद्ध धम्म ही बताते थे। पर विधिवत रूप से, वह उसकी शरण में नहीं गए थे। माँ कम-से-कम साफ थी कि वह हिन्दू है। पापा की स्थिति अजीब थी। वह हिन्दू खुद को मानते नहीं थे और बुद्ध के धर्म में जाने की कोई शासकीय-व्यवस्था नहीं थी। वह बुद्ध विहार में हर रविवार जाते थे। उन्हें पंचशील और त्रिशरण कंठस्थ था पर इतने भर से वह खुद ही आश्वस्त नहीं हो पाए थे।

"पहले बेटे ने अपनी चलाई और अब बाप चला रहा है।" माँ ने मुझसे एक दिन, लगभग रोते हुए कहा था।

माँ संगीता से विवाह के लिए तैयार नहीं थी। उन्होंने बिरादरी की ही एक लड़की को पसन्द कर लिया था, जो उनकी बहन यानी मेरी मौसी ने दिखाई थी। "बामनी काफी नहीं थी क्या? जीवन-भर का दुख दे गई। बिरादरी की लड़की कभी ऐसा नहीं करती। बिरादरी का भी तो कोई दबाव होता है। बिरादरी बाहर के इनसान को क्या समझाएँ, कौन समझाए?" माँ ने नाक पर बैठी मक्खी उड़ाते हुए कहा था। संगीता के गैर-बिरादरी होने पर, वह उसी तरह दुख कर रही थी, जैसे वंदना से विवाह करते वक्त उन्होंने किया था। "लाजवंती बता रही थी कि लड़की ने मास्टरनी की पढ़ाई कर रखी है।" माँ ने मौसी का नाम लेते हुए कहा था। "घर भी सँभालेगी और चार पैसे भी कमाएगी।"

विवाह को लेकर मेरी कोई रुचि नहीं थी, कोई उत्साह भी नहीं था, कोई आपत्ति भी नहीं थी। विवाह किया जाना था, किया जा रहा था, मैं बस उसमें शामिल था। माँ की मर्जी चलती, तब भी मैं कर लेता। पापा ने किया तो भी मैं शामिल हुआ।

शादी से पहले, संगीता से मेरी दो मुलाकातें हुई थीं। एक बार, सुदेश चाचा के घर और दूसरी बार, शहर के बड़े पार्क में। मैंने चाचा और पिताजी को पहले ही स्पष्ट कह दिया था कि वंदना के बारे में, उनके परिवार को साफ-साफ बता दें। उन दोनों ने मुझे बताया था कि वे, उन्हें और संगीता को बता चुके हैं। पर वास्तव में, उन्होंने यह बात सबसे छिपा ली थी। चाची भी इसमें उनके साथ मिल गई थीं।

जिस शाम हम पार्क में मिले, उस शाम भी मैंने संगीता को यह सब बताना चाहा था पर संयोग ऐसा हुआ कि बात स्पष्ट नहीं हुई। यह भी सच है कि संगीता मुझे पहली ही नजर में भा गई थी। वंदना के उलट वह धीर-गम्भीर थी। जिन्दगी

को देखने का उसका नजरिया वही था जो मेरे पिता का था। पिता मुझे बहुत अच्छे लगते थे। सबसे दिलचस्प बात उसके चेहरे की आकृति थी। छोटे-से चेहरे पर भरी-भरी ठोड़ीवाली संगीता, अपनी छोटी-छोटी आँखों से ही बोल लेती थी। उसे बच्चों जैसे अपने छोटे-से मुँह को खोलना ही नहीं पड़ता था।

"जिन्दगी से मैं बेजार हो गया था। आपको पता है न शायद चाचा ने बताया होगा?" मैंने संगीता से उस शाम कहने की कोशिश की थी। हालाँकि, मन में डर रहा था कि बात विस्तार से खुलेगी तो दोनों में से किसी को खुशी नहीं मिलेगी, पर यह जरूरी था।

"हाँ...हाँ, पर जो हो गया, सो हो गया।" संगीता ने कहा था। 'एक दुस्वप्न के पीछे जिन्दगी को भुलाया नहीं जा सकता।' फिर विषय पलट गया था।

"चाचा से कब से परिचय है?" मैंने पूछा था। कुछ देर की चुप्पी के बाद।

"जब से यहाँ एडमिशन हुआ है, तब से।" उसने कहा था। फिर वह बताती रही थी कि किस तरह यहाँ प्रवेश मिला और किस तरह मेडिकल कॉलेज के दलित छात्रों के माध्यम से चाचाजी से मुलाकात हुई। उसने बताया कि बामसेफ से उसके पिता भी जुड़े हैं। उस दिन कुछ-कुछ बातें होती रहीं।

फिर शादी हो गई थी। संगीता के पिता ने बौद्ध रीति से विवाह की व्यवस्था की थी। भंते पंचशील पढ़ रहे थे जो पाली भाषा में था। शादी के तरीके बदल गए थे। पंडित की जगह भंते आ गए थे। पर यह नया तरीका, पिछले तरीके से कम कष्टप्रद था।

यूनिवर्सिटी की तरफ से मकान भी मिल गया था। मैं और संगीता, दूसरे ही महीने, उसमें शिफ्ट हो गए थे। शादी के वक्त से ही, अम्मा चाचा के घर से हमारे यहाँ आ गई थी। इस दौरान संगीता भी महीना-भर छुट्टी पर रही थी।

अम्मा और संगीता के बीच बहुत अपनापा बन गया था। जब हमने मकान बदला, तो संगीता जिद करके अम्मा को नए घर में अपने साथ ले आई। अम्मा का आना-जाना लगा रहता था। ऐसे ही किसी दिन, अम्मा के मुँह से मेरी पहली शादी की बात, शायद वंदना की बुराई करते वक्त निकली थी।

"मेरे मुँह से संगीता के सामने, वंदना की बात निकल गई रे।" अम्मा ने कहा था।

मैं दोपहर में यूनिवर्सिटी से लौटकर आया था। संगीता डिस्पेंसरी जा चुकी थी। वह चार बजे के बाद लौटती थी। उसकी डिस्पेंसरी, यूनिवर्सिटी कैम्पस के पास ही थी।

"तो क्या हुआ? उसे सब पता है।" मैंने लापरवाही से कहा। मैं कपड़े बदल रहा था।

"नहीं, उसे कुछ नहीं पता। वह तो एक-एक बात मुझसे पूछ रही थी। वह रो रही थी बेटा।" अम्मा ने कहा तो मैं थोड़ा सहमा।

"हो सकता है, उसे यह सब बातें न पता हो, इसलिए रो पड़ी हो। मुझे अच्छे से याद है कि पापा ने कहा था कि उसे सब बता दिया है।"

"तेरे पापा ने कुछ नहीं बताया उसे। उसने तो मुझे भी मना किया था, संगीता को कुछ भी कहने को।" अम्मा ने कहा तो मुझे लगा कि धरती फट जाएगी। अम्मा कहकर दूसरे कमरे में चली गई थी।

मैं पलँग पर लेट गया। मैं हैरान था कि पापा जैसे सच्चे और सदाचारी आदमी ने इतना बड़ा झूठ कैसे बोला होगा? क्या वे अपने बेटे के भविष्य के लिए किसी की बेटी का जीवन दाँव पर लगाने से भी नहीं चूके? क्या उनका बेटे के लिए मोह इतना प्रबल हो गया था? हजारों बातें मैं सोचता रहा और संगीता का इन्तजार करता रहा। उस दोपहर, और दोपहरों की तरह मुझे नींद नहीं आई। संगीता भी रोज की तरह साढ़े चार बजे नहीं आई। वह घर पर छह बजकर दस मिनट पर पहुँची।

'कहाँ रह गई थी?' मैंने दरवाजा खोलते हुए पूछा था।

मैं सारी बात से अनभिज्ञता प्रकट करना चाहता था, पर यह मुमकिन नहीं हो पा रहा था। मैं उससे आँख नहीं मिला पा रहा था। पर वह क्यों मुझ से आँख नहीं मिला रही थी? तब तक शादीशुदा जिन्दगी के छह-सात महीने हम काट चुके थे। उसने कोई जवाब नहीं दिया। मैं दरवाजा बन्द करके उसके पीछे-पीछे चला आया।

"तबीयत तो ठीक है न?"

"नहीं।" उसने संक्षिप्त-सा ना कहा।

"क्या हुआ?"

"कुछ नहीं।"

"कुछ तो कहो। तुम्हारी चुप्पी मुझे काट रही है।"

"तुम जानते हो...क्या नहीं?" उसने मेरी तरफ बिना देखे कहा। वह आलमारी को खोले खड़ी थी।

"पर इसमें मेरी कोई गलती नहीं है।" मैंने धीमे-से कहा।

"और मेरी?" वह भी धीमे-से बोली। मैं समझ गया कि वह रो रही है।

"मुझे कहा गया था कि सब कुछ तुम्हें बता दिया गया है। पापा और चाचा, दोनों ने कहा था, चाची ने।"

"क्या तुम...बता सकते थे?" उसने सिसकी ली।

"मैंने उस शाम पार्क में बताने की कोशिश की थी, पर तुमने चुप कर दिया था।"

"मैंने सोचा था कि तुम आई.ए.एस. न बन पाने की घटना को दोहरा रहे हो। चाचाजी ने तो यही बताया था।" उसने अब भी मेरी तरफ नहीं देखा था।

"मैं तुम्हें प्यार करने लगा हूँ संगीता। मुझे नहीं पता, किसने तुमसे क्या झूठ बोला। मैं इस सबमें कहीं शामिल नहीं हूँ। मेरा विश्वास करो।"

"मेरी जगह यह धोखा तुम्हारे साथ हुआ होता, तब...?"

"मैं बेकसूर हूँ। यह सारा पापा का किया है। यह उनसे पूछना चाहिए तुम्हें?"

"मैं किसी से कुछ पूछने नहीं जा रही हूँ। मैं तुम्हारे साथ नहीं रह पाऊँगी।" यह बहुत साफ शब्द थे बिना चीखे-चिल्लाए।

"ऐसा मत कहो। मैं फिर अकेला रह जाऊँगा। क्या मेरे जीवन में कोई सुख टिककर नहीं रहेगा।" मैंने जैसे खुद से पूछा था।

"नहीं, यह मुमकिन नहीं। मैं मजबूर हूँ।" उसने एक बैग में कुछ कपड़े भर लिए थे। "अम्माजी को अभी मत बताना। मेरे जाने के बाद कहना।"

"ठीक है। जब तुमने तय कर ही लिया है तो जैसा तुम ठीक समझो।" मैं स्वीकार करने लगा, जबकि यह स्वीकार गलत था। तो क्या मुझे चीख-पुकार मचानी चाहिए थी?

वह चली गई थी। अम्मा इस बीच हमारे कमरे में नहीं आई थी। वह जानती थी कि औरत और आदमी के झगड़े को यदि वे खुद नहीं निपटा सकते तो दुनिया की कोई पंचायत या कचहरी नहीं निपटा सकती। इसीलिए वह हमारे बीच नहीं आई थी। संगीता के चले जाने की सूचना पर भी वह विचलित नहीं हुई थी। उन्होंने कोई प्रतिक्रिया भी नहीं दी थी। पापा से मैंने कभी इस सबका कारण नहीं पूछा था। मकसद को पाने के लिए बेईमान तरीकों के इस्तेमाल से फायदेमन्द नतीजे नहीं मिलने थे, सो नहीं मिले।

"आज पढ़ाने नहीं जाएगा?" अम्मा कमरे में आई थी। अतीत की धूलभरी आँधी के निशान, मेरे चेहरे पर अब भी बाक़ी थे। "संगीता को गए तेईस दिन गुजर गए।" मैंने गहरी उसाँस छोड़ते हुए सोचा। मेरी नजर घड़ी पर पड़ी तो मुझे अहसास हुआ कि अतीत के अजगर ने कितनी देर तक मुझे मसला था।

"हाँ जाऊँगा अम्मा।"

"नाश्ता क्या करेगा? आमलेट बना दूँ।"

"कुछ भी बना दो।" मैंने उत्तर दिया। "अम्मा, आप चाहो तो चाचा के यहाँ चली जाओ।" एक पल रुककर मैंने कहा, "यहाँ आपकी देखभाल को कोई नहीं है। पहले संगीता थी। अब मेरा तो कोई आने-जाने का ठीक नहीं है। यहाँ तुम्हें परेशानी होगी और मुझे चिन्ता।"

"तू अपनी फिक्र कर। मेरी तबीयत ठीक है। संगीता आ जाएगी तो मैं चली जाऊँगी।" अम्मा के कहने में भरोसे का भार था।

"वह अब क्यों आएगी?" बुझे स्वर में, मेरे होंठों से शब्द गिरे थे।

"वह जरूर आएगी। मेरा जी कहता है। मैं इनसान को परखने में गलत नहीं हो सकती। उसका जी बहुत बड़ा है। बिरादरी की लड़की भी ऐसी अपनाहट नहीं दिखा सकती, आजकल तो।...वो अलग लड़की है।" कहते हुए अम्मा मुड़ गई थीं। "उसका जी दुखा है अभी। ठीक हो जाएगा न जी, तो आएगी। तेरे लिए उसके जी में बहुत जगह है। दयावन्ती है मेरी संगीता।"

अम्मा असीसते हुए चली गई थी।

मैं नहा-धोकर तैयार हुआ। नाश्ता करके यूनिवर्सिटी निकल गया। रास्ते-भर मैं दुआ मनाता जा रहा था कि कहीं से संगीता मेरे सामने पड़ जाए। पिछले तेईस दिनों से मैं यही दुआ मनाता रहता था। मैं सोचता कि किसी रास्ते, रेस्तराँ या बाजार में वह अचानक मिल जाए। वह क्या करेगी? क्या मुझे पहचानने से इनकार कर देगी? क्या मुझसे बात करेगी? पर वह कभी नहीं मिली, जबकि शहर के उसके सारे रास्ते, मेरे रास्ते भी थे।

दोपहर को लाइब्रेरी में पढ़ता रहा। वहीं कैंटीन में खाना खा लिया। शाम को घर पहुँचा तो देखा कि पिताजी आए हुए थे।

"पापा, आप कब आए?" मैं कुर्सी के नीचे ही बैठ गया।

"बहुत देर हो गई। तू क्या इतनी देर-देर तक, रोज बाहर रहता है? अम्मा परेशान हो जाती है।" वह अम्मा की तरफ उत्सुक आँखों से देखने लगे।

"नहीं रे पन्ना। रोज तो जल्दी ही आ जाता है। आज मैं संगीता से मिलने गई थीं। इसने सोचा होगा कि मैं अकेला क्या करूँगा।" अम्मा ने सहारा दिया।

"क्या संगीता ने तलाक लेने का पक्का फैसला ले लिया है, अम्मा?" पिताजी की आवाज बुझी हुई थी। "मेरी गलती की सजा, वो मेरे बच्चे को दे रही है।"

"अपने बच्चों की जिन्दगी की भलाई के लिए कौन माँ-बाप कोशिश नहीं करता। जो कुछ हुआ, इसमें इसका क्या दोष था।"

"पन्ना, संगीता की तरफ खुद को रखकर सोच।" अम्मा ने पिताजी से कहा।

"मैं अपने बच्चे की जिन्दगी के आगे कुछ नहीं देख सका।" पिताजी मायूस दिखे थे।

"अब छोड़िए, जो होना था, सो हो गया। हम सब अपनी-अपनी जगह ठीक हैं, दूसरों की नजर में गलत हैं। इसका क्या इलाज है?" मैं इस विषय को टालना चाहता था। इस पर चर्चा से सिवाय दुख और पछतावे के कुछ नहीं मिलना था।

"रिंकू की शादी तय हो गई है।" अम्मा ने मुझसे कहा।

"कब...मतलब कब की है?" मैंने खुशी से चहकते हुए कहा।

"तीन अप्रैल की रखी है। शुक्रवार है। छुट्टी के दिन हैं, अगले भी। मेहमानों को सुविधा हो जाएगी।"

"कहाँ के हैं?"

"अपने ही शहर के हैं। सदर बाजार के हैं। लड़की एम.बी.ए. है। रिंकू के साथ ही पढ़ती थी, एक साल जूनियर है।"

"सूअर खटीक हैं।" अम्मा ने सहजता से कहा। "पन्ना अपनी जिद पूरी करके माना। तीनों लड़कों का ब्याह उसने आन बिरादरी में ही किया।"

"पर ये गैर-बिरादरी कहाँ हैं? खटीक ही तो हैं?" मुझे पता था कि मेरे बाद, माँ ने, मुझसे छोटे भाई की शादी, बिरादरी में करने पर खूब जोर लगाया था। पर पिताजी ने उसकी शादी भी गैर-बिरादरी में की थी।

"लड़की का नाम क्या है?" अम्मा ने पिताजी से पूछा।

"सुमन सोनकर।" पिताजी ने जवाब दिया। "रहनेवाले तो इलाहाबाद के हैं। पर सोनकर साहब का ट्रांसफर दो साल पहले यहाँ अपने शहर में हो गया था। बैंक मैनेजर हैं।"

"पूर्वी उत्तर प्रदेश के खटीकों ने सबसे ज्यादा तरक्की की है। क्या नाम हैं उनका?"

"सत्य नारायण सोनकर...हाँ, ये तो है।" पिताजी ने मेरी बात का समर्थन किया। "राजस्थान के खटीक तो अपने जातीय बोध से ही पूरी तरह नहीं उबर पाए, अभी तक। जो कौम जितनी जल्दी अम्बेडकरी दर्शन समझेगी, उतनी जल्दी अपना विकास कर जाएगी। पश्चिमी उत्तर प्रदेश के जाटवों की तरह, पूर्वी उत्तर प्रदेश के खटीकों ने भी अम्बेडकर के विचार को समझ लिया है।"

"पर पन्ना, ये अपने वाले खटीक तो नहीं हैं। इनसे हमारे रीति-रिवाज, गोत, बोल-चाल, रहन-सहन कुछ भी तो नहीं मिलता?" अम्मा के स्वर में पूछने जैसा भाव था।

"अम्मा, तू कुछ नहीं जानती। बहुत पहले ये भी राजस्थान से ही निकले थे। जगह के साथ-साथ और जरूरत के हिसाब से, धीरे-धीरे इनके रीति-रिवाज बदलते

चले गए। पहनावा बदल गया, बोली बदल गई।'' पिताजी ने अम्मा को समझाते हुए कहा। ''अब अपने जयपुर की तरफ घोड़ेवाले खटीक हैं। वे भी तो अपने खटीकों से रिश्ता नहीं करते। उनके तो रीति-रिवाज भी हमारे जैसे हैं, बोली और पहनावा भी। फिर बता वे ऐसा क्यों करते हैं?'' पिताजी की आवाज में तेजी आने लगी थी।

''तू बता, तूने ही इतनी पढ़ाई की है। मैं तो अनपढ़ हूँ।'' अम्मा भी कुछ तैश में बोली।

''अम्मा, मुसलमानों के वक्त में, बहुत सारे खटीक मुसलमान हो गए थे। पंजाब और सिन्ध के इलाके में। लड़ाके थे, मरने-मारने से डरते नहीं थे। मुसलमानों की इनसे ताकत बढ़ गई थी। बामनों ने सोचा कि यदि सारे खटीक, मुसलमान हो जाएँगे, तो दिक्कत और बढ़ जाएगी। इसलिए राजस्थान के रजवाड़ों ने उन्हें अपने साथ ले लिया। उत्तर प्रदेश और दिल्ली के कुछ हिस्सों में, मुसलमानों से बचाने के लिए इनसे सूअर पलवा दिए। मुसलमान सूअर से नफरत करते हैं, बस इसलिए। मेवा बेचनेवाले मेवाफरोश, रजवाड़ों के साथ काम करनेवाले घोड़ा खटीक हो गए और सूअर रखनेवाले सूअर खटीक। वरना तो सारे एक हैं।'' पिताजी ने सारे इतिहास को ऐसे सुनाया जैसे सब उनके सामने घटा हो। यह सत्यनारायण की कथा जैसा था बस।

''अम्मा जाति-प्रमाणपत्र में तो सिर्फ खटीक ही लिखा होता है।'' मैंने पिताजी की हाँ-में-हाँ मिलाई थी।

''ये बातें, तू अपनी माँ को भी जाकर समझा।'' अम्मा ने हँसते हुए मुझसे कहा।

''इसकी माँ को दुनिया में कोई नहीं समझा सकता। क्या तू समझा पाई, अम्मा उसे? उसने किसी तरह बस निभा ली, मेरे साथ।''

''दुनिया के सारे पति, पत्नियों से और पत्नियाँ, पतियों से दुखी हैं। फिर भी ये परिवार चल रहे हैं। यह अपने-आप में एक अजूबे से कम नहीं है पापा।'' पिताजी की बात से, मेरा आहत परन्तु सहमत स्वर था।

''शुरू में तो कुछ पता नहीं चलता और जब तक एक-दूसरे के बारे में अच्छे से पता चलना शुरू होता है, तब तक वक्त का एक लम्बा हिस्सा, दोनों जी चुके होते हैं। दोनों को एक-दूसरे की आदत-सी पड़ चुकी होती है। अब वे एक-दूसरे को कोसते भी रहेंगे और एक-दूसरे को छोड़ भी नहीं पाएँगे।'' पिताजी भी बोलते हुए कहीं खो से गए थे। क्या अपने किसी अनकहे दुख में?

बाहर शाम ढल चुकी थी। अँधेरे का नकाबपोश सधे कदमों से आगे बढ़ रहा था। मैंने उठकर बत्ती जला दी।

"तू जरा आ जाया कर पन्ना, दो-चार दिन में, इधर की तरफ।" अम्मा ने तेज साँस भरी थी। दमे की वजह से वह बीच-बीच में ऐसे साँस लेती थी।

"अब तू घर ही चल अम्मा। वहाँ का काम सँभाल। तेरी बहू जिद करे बैठी है कि बारात लेकर जाऊँगी बेटे की, सेहरा बाँधूँगी, उसके सिर।" आवाज में ताने जैसा था कुछ।

"ठीक है तो, कर लेने दे उसको भी अपना चाव पूरा।" अम्मा हाथ नचाते हुए बोली।

"मैं भी तो सुबह अम्मा से यही कह रहा था। यहाँ कौन है, सेवा करनेवाला। उलटे जब मैं देर से आता हूँ तो मेरे लिए नाश्ते-खाने की चिन्ता करनी पड़ती है, मैंने पिताजी को सहमति दी थी।"

"संगीता आकर सँभाल ले, तो फिर मैं चली जाऊँगी वापस।" अम्मा ने फिर तेज साँस भरी थी।

"तुझे लगता है अम्मा...बहू आएगी?" पिताजी पहले कुछ पल चुप रहे। फिर उँगलियाँ चटकाते हुए बोले।

"मेरा जी कहता है, वह आएगी। यहाँ से चली गई, पर उसका जी यहाँ अटका रहता है।" अम्मा के चेहरे पर वैसी ही रोशनी थी, जैसे दादाजी की बात करते वक्त रहती थी। "पन्ना, तेरा ये मास्टर तो एकदम गधा है। संगीता ऐसे वक्त में घर से गई है, जब उसे सबसे ज्यादा हमारी जरूरत है।" अम्मा मुस्कराई जरूर थी, पर उसमें पीड़ा थी।

"क्यों...क्या हुआ?" मैंने अधीरता से पूछा। अम्मा ने रहस्यमय बना दिया था—माहौल को।

"पन्ना, मैं परदादी बननेवाली हूँ।" अम्मा की यह बात सुनकर मुझे मीठी-मीठी-सी गुदगुदी हुई। "आज ही बताया उसने। मैं मिलने गई थी उससे, पर वह सफाई की कह रही थी।" अम्मा का लहजा सर्द था।

मेरा मन कर रहा था कि मैं किसी भी तरह संगीता के पास पहुँच जाऊँ। उसके पैर पकड़कर, अपनी उस गलती की माफी माँगू, जो मैंने नहीं की थी। वह हमारे बच्चे को कैसे मार सकती है। वह मेरा बच्चा नहीं है। वह मेरा सपना है। मेरी दस साल की यातनाओं को छू-मंतर कर देनेवाला सुख है। वह मेरे होने का अर्थ है। मेरा ही नहीं संगीता का भी।

"मैं बात करूँगा, फिर से।" पिताजी ने कहा। "सुदेश और सुखजोत से कहूँगा कि वे बात करें।"

"कोई भी उससे बात करने की हिम्मत कैसे जुटाएगा? सच्चाई और इंसाफ उसके साथ है।" अम्मा ने कहा। उनके कहने में पराजय बोध था।

"हम अपनी गलती सुधारना चाहते हैं।" पिताजी ने सफाई दी थी। "वह हमें एक मौका जरूर देगी। क्या बात हुई उससे?"

"मैंने तो सिर्फ उससे आखिर में इतना पूछा कि क्या इसमें मास्टरजी की कोई गलती है?" अम्मा ने मेरी तरफ देखकर कहा।

"वह क्या बोली?" मैंने पूछा।

"उसने कुछ जवाब नहीं दिया। बस रोने लगी थी।"

"चलो मैं देखता हूँ। तुम जरा कुछ दिन पहले आ जाओगे, तो मुझे सहारा लग जाएगा।" पिताजी ने मेरी तरफ देखा और घुटने पर जोर देकर उठ गए।

"जी, ठीक है, मैं चक्कर लगाता रहूँगा।" अम्मा की बात ने मेरे भीतर उदासी भर दी थी।

फिर पिताजी चले गए थे। अम्मा और मैं बैठे रह गए थे। बहुत देर तक हम चुपचाप बैठे रहे। मेरे पास न तो बोलने के लिए कोई बात थी और न पूछने के लिए सवाल। अम्मा ने यह खबर देकर मेरी ऊहापोह को और बढ़ा दिया था। मैं पिता बन गया हूँ। मैं हँसना चाहता था, मैं रोना चाहता था, मैं नाचना चाहता था। पता नहीं मैं क्या-क्या करना चाहता था...पर मैं बैठा रह गया था, चुपचाप।

"संगीता से शादी में चलने के लिए पूछूँ?"

"जरूर पूछ। इस बहाने से कुछ बात होगी।" अम्मा के स्वर में कोई उत्सुकता नहीं थी।

"कहाँ रह रही है?"

"डिस्पेंसरी के पास ही कोई जगह है।"

"घर है या हॉस्टल?"

"हॉस्टल ही है शायद। घर जैसा माहौल तो नहीं था।" अम्मा ने कहा।

"उसके मोबाइल फोन पर बात करूँगा।" मैं कमरे के चक्कर काटने लगा। फिर बैठ गया।

"देख ले बेटा।" अम्मा ने सिर पर हाथ फेरा था। "संगीता को मत खोना, तू अहम् मत रखना।" अम्मा ने उठते हुए कहा।

"मैं जानता हूँ अम्मा, पर आप ही बताओ, मैं क्या करूँ? कहाँ जाऊँ? किससे अपना दुख रोऊँ?"

"तू घबरा मत, तेरा मन सच्चा है, मैं जानती हूँ। संगीता को दुनिया की कोई ताकत, दूर नहीं ले जा सकती।" वह मेरे सिर में हाथ फेरती रही। "मन चंगा तो कठौती में गंगा। वो भी आ जाएगी, देर-सबेर। उसकी तरफ खुद को रखकर

सोच। ये काम संगीता के साथ हुआ होता और तुझे कुछ न पता होता, तब तुझ पर क्या बीतती? वही संगीता पर बीत रही है। अपने जिय से जानिए, मेरे हिय की बात। दूसरे के दुख-सुख को जानने के लिए अलट-पलट ही करनी होती है, बेटा।...पर वो लौट आएगी, उसके दरपन में तेरी ही छाया है।...वो अगर तेरे पास नहीं लौटी, तो किसी और की भी नहीं...मेरी इन बूढ़ी आँखों ने दुनिया देखी है. ..सुहाग की चमक, मैंने उसके माथे पर देखी है, तुम क्या जानो, अमरित देखा है, बहुत दिनों बाद, इन बूढ़ी आँखों ने, किसी की आँखों में।'' अम्मा बुदबुदा रही थी। वे कहीं और थी, मेरे सिर में हाथ फेरनेवाली शायद कोई और थी, अम्मा हाजिर ज़रूर थी, पर गैर-हाजिरी के साथ। ''सच्चाई, अगर दिखावे की नहीं हो तो, अपना रंग जरूर लाती है, ऐसा इनसान भले दुख उठाए, पर दुखी नहीं रहता कभी। सच्चाई में बड़ी ताकत है।''

यह सुनकर मुझे सबसे पहले आयशा याद आई थी। कालरा और फीरोज याद आए थे। ये दुनिया की नजर में गलत, झूठे और वादा-फरामोश थे पर अपनी नजरों में वे गलत नहीं थे। जिन्दगी को उन्होंने अपनी नजरों से देखने की कोशिश की थी और इस कोशिश का खामियाजा भी उठाया था।

क्या जिन्दगी अपनी नजर से जीना, दुनियादारों की नजर में गुनाह होता है? और अगर ये गुनाह था, तो वाकई हम सब गुनहगार हैं। मैं, आयशा, कालरा, फीरोज...सब। संगीता और अम्मा भी...और पिताजी भी।

''क्या बनाऊँ?'' मैंने अम्मा से पूछा था। घड़ी आठ बजा रही थी।

''कुछ भी।'' अम्मी मुड़ी नहीं थी। ''घीया पड़ा है, रसोई में।''

मैं जानता था कि अम्मा आलू नहीं खाती। मुझे घीया अच्छा नहीं लगता था। आलू का झोल बनाना, इस वक्त मुझे ज्यादा मुफीद लग रहा था।

वंदना के हाथ का आलू का चोखा मुझे बहुत अच्छा लगता था, बिहारी चोखा, कच्चे कड़वे तेल की खुशबू से महकता, पर वंदना के जाने के बाद मैंने फिर कभी नहीं खाया। वह मुझे वंदना की याद दिलाता था। उससे जुड़ी कितनी बातें हमारी साझा थीं। एक बार वह रसोई में चोखा बना रही थी और मैं उससे वहीं छेड़छाड़ कर रहा था। वह बार-बार मना कर रही थी और मैं मान नहीं रहा था। आखिरकार, उसने हाथ में पकड़ी सरसों के तेल की कटोरी, मेरे सिर पर डाल दी थी।

''लो बना दिया तुम्हारा चोखा।'' कहकर वह कितनी देर तक हँसती रही थी। मैंने उसे कमर से उठाकर पलँग पर ला पटका था।

''क्या खाया है तुमने?'' आधे घंटे बाद पसीने से लथपथ, मेरी छाती के बालों में हाथ फिराते हुए, वंदना की आँखों में शरारत थी।

वंदना के साथ, आलू के चोखे का स्वाद भी चला गया था और कड़वे तेल की मिठास थी।

अम्मा के लिए घीया बनाने, मैं रसोई में घुसा तो देखा कि अम्मा पहले ही घीया छील-काटकर रख गई थी। "अम्मा, आप भी" मैंने मन में सोचा था। कुकर में रिफाइंड ऑयल डालकर गैस पर चढ़ा दिया। जितनी देर में तेल गर्म होता, उतनी देर में मैंने थोड़ी प्याज काट ली और जीरा साफ कर लिया। प्याज, जीरा, हल्दी और नमक डालकर सब्जी छौंक दी। मिर्च पर हाथ पड़ा था, पर अम्मा का ध्यान आया, तो छोड़ दिया। घीया में वह मिर्च पसन्द नहीं करती थीं। ऐसे वक्त में, खाते वक्त, मैं हरी मिर्च खा लिया करता था।

बचपन में, खाने-पीने में, जितने मैं नखरे करता था, उतना ही बाद में, मैं एकदम बदल गया था। खासतौर से, वंदना के जाने के और जेल से लौटने के बाद। सब्जी में नमक होता या नहीं, मिर्च कम है ज्यादा, कभी शिकायत तक नहीं करता था। एक दिन, माँ ने मटन परोसा और मैं चुपचाप खाता रहा। जब रिंकू खाने बैठा तो उसने बताया कि इसमें तो नमक डाला ही नहीं। पहले तो अम्मा ने मुझसे छोटे भाई चीकू की बीवी मीना को दो बातें सुनाईं, जिसने मटन बनाया था, फिर रोने लगी थी, "तू कैसा हो गया है रे?" मेरी तरफ देखकर वह कुछ देर रोती रही थी।

कुकर की पहली सीटी बजने तक, मैं अम्मा के लिए एक रोटी का आटा गूँद चुका था। अम्मा के लिए, आटे में देसी घी का मोमन डाल देने से, रोटी मुलायम हो जाती थी। उनके दाँतों से, ऐसी रोटी आराम से चबाई जाती थी। वह सब्जी की तरी में मींड़कर, उसे खाती थी।

"चल तू हट।" अम्मा की आवाज आई थी। मैं अपने लिए आटा गूँद रहा था। 'ला, मैं आटा गूँदूँ।"

"आपके लिए गूँद दिया।" मैं आटा गूँदते हुए बोला।

"हैं...अरे तूने क्यों गूँदा, मैं गूँद लेती।" अम्मा रसोई में आ गई थी।

वे आमतौर पर अपने लिए आटा खुद ही गूँदती थीं।

"गूँद दिया, साथ-साथ।"

"मोमन डाला या भूल गया?" अम्मा मोयन को मोमन बोलती थी।

"हाँ डाल दिया बाबा, डाल दिया। खूबी देसी खा रही हो, अम्मा, बुढ़ापे में।" मैं हँस दिया।

"बच्चे खिला रहे हैं तो खा रही हूँ।" अम्मा भी हँस दी थी। "या तो जवानी में तेरे दादाजी ने देसी घी खिलाया था या अब तेरे घर पर खा रही हूँ। तेरे दादाजी के जाने के बाद, गिरस्ती चलाना ही बड़ा भारी काम था, देसी घी कहाँ से

मिलता?'' छियत्तर-सतत्तर वर्ष की उम्र में भी अम्मा अपना काम किसी के भरोसे नहीं छोड़ती थी। अपने कपड़े धोने से लेकर अपने लिए रोटी बनाने तक का काम वह खुद करती थी।

खाना खाकर अम्मा टहलने निकली तो मुझसे भी चलने को कहा। मैंने मना कर दिया क्योंकि मुझे कुछ फोन करने थे। आमतौर पर हम दोनों साथ-ही-साथ टहलने जाते थे।

अम्मा के जाने के बाद मैंने आयशा, कालरा, राना, असलम, वेदप्रकाश, सुशील, फीरोज, जयंत और संगीता के अलावा कुछ और खास लोगों को फोन किया था। जयंत हिमाचल कैडर से आई.पी.एस. बनकर, इस वक्त नाहन में पोस्टेड था।

सुशील पिछले एक साल से इसी शहर में सहायक उपायुक्त के पद पर काम कर रहा था। उसने शहर में आकर कई काम किए थे। शहर के खूँखार अपराधियों को या तो उसने मार गिराया था या सलाखों के पीछे डाल दिया था, पर अखबारों ने उसे उसके काम के अनुरूप चर्चा नहीं की थी। सुशील का कैडर वैसे तो गुजरात था पर एक दलित कैबिनेट मंत्री भद्रशील जटिया की सिफारिश पर उसे इस शहर में प्रतिनियुक्ति दे दी गई थी।

''तू तो कहता था, जाटव-जाति के लोग किसी अन्य दलित के लिए कुछ नहीं करेंगे।'' एक दिन फोन पर बात करते हुए मैंने कहा था।

''मैं गलत था।'' सुशील ने बेझिझक कहा था। ''माँ की देखभाल की बात सुनकर मंत्रीजी ने एक हफ्ते में काम करा दिया था। जाटव दलितों के पुरोहित हैं।''

''और ब्राह्मण किसी और के लिए करेंगे या नहीं?''

''उनमें भी लोग अच्छे हैं।...सब तो अच्छे नहीं हैं।''

''सब किस जाति में अच्छे हैं और किस जाति में खराब हैं?'' मैं हँसा था।

''इस बारे में, मैं कोई टिप्पणी नहीं करूँगा।'' सुशील देश की सर्वोच्च सेवा में रहकर मँज चुका था। इस बात पर उसने पेशेवर कुशलता दिखाई।

कभी-कभी टिप्पणी करने से ज्यादा मुनासिब, टिप्पणी नहीं करना होता है। सुशील ने भी अपने आवेगों और आवेश को नियन्त्रित करना सीख लिया था। वह भी सभ्य हो गया था।

''यह यात्रा है, सुशील। हम सबको अलग-अलग और अकेले ही, इसे तय करना होता है। हम सब अलग-अलग पड़ाव पर हो सकते हैं। अलग-अलग यात्रा पर नहीं। यह जीवन सिर्फ सत्ता-संघर्ष है। इसे जितनी जल्दी हम इस रूप में

समझ जाएँगे, उतनी जल्दी शान्ति की स्थिति में पहुँच जाएँगे। मक्खली से कबीर तक, बुद्ध से अम्बेडकर तक सब तपकर इसी अवस्था में पहुँचे हैं।''

''तो क्या हम अपना संघर्ष छोड़ दें? तू भी यार फिजूल बातें करता है, कभी-कभी।'' उसके स्वर में कुछ गमी थी।

''ये मैंने कब कहा? मैंने बस इतना कहा कि इस सत्ता संघर्ष को समझने के बाद ही शान्ति मिलेगी। अतिरिक्त भावुकता, हमें सिर्फ हिंसक और गुस्सैल बनाती हैं हम लड़ें पर होश में लड़ें। हिंसा होश नहीं है...ज्यादा-से-ज्यादा वह रणनीति हो सकती है...पर रणनीति भी होश में बनाई जाती है, भावुकता से नहीं।''

''पर हमारी लड़ाई सत्ता की नहीं, अस्तित्व की है।'' सुशील की आवाज में तनाव था।

''मैं सहमत हूँ तुमसे।'' पर मेरे मन में सवाल थे।

क्या यह अस्तित्व की लड़ाई, सत्ता संघर्ष के शुरुआती पायदान नहीं माने जा सकते? क्या समूह के स्तर पर यह अस्तित्व की लड़ाई, व्यक्ति के स्तर पर सत्ता की लड़ाई नहीं समझी जा सकती? और अगर ये शुरुआती पायदान सत्ता से कोई वास्ता नहीं रखते हैं, तो क्यों गैर-दलित इस अस्तित्व की लड़ाई को खत्म करने पर आमादा हैं?''

''ये बरसों की नफरत है। ब्राह्मण नहीं चाहता कि हमारी कौमे ऊपर उठें। वह हमसे घृणा करते हैं। उनके दिलों में आग भरी हुई है।'' सुशील उबलने लगा था।

मैं चुप रहा। मैं सोच रहा था कि क्या कोई भी जाति, किसी दूसरी जाति से प्यार करती हैं? ब्राह्मण दलितों को ही नहीं, बल्कि वह किसी भी गैर-ब्राह्मण को नहीं उठने देना चाहते। वशिष्ठ-विश्वामित्र, परशुराम-सहस्त्रार्जुन से लेकर इलाचन्द्र जोशी और प्रेमचन्द श्रीवास्तव तक यह साफ देखा जा सकता है। हिन्दी के कहानीकार-उपन्यासकार इलाचन्द्र जोशी के 'जोशी' और कथा सम्राट प्रेमचन्द के पीछे छिपे, अप्रत्यक्ष 'श्रीवास्तव' पर मेरा ध्यान गाढ़े ढंग से गया था। यह उनकी जातीय पहचाने थीं।

क्या ब्राह्मण और ब्राह्मण या चमार और चमार के बीच भी यह संघर्ष नहीं है? क्या दूसरे सवर्ण या पिछड़ी जातियों के लोग चाहते हैं कि ये कौमें ऊपर उठें...क्या जाट, क्या गूजर, क्या यादव, क्या कुर्मी-कोइरी या फिर रेड्डी, मराठा...। मैं सोचता चला गया था, स्वभावतः।

''तुम्हारे भीतर ब्राह्मणों के प्रति अतिरिक्त प्रेम है।'' मुझे चुप देख सुशील चुप न रह सका। ''वंदना से शादी करना भी तुम्हारी यही कमजोरी थी।'' उसने

यह हमला मेरे व्यक्तिगत जीवन पर किया था। वह मुझे अब भी सही नहीं समझ पा रहा था।

"मेरे भीतर इनसान के लिए प्रेम है। हो सकता है, मैं अपनी समझ में गलत होऊँ, पर मैं अपने लिए जिम्मेदार हूँ। कुछ भी अन्तिम नहीं होता, मेरी यह सोच भी अन्तिम नहीं है। क्या पता, कल मैं तुम्हारी तरह सोचने लगूँ, पर आज, इस पल, इस साँस तक, मैं ऐसा ही सोचता हूँ और पूरी ईमानदारी के साथ। कल किसने देखा है?"

मैंने जान-बूझकर उसके व्यक्तिगत हमले का कोई जवाब नहीं दिया। सामाजिक क्षेत्रों में जूझते लोगों का व्यक्तिगत कुछ भी नहीं होता—शायद यही सोचा था, उस दिन। चाहता तो मैं भी उससे व्यक्तिगत सवाल कर सकता था कि आखिर कैसे एक ही साल में उसने अफरात पैसा कमा लिया, जबकि जयंत अब भी उसी पुराने हाल में है? क्यों उसने, जयंत की तरह, अपना सारा जीवन, एक लक्ष्य के लिए समर्पित नहीं किया? क्या एयरकंडीशंड घर और गाडियाँ, महँगी शराब और महकती औरतों का पाश भी उसकी अस्तित्व की लड़ाई के हिस्से हैं? पर यह सब पूछने से कड़वाहट और दूरियाँ ही बढ़तीं।

मैं यह कैसे भूलता कि सुशील, अब सिर्फ मेरा दोस्त सुशील ही नहीं है, एक आला पुलिस अधिकारी भी है। कभी-कभी लाभ का लालच नहीं, हानि का हौव्वा व्यावहारिक बनाता है। फिर उस दिन बातों के रुख बदल गए थे।

रिंकू की शादी का न्यौता सुनकर आयशा बहुत खुश हुई थी। मुझे अपना भेद खुलने का डर था, परन्तु एक-न-एक दिन तो उसे खुलना ही था। यह सही वक्त था। हालाँकि मुझे कहीं मन में गहरे तक यह यकीन था कि कालरा ने, मेरी शादी और परिवार की बातें आयशा को बता दी होंगी, पर मैं इसमें गलत था। उसने कुछ नहीं बताया था यह बात तब खुली, जब वह मेरे घर आई। वह मेरे पारिवारिक समारोह में शामिल होने के लिए काफी उत्सुक थी।

"क्या मैं बारात से दो-एक दिन पहले ही आ सकती हूँ।" उसने पूछा था।

"क्या करोगी? पारिवारिक रस्में ही होती हैं। उससे पहले।"

"मैं परिवार में रहना चाहती हूँ। देखना चाहती हूँ कि परिवार कैसा होता है? भाई-बहन, माँ-बाप, चाचा-बुआ, भाभी-ननदें कैसी होती हैं सब? देखना चाहती हूँ कि वह क्या जादू है जो उन सबको बाँधे रखता है? तुम्हें परेशानी तो होगी, मास्टरजी, पर मेरे लिए कर दीजिए।" आयशा, फोन पर, दूसरी तरफ से बोली थी।

मैं यह सब बोलते हुए उसका चेहरा देखना चाहता था, पर यह सम्भव नहीं था। मुझे यह अजीब झक थी।

जब सबसे बात हो गई थी, तब मैंने संगीता को उसके मोबाइल पर फोन मिलाया था।

"रिंकू की शादी है, तीन को।" मेरे मुँह से उसका नाम नहीं निकल पाया था। उसके हैलो बोलते ही, मैंने कहा था।

वह कुछ पलों तक चुप रह गई थी। कुछ दिनों के विछोह ने ही हमारे बीच अजनबियत जैसी खड़ी कर दी थी।

"पापाजी का फोन आया था, अभी कुछ देर पहले।" वह कुछ देर बाद धीमे-से बोली थी।

'तुम कैसी हो?" मैंने हिम्मत करके पूछा था।

"...।" उधर से कोई जवाब नहीं आया था।

"तबीयत ठीक है?" मैंने फिर पूछा था, उस तरफ के सुन्न से।

"तुम कैसे हो?" दो-चार पल बाद उधर से आवाज उभरी थी।

ये दो चार पल जिन्दगी से लम्बे थे।

"तुम्हारे बिना कैसा हो सकता हूँ।" मैं सच में भावुक हो गया था।

"ये सब बातें अब बेकार हैं।" संगीता की आवाज बहुत अपरिचित थी।

"क्यों?" मैंने अधीरता से फोन कसकर दबाया।

"हालात ऐसे हैं।" उसने बहुत सोचकर कहा।

"अब तो सब तुम्हारे सामने खुल चुका है।" मैंने याचना के स्वर में कहा।

"क्या पता? मन नहीं मानता, झूठ और चोरी कभी एकमुश्त नहीं कबूली जाती, वह हमेशा किस्तों में बाहर आती है।"

"यह तुम ज्यादती कर रही हो।" मेरी आवाज में भी सख्ती आ गई थी। मैं अम्मा की सलाह भूल गया था।

"क्या तुमसे ज्यादा?" कहते हुए उसकी आवाज भर्रा गई।

"क्या तुम तलाक चाहती हो? ये तुम्हारा फैसला है।" मैं न चाहते हुए भी और सख्त हो गया था।

"हाँ!" उसने दृढ़ता से कहा और मेरी आवाज की सख्ती की परवाह नहीं की थी।

"हम पति-पत्नी नहीं रहेंगे, तो क्या दुश्मन रहेंगे?" मैंने खुद को सँभाला। क्या मैं दाँव खेल रहा था वंदना की तरह?

वह सुनकर फिर से चुप हो गई थी। मैं समझ सकता था कि उसके मन में क्या उधेड़बुन चल रही होगी। वह बहुत सुलझे दिमाग की लड़की थी।

“मैं तीन को सुबह आऊँगी, सिर्फ थोड़ी देर के लिए। तुम अपनी तरफ से मुझसे बात करने की कोशिश नहीं करोगे। मैं अम्माजी की वजह से आ रही हूँ।” उसने गलतफहमी की सारी गुँजाइश खत्म करने की कोशिश की थी।

“मैं वादा करता हूँ।” मैं, इस वक्त आत्मरक्षात्मक होकर रहना चाहता था। क्या मैं भी संगीता के साथ, उसी तरह का व्यवहार कर रहा था, जैसा वंदना मेरे साथ करती थी?

आयशा, इक्तीस मार्च की शाम को ही आ गई थी। मैंने पिताजी को कहकर ऊपर का एक फ्लोर अपने मेहमानों के लिए ‘रिजरव्ड’ करा दिया था। कुछ और मेहमान भी आने थे। वह ऊपर ही रुकी थी।

एक तारीख को रिंकू पर सीधा हाथ रखा जाना था, जिसके बाद उसे लगातार हल्दी और तेल से घिसा जाना था। यह हल्दी और तेल की मालिश, तीन दिनों में कुल सात बार होनी थी। इसी को ‘बान बैठना’ कहा जाता था। बान, भले तीन दिन की बैठे या पाँच दिन की, पर हल्दी सात बार ही चढ़ाई जानी थी। यह रिवाज था। तीन तारीख की बारात थी, इसलिए उससे पहले दो तारीख को ही तेल चढ़ाने की रस्म भी की गई थी। तेल की रस्म के दिन हल्दी नहीं चढ़ाई जा सकती थी। इसलिए रिंकू की ऐसी शामत आई कि उसकी एक ही दिन में तीन-तीन, चार-चार बार हल्दी से घिसाई हुई।

आदमी पहले रिवाज बनाता है और फिर उनकी बलि चढ़ जाता है।

बुआ आ गई थीं। आस-पास के रिश्ते की भाभियाँ और बहनें भी आ गई थीं। सबने मिलकर, रिंकू का, हल्दी से खूब फजीता निकला था। आयशा ने भी उसे हल्दी लगाई थी। वह पहले ही दिन, घर में खूब घुल-मिल गई थी। रिश्तेदारी की सभी औरतों ने पूछा था, उसके बारे में। माँ ने कह दिया था कि संगीता के साथ काम करती है। माँ, बुआ और बहनों ने अनेक छोटी-छोटी रस्में अदा की थीं। अम्मा बैठी-बैठी उन्हें बार-बार, कुछ-न-कुछ याद दिला देती थीं। माँ, अम्मा पर झल्ला रही थी, “अम्माजी छोड़ो ये सब तो पुराने रिवाज है।” माँ, अम्मा के याद दिलाने पर झल्लाती भी जाती और रस्मों को पूरा भी करती जाती।

जौ को मूसल से बिना आवाज के कूटना, हल्दी की गाँठ को, एक ही बार में, बट्टे से भरसक बिना आवाज तोड़ना, इस्तेमाल के बाद, नीचे गिरी हल्दी को, सकेरकर, दो छाजों में रखना और दोनों छाजों को अलग-अलग रखना ताकि वे एक-दूसरे से टकराएँ नहीं। रिंकू के हाथ में सात गाँठोंवाला, सूत का कंगन बाँधते वक्त भी, अम्मा ने खुद सात गाँठें गिनी थीं।

आयशा के चेहरे पर खुशी का ठिकाना नहीं था, इन दिनों।

संगीता, बारातवाले दिन, सुबह ही आ गई थी। उसने, मुझे पहले ही स्पष्ट कर दिया था कि वह सिर्फ बारात के दिन आएगी।

संगीता, जिस वक्त घर में घुसी, उस वक्त तक उसके छोटे देवर रिंकू की एक बार हल्दी-घिसाई हो चुकी थी। घर में मेहमानों की चहल-पहल थी। मैं दूध लेकर लौटा ही था। संयोग से, सबसे पहले मेरी ही नजर उस पर पड़ी। मैं उसकी तरफ आगे बढ़ा, पर वह तेजी से अन्दर आकर, रिंकू के पास जा खड़ी हुई। रिंकू, संगीता को देखते ही खड़ा हो गया।

''भाभी नमस्ते।'' कहकर वह आगे बढ़ा और संगीता के पैर छू लिए। ''अच्छा किया आप आ गईं।'' संगीता ने पैर छूने से रोका था उसे।

रिंकू मुझसे सात-आठ साल छोटा था। चार-पाँच दिन की हल्दी से, उसका गोरा रंग सोने की तरह दमकने लगा था। रिंकू और मेरी सूरत, पापा पर पड़ी थी, पर उसका रंग माँ की तरह गोरा था। मैं पापा की तरह साँवला ही था। चीकू की सूरत, माँ पर पड़ी थी और उसका रंग, मेरी ही तरह था।

संगीता ने आगे बढ़कर अम्मा और माँ के पैर छुए, फिर बुआ के भी, जो वहीं खड़ी थी। संगीता को पीछे से, मैंने देखा, वह पहले से कुछ कमजोर हो गई थी।

''संगीता, भई तू बहुत बढ़िया है। तेरे देवर की शादी में हम हल्दी और मेहँदी लगाएँ। तू अपनी नौकरी करे।'' बड़ी बुआ ने हँसते हुए कहा।

''क्यों पुष्पा, सहेली भेज तो दी, काम सम्हालने को।'' छोटी बुआ ने बड़ी बुआ का हाथ पकड़कर कहा। इस अन्दाज में कुछ रहस्यमयता थी, कुछ तानाकशी।

''तेरी सहेली ऊपरवाले कमरे में है। जा मिल ले।'' माँ ने संगीता से कहते हुए मेरी तरफ देखा था।

संगीता के चेहरे पर अनभिज्ञता और असहजता थी।

''आओ!'' मैंने कहा तो मेरी तरफ संगीता ने पलटकर देखा, उसकी आँखों में पैने सवाल थे। पर उसने कुछ पूछा नहीं, वह चुपचाप मेरे पीछे-पीछे चली आई।

सामने के कमरे में चीकू और उसकी पत्नी मीना निकले और उन्होंने भी बढ़कर संगीता के पैर छुए। उनके चेहरे पर खुशी चमकने लगी थी।

क्या ये सब भी मेरे दुख से दुखी हैं? क्या ये भी चाहते हैं कि मेरी जिन्दगी में सुख की घड़ियाँ स्थायी रूप से आएँ? क्या किसी की भी जिन्दगी में सुख या...दुख की भी...घड़ियाँ स्थायी हो सकती हैं?

मेरा मन कुछ भावुक हुआ था, उस पल, जिस पल मीना ने संगीता से कहा था कि ''यह सरासर नाइंसाफी होगी दीदी, हमने आपको ताई बना दिया और आप

हमें चाची बनने का मौका नहीं दे रहीं।" संगीता सुनकर मुस्कराई थी और मीना के सिर पर हाथ फेरा था।

"तेरी दीदी किस्मतवाली नहीं है, मीना, तेरी तरह।" शायद पिताजी ने संगीता के गर्भवती होने की खबर माँ को दी होगी, तभी यह मीना को भी पता था। संगीता के मुँह से किस्मत शब्द मैंने पहली बार सुना था। क्या पता यह सिर्फ मुहावरे के रूप में था?

"बहुत कमजोर हो गई हो।" मैंने धीरे-से कहा था।

हम सीढ़ियाँ चढ़ रहे थे। वह सीढ़ियों की रेलिंग पकड़कर चल रही थी। उसने कोई जवाब नहीं दिया। मैंने दोबारा कहा, तो भी वह चुप ही रही। इन बातों का कोई अर्थ नहीं था, पर मैं फिर भी कोशिश कर रहा था।

आखिर हम गलत थे, हम सब, मैं, पापा, मम्मी, अम्मा, चाचा सब। बार-बार हमें ही आगे बढ़ना था, झुकी भवों और टूटे कंधों के साथ। यह संगीता पर था कि वह हमें माफ करती है या नहीं। वह मजलूम थी, वह ठीक थी, इसीलिए वह हमसे बड़ी थी। क्या यही बात, प्रकारान्तर से, दलितों और सवर्णों, श्वेतों और अश्वेतों और स्त्री और पुरुषों पर लागू नहीं होती थी? मुझे भी कुछ सनक-सी हो गई लगती थी कि हर मामले को इसी चश्मे से देखने लगता।

हम लोग आयशा के कमरे के सामने पहुँच गए थे। मैंने दरवाजे को हलके-से धकेला, पर वह शायद अन्दर से बन्द था। मैंने दरवाजा खटखटाया, पर अन्दर से कोई आवाज नहीं आई। मैंने, दोबारा दरवाजा जोर से खटखटाया।

"कौन है? आ रही हूँ।"

हम दोनों, बाहर, कमरे के सामने बनी मुँडेर पर कोहनियाँ रखे, दरवाजा खुलने का इन्तजार करने लगे। संगीता ने अभी तक, उस अपरिचित आगन्तुक के बारे में, जरा भी तफ्तीश नहीं की थी। एक-दो मिनट के शदीद इन्तजार के बाद दरवाजा खुला।

"अरे मास्टरजी...आप थे। दरवाजा तो खुला था, मैंने अन्दर से 'लॉक्ड' नहीं किया था, वैसे ही कसके भिड़ा दिया था।" कहते-कहते आयशा की नजर संगीता पर पड़ी थी। "मैं नहा रही थी।" उसका स्वर धीमा हुआ और उसने जो नारंगी रंग का तौलिया सिर पर डाल रखा था, उतारकर कन्धे पर डाल लिया।

"आयशा, ये संगीता, मेरी वाइफ।" मैंने अन्दर घुसते हुए कहा। जान-बूझकर मैं आयशा का हाथ पकड़कर, अन्दर साथ-साथ खींच ले गया था। पीछे-पीछे संगीता भी आ गई थी।

"संगीता, ये आयशा मेरी दोस्त। ये मेरे घर के इस सारे समारोह को देखना चाहती थी। माँ ने, इन्हें तुम्हारी सहेली कहकर, घर में सभी से परिचय कराया था।

आयशा, इन्हें पता नहीं था कि तुम कौन हो? इसलिए आपस में मिलवाना जरूरी था। कुछ रिश्तेदार पुराने परम्परावादी दिमागों के हैं।'' मैंने संगीता और आयशा का एक-दूसरे से परिचय करवाया।

आयशा का चेहरा मुरझा गया था। यह बात उसके लिए अप्रत्याशित थी। संगीता के चेहरे पर तनाव था। वह वैसी ही सहज नहीं रही थी, जैसी अभी कुछ देर पहले नीचे माँ और अम्मा के सामने थी। क्या मेरी तरकीब काम कर गई थी?

आयशा का अतीत चाहे जैसा भी था, पर उसको देखकर कोई भी अभिभूत हुए बिना नहीं रह सकता था। संगीता भी सुन्दर थी, परन्तु आयशा के अनिन्द्य सौन्दर्य के सामने, वह भी ठगी-सी रह गई थी। आयशा का गोरा रंग नहाने के बाद और दमक रहा था। बुआ ने सुबह उसके गाल भी हल्दी से रंग दिए थे। गीले बालों और दमकते रंग ने उसकी मासूमियत में और इजाफा कर दिया था।

''बैठो दीदी।'' आयशा ने, संगीता से, सुविधा का रिश्ता कायम करते हुए कहा।

''क्या करती हो?'' संगीता इतनी देर बाद फिर बोली, जैसे होश में आई हो।

''मैं...।'' आयशा ने कहने के साथ ही मेरी तरफ देखा।

''आयशा सोशल वर्कर है। एक एन.जी.ओ. के साथ काम कर रही है। एक कैम्प के दौरान हमारी मुलाकात हुई।'' मैंने फिर झूठ कहा।

क्या वाकई संगीता उस शाम ठीक कह रही थी कि झूठ कभी एकमुश्त नहीं स्वीकारा जाता? पर यह वक्त, सच बताने का नहीं लगा था, मुझे। हम मामूली इनसान हैं।

''आप क्या करती हो, दीदी?'' आयशा खुद को समेट रही थी।

''क्यों इन्होंने नहीं बताया?'' संगीता के स्वर में मेरी उम्मीद के अनुरूप तल्खी आई थी।

''मास्टरजी ने तो, शादी की ही बात...नहीं बताई मुझे।'' आयशा भरसक मुस्कराई।

''और मुझसे पहलेवाली शादी के बारे में तो फिर क्या ही बताया होगा?''

संगीता का आक्रोश फूटने लगा था। मेरी चोट ठीक जगह हुई थी। उसका मेरे ऊपर गुस्सा निकलना बहुत जरूरी था। वरना यह अबोला, और गहरा हो जाने का ज्यादा खतरा था। आयशा इसके लिए सबसे ज्यादा मुफीद और मारक औजार थी।

क्या मैं संगीता और आयशा दोनों के साथ ज्यादती कर रहा था, अपनी चतुराई के बल पर? इसका जवाब, मैंने खुद से माँगा था और वह मुझे मिला था। मैं वाकई दोनों का भला चाहता था। मैं अपना भला तो यकीनन चाहता ही था, पर अपने भले के लिए, उन दोनों का कोई नुकसान मैं नहीं कर रहा था। वे दोनों भावुकता में अपना नुकसान जरूर कर सकती थीं...जोकि आखिरकार, किसी-न-किसी रूप में मेरे लिए भी नुकसानदेह जरूर होता। क्या मैं खुद को नुकसान से बचाने के साथ-साथ, उनको भी नहीं बचा रहा था?

मेरी नीयत, उन्हें या खुद को, एक सुकूनभरी जिन्दगी जीने देने की थी। मेरी नीयत उन्हें नुकसान पहुँचाने की तो बिलकुल नहीं थी। मेरी नीयत एकदम साफ थी इसलिए यह चतुराई जुर्म नहीं थी, गुनाह नहीं थी, यह एक ईमानदार और कुशल कोशिश थी...अपने और उनके भविष्य और हितों को बचाने की।

''आयशा और मेरे रिश्तों में, इन सब बातों के तूल पकड़ने की जगह ही नहीं है।'' मैंने इतनी सहजता से, इसे कहने की कोशिश की थी, ताकि वह ताने की शक्ल में जाने की बजाय एक तथ्यात्मक कथन की तरह पेश हो। ''हम दोनों अपनी हदें जानते हैं। हम दोस्ती का मतलब 'अनऑथराइज्ड एनक्रोचमेंट' नहीं मानते, एक-दूसरे के 'पर्सनल स्पेस' का ख्याल रखते हैं।''

वाकई जिन सवालों का वह जवाब नहीं देना चाहती थी, मैं दोबारा कभी नहीं पूछता था। मैं इस बात से आहत भी नहीं होता था कि आखिर आयशा, जो मेरी इतनी अच्छी दोस्त है, उसने मुझे कोई बात क्यों नहीं बताई।

यह उसकी सुविधा और स्वतंत्रता का मामला था या मेरी भी, आखिर हम इसका ख्याल क्यों न रखें? क्या मेरा या आयशा का अतीत, हमारे आज को, सहज ढंग से जीने में, कोई बाधा डाल रहा था? तब क्या जरूरी है कि उसे बेवजह कुरेदते चले जाएँ? जो अतीत, हमें जीने की ताकत, उत्साह और खुशियाँ नहीं देता, जो हमारे आज को सुन्दर और उपयोगी नहीं बना सकता...उसे बन्दरिया के मरे बच्चे की तरह क्यों चिपकाया जाए? ...वह खुद बदबूदार है...और क्या हमें भी सड़ाँध से नहीं भर देगा?'' मैं फिर अपने भीतर कहीं अटक गया था।

''यह एकदम ठीक है, मास्टर जी। ज्यादातर शादीशुदा आदमी और औरत, आज को जीने की बजाय, एक-दूसरे के कच्चे चिट्ठे और शादी के पहले के प्रेम-प्रसंगों को खोजने में ही मरे जाते हैं। कौन-सा कुआँ या कुँई है, जहाँ हवा न पहुँची हो, फिर भी...।'' आयशा की इस बात ने मेरी रणनीति को सम्बल दिया, जबकि ऐसा उसने सोच-समझकर नहीं किया था शायद।

''तुम बहुत खूबसूरत हो, आयशा...एकदम मर्लिन मुनरो जैसी लगती हो।'' संगीता ने, शायद यह जान-बूझकर विषयांतर किया था या शायद वह आयशा की खूबसूरती से ख़ौफज़दा थी।

हमउम्र लड़कियाँ या औरतें, आमतौर पर एक-दूसरे की खूबसूरती की तारीफ नहीं करती। क्या यह, उसकी भी कोई रणनीति थी?

''आप भी बहुत सुन्दर हैं दीदी।'' आयशा की आँखों में चमक थी, संगीता थी और शायद मैं भी।

''तुम्हारे मुकाबले कुछ नहीं। तुम्हारे मास्टरजी खुश हैं तुमसे।'' संगीता ने कुरेदा था।

''जिस इनसान का पेट और मन घर में ही भर जाए वह बाहर, किसी से खुश होने नहीं जा सकता।'' आयशा, संगीता के व्यंग्य को समझकर, पहले दो-एक पल चुप रह गई थी। चुप्पी के बाद आए इस जवाब से संगीता कुछ असहज हुई थी।

''ये तो देवता आदमी हैं। इनसे भूल-चूक भले हो जाए, पर पाप कभी नहीं हो सकता।''

आयशा की आँखों में कोई अबूझा-सा भाव था, जिसे बूझने का मैं हकदार नहीं था। उसकी अनुकूल प्रशंसा ने मुझे सम्बल दिया था।

वेश्या या वेश्यागामी अपनी निजी क्षणों में, बिना किसी प्रत्यक्ष या अप्रत्यक्ष दबाव के, जब किसी स्त्री या पुरुष को, सदाचारी की सनद दें, तो वह यकीनन काबिलेगौर होती है।

''चलती हूँ।'' संगीता ने आयशा से कहा, तो मैं भी उठ गया।

संगीता दरवाजे की तरफ बढ़ गई थी। अब वह शायद बहुत बरदाश्त करने की हालत में नहीं रही थी।

''आप रुकिए।'' आयशा ने मुझसे कहा तो संगीता रुककर पलटी और मेरी तरफ देखने लगी।

मैं भी उसी की तरफ देख रहा था। मेरी आँखों में, शायद मोहलत की मंजूरी की माँग थी या फिर कोई सवाल।

''आप नीचे आइए, मुझे कुछ काम है।'' संगीता ने सीधे मुझसे कहा था। उसने इन्तजार नहीं किया था, वह दरवाजे से बाहर निकल गई थी।

''तुम तैयार होकर नीचे आओ, आयशा।'' मैं, जान-बूझकर, कुछ क्षण अन्दर रुका रहा और फिर निकला।

संगीता दरवाजे के पास ही खड़ी थी। सीढ़ियों से नीचे नहीं उतरी थी। मैंने मन-ही-मन आयशा का शुक्रिया अदा किया था। मुझे आता देख संगीता सीढ़ियों

की तरफ बढ़ने लगी थी, धीरे-धीरे। इतनी धीरे वह आमतौर पर तभी चलती थी जब वह किसी गहरी ऊहापोह में होती थी। जब वह नाराज होती थी, तो एकदम चुप हो जाती थी। वह अब एकदम चुप थी। वह धीरे-धीरे सीढ़ियाँ उतर रही थी। मैं भी उतरते वक्त कुछ नहीं बोला। सीढ़ियाँ उतरकर वह सीधे अम्मा की तरफ बढ़ी थी, जो दालान में बैठी थीं। अम्मा तक पहुँचने से पहले ही छोटी बुआ ने उसे पकड़ लिया।

''अब एक बार अपने हाथ से भी हल्दी लगा दियो, रिंकू को।'' उन्होंने कहा।

''बुआजी, वह लड़की मेरी दोस्त नहीं है।'' संगीता ने बुआ से स्पष्ट और भारी स्वर में कहा।

''हाँ हाँ, मुझे पता है, तेरी सास नहीं बताएगी, तो क्या हमें पता नहीं चलेगा।'' छोटी बुआ धीमे-से बोली, जैसे कोई राज खोलते वक्त बोलता है। इतनी देर में, सीढ़ियों की ओट से, मैं आगे बढ़ आया था।

''वो तो इसकी दोस्त है,'' तो क्या हुआ? बुआ ने, मुझे देखते ही आगे बढ़कर मेरी बाजू पकड़कर कहा था।

''पढ़े-लिखे घरों में यह दोस्ती-वोस्ती चलती है, भई। यहाँ बिरादरी-बस्ती कोई है, जो बोल-बतोल बनाएगी। बिरादरी की बस्ती होती तो इसी बात का चरचा खूब मच जाता।'' बुआ रुकी। ''पढ़ने का कुछ फायदा है तो कुछ नुकसान भी।'' बुआ चली गई।

''मैं तुम्हें किसी बात के लिए नहीं रोकूँगा।'' मैंने संगीता से कहा।

''ये सब जानते होंगे, पर आखिर में मेरे ही साथ खड़े होंगे, ये मेरे हैं...मेरे अपने। भलाई-बुराई करेंगे, पर साथ नहीं छोड़ेंगे। मैं बस्ती में रहा हूँ, संगीता। तुम इनके स्वभाव को नहीं समझ पाओगी। बिरादरी और बस्ती का अपना एक चरित्र होता है। बाकी जैसी तुम्हारी मरजी।''

संगीता गुमसुम-सी सेंडिल की एड़ी जमीन पर मारती रही।

''तुम वाकई बहुरूपिये हो...घाट-घाट का पानी पिये बहुरूपिये।'' वह शायद मुझे अपशब्द कहकर, दुख पहुँचाना चाहती थी। वह इससे खुद को सुख देना चाहती थी। बुआ के व्यवहार ने उसे और ज्यादा निराश कर दिया था।

''यह इनसान की नियति है, संगीता।'' मैंने गर्दन झुकाए धीमे-से स्वीकार कर लिया ताकि उसे वाकई खुशी मिल सके।

वह अम्मा के पास जा बैठी थी। मैं वहीं खड़ा उसे देखता रहा। अम्मा दीवान पर लेट गई थी, वह अम्मा के पैर दबाने लगी थी। शायद उसी ने अम्मा को लेटने

को कहा था। दूर होने की वजह, मैं सुन नहीं पाया था। वे दोनों कुछ बातें कर रहे थीं, आपस में।

मैं कुर्सी खींचकर वहीं बैठ गया था। उनकी बाईं तरफ फर्श पर, रिंकू दरी बिछाए जमीन पर सो रहा था।

कल रात पितरों के लिए रात जगाई थी। हम सब आदमी ताश खेलते रहे थे। फिर आखिर थककर दो-ढाई बजे सो गए थे। औरतें रात-भर जगी थीं, आयशा भी एक पल को नहीं सोई थी। औरतों ने रात-भर पितरों के लिए गीत गाए थे।

सुबह जब मैं दूध लेने निकल रहा था, तब आयशा गीत गुनगुनाती मेरे पास आई थी। "गैंने बहुत रारे गाने याद कर लिए, आप दूध ले आओ, फिर सुनाऊँगी।" कहकर वह सीढ़ियाँ चढ़ गई थी। शायद, संगीता के साथ वापस आते वक्त, वह मुझे यही सुनाने के लिए रोक रही हो।

मैं सोचते-सोचते कुर्सी पर ही सो गया। जब शोर से नींद खुली तो सामने का दृश्य बदल चुका था। रिंकू पटले पर बैठा, हल्दी से घिसा जा रहा था। अम्मा दीवान पर नहीं थी। छोटी बुआ, बड़ी बुआ, मीना और रिश्ते की दो बहनें हल्दी-अभियान में, तल्लीनता से जुटी हुई थीं।

क्या संगीता चली गई? मैं एकदम उठा।

"बुआ, मम्मी कहाँ है?" मैंने बुआ से पूछा।

"ऐ पुष्पा, भाभी कहाँ है?" बुआ ने बड़ी बुआ से पूछा।

"अभी तो यहीं थी।" उन्होंने कहा।

"भाई, मैंने अभी बाहर जाती देखी थी ताईजी। ताऊजी से कुछ पूछने गई हैं।" लता ने बताया जो मेरे गाँववाले चाचा की लड़की थी।

"तेरी भाभी गई?" मैंने उसी से पूछा, तो वह मेरी तरफ टुकुर-टुकुर देखने लगी। शायद वह भाभी के रूप में सिर्फ मीना को ही जान पाई थी। वह गाँव से पहली बार आई थी।

"पता नहीं, भाई साहब, कुछ बोलकर तो नहीं गई।" मीना ने आगे बढ़कर जवाब दिया।

"अम्मा...अम्मा!" मैंने जोर से आवाज लगाई।

"अम्मा तो सामनेवाले कमरे में है...क्यों चिल्ला रहा है?" बड़ी बुआ ने कहा।

मैं कमरे की तरफ बढ़ा। अम्मा अन्दर लेटी हुई थी पर संगीता वहाँ नहीं थी। "अम्मा!" मैंने धीमे से आवाज दी थी, पर शायद वह नींद में थी, उन्होंने कोई जवाब नहीं दिया। बाहर दीवार पर छत के जंगले से धूप पड़ रही थी। शायद अम्मा इसीलिए अन्दर आकर सो गई थी।

पर संगीता कहाँ है? कहीं आयशा के पास...मैं सीढ़ियों की तरफ लपका। ऊपर पहुँचा, आयशा के हँसने की आवाज सारी छत पर फैली हुई थी।

मैं लगभग दौड़कर कमरे तक पहुँचा। दरवाजा खुला था। सामने बैठी आयशा के चेहरे से पहले, मुझे संगीता की पीठ दिखाई दी थी।

"आइए...आइए।" आयशा उठ गई थी।

"मैंने सोचा...तुम...चली गई।" मैं संगीता से मुखातिब था। मेरी साँस फूल सी गई थी।

"यही चाहते थे तुम।" संगीता के चेहरे पर हताशा थी, उपेक्षा थी, व्यंग्य था।

"मैं तो चाहता हूँ कि तुम कभी न जाओ।" यह सुनकर संगीता के चेहरे पर उजास आई थी।

क्या आयशा के सामने, वह यही सुनना चाहती थी?

"अच्छा मास्टरजी, मैं आपको रातवाला एक गान सुनाऊँ।" आयशा बीच में चहक पड़ी, बच्चों की तरह मचलते हुए।

"गान नहीं गीत...।" मैंन उसे ठीक किया।

उसके मुँह से, गीत को गाना कहने की जगह गान सुनकर, मुझे कुछ अटपटा-सा लगा था। जिस तरह वह बीच में कूदी थी, वह भी उसके स्वभाव के विपरीत व्यवहार था।

क्या वह, संगीता और मेरे आपसी मनुहार को अनदेखा करना चाह रही थी?

"अच्छी बात है, गीत...लो सौ बार बोलती हूँ, गीत, गीत, गीत।" कहकर वह 'गीत-गीत' कहकर चिहुँकने लगी। यह चिहुँक भी असहज लगी थी मुझे।

"रिंकू को हल्दी लग रही है, तुम भी लगा देती एक बार।" मेरे अनुरोध में चापलूसी जैसा भी कुछ, मुझे खुद भी महसूस हुआ था। मैं क्यों कर रहा था ऐसा?

"दीदी शाम को लगा लेगी, अभी इसके बाद एक और चढ़ेगी। टोटल सात बार चढ़नी है, यह तो छठी बार है। आप सुनिए तो, मैंने कैसा रट्टा मारा है" संगीता के बोलने से पहले ही आयशा फिर पुलककर बोल पड़ी।

"अच्छा बताइए, हल्दी का सुनेंगे या रतजगे का और हाँ मतलब भी समझना है मुझे आपसे। मैंने तो बस रट लिया है।"

"रतजगे का सुनाओ।" संगीता ने मेरा अनुरोध अस्वीकार करते हुए आयशा से कहा।

बावजूद इस उपेक्षा के, मैं अपमानित महसूस नहीं कर रहा था। मैं भी बैठ गया, पलँग पर साथ सटकर।

आयशा बिना किसी प्रस्तावना और हिचक के शुरू हो गई थी :

"तू तो चल खाती के टाबरा।
तू तो चल खाती के टाबरा।
तू तो काट चन्दन को रूख। (टेक)
मेरो साँचो आउत झूले पालना
ये तो गढ़ो गढ़ायो पालना
ये तो टाँको सामै साल रहे,
आए दादा, झोटा दे गए। (टेक)
मेरो साँचो परीत झूले पालना
बाकी दादी ने ले लियो, हुलराय रे (टेक)
मेरो आउत झूले पालना।" (टेक)

"मेरी तो कुछ समझ नहीं आया, आयशा।" संगीता ने अनजान बनते हुए हाथ मटकाए। उसने मुँह भी बिचकाया था, जैसे वह कुछ समझ ही न पाई हो।

"मैं समझती हूँ...।" आयशा ने दोनों हाथ उठाकर तसल्ली रखने का इशारा किया।

"जिस लड़के की शादी होती है, उसके पितृ यानी डैड रिलेटिव्स...उनको खुश करने के लिए गाया जाता है यह गान, सॉरी सॉरी गीत...ताकि वे भी इस खुशी में, खुद को शामिल माने। पालने में सो रहा है तो कभी दादा, कभी दादी, कभी ताऊ, कभी ताई, उसके पालने को झुलाते हैं यह पालना, बढ़ई से, खासतौर पर चन्दन के पेड़ की लकड़ी से बनवाया है।"

"तुम्हें किसने समझाया?" मैंने पूछा क्योंकि इसका अर्थ मुझे भी नहीं पता था।

"मैं बंगालिन हूँ, जादू से सब समझती हूँ।" कहकर वह जोर से हँस पड़ी। "नहीं, नहीं, मुझे अम्माजी ने समझाया था।"

आयशा को, मैंने पहले कभी, इतना तेज हँसते नहीं देखा था। क्या यह हँसी कोई आवरण थी? वह तेज-तेज बोल रही थी और किसी को बोलने का मौका नहीं दे रही थी। "एक और सुनाऊँ दीदी?"

"हाँ सुनाओ।" संगीता के स्वर में भी कुछ उत्साह था।

क्या संगीत का जादू या मेरी उपेक्षा या ज्यादा-से-ज्यादा आयशा को अपने पक्ष में करना...कुछ था?

दूसरी तरफ, आयशा थी, जो इतनी उतावली हो रही थी कि उसने संगीता की हाँ सुनते ही शुरू कर दिया गाना। यकीनन उसका गला अच्छा था :

''कुआँ के ओरे-छोरे, पोसत बोई
और बो दी, रचनी मेहँदी
आज याहीं रहो, परीत बाबा
आज याहीं रहो, परीत बाबा
'या थारी नगरी।
या पोसत, प्यारे बाबा जी पीवै
या पोसत, प्यारे बाबा जी पीवै
मैहँदी रचावै, थारीं दादी रानी
आज याहीं रहो, परीत बाबा
या थारी नगरी।'' (टेक)

''इसका मतलब मुझे कुछ समझ आ रहा है।'' संगीता ने चुटकी बजाते हुए कहा। ''पोसत का मतलब पोस्त यानी अफीम।'' संगीता ने कहते हुए मेरी तरफ एक बार देखा, ''अगर मैं गलत नहीं हूँ तो।''

''ठीक कह रही हो।'' संगीता की बढ़ती उँगलियाँ, मैंने पकड़नी चाही। ''तुम्हारे यहाँ भी तो पंजाबी में कुछ ऐसा ही गाया जाता है न? सभी रिश्तेदारों का नाम ले-लेकर, उन्हें नचाया जाता है।'' मैंने सवाल छोड़ दिया, पर संगीता चुप रही।

''कैसे?'' आयशा उछल पड़ी। उसका ये अजीब खेल था।

''ज्यादा तो नहीं पता। हाँ...जैसे..., बारह बरसी, खटन गया सी, खट के लियान्दा घियो महफिल तां सजदी, जब नचे मुंडे दा पियो। कि महफिल तां सजदी, जब नचे मुंडे दा पियो।''

मैंने, बिना लय के गद्य में गीत बोल दिया था।

''दीदी, इसे गाकर सुनाओ न।'' आयशा बच्चों की तरह ताली बजा-बजाकर चिल्लाने लगी। 'मास्टरजी ने तो नष्ट कर दिया एकदम।''

''फिर कभी। अभी नीचे चलते हैं। शाम को मैं चली जाऊँगी, अभी हल्दी लगा दूँ।'' संगीता ने उठने का उपक्रम किया। ''आखिर दोस्ती में इतना तो किया ही जा सकता है।'' उठते हुए उसने मेरी तरफ देखा था। आयशा के सामने की गई उसकी तारीफ ने शायद मेरे लिए उसके दिल में जगह बनाई थी।

''जाओगी तो तब, जब मैं जाने दूँगी?'' कहते हुए आयशा भी उठ गई थी।

उन दोनों को उठता देख, मैं भी उठ गया था। मैं चाहता था कि हम ऐसे ही बात करते रहें, अनन्त काल तक। आयशा का आनन्द और संगीता का सुकून

मुझे बहुत अच्छा लग रहा था। मैं संगीता को देखते रहना चाहता था। फिर हम नीचे उतर आए थे।

हल्दी लगाते हुए बुआ वही गाना गा रही थी, जो उतरते वक्त आयशा सुना रही थी, उसे यह गाना बहुत अच्छा लगा था।

"सुनो दीदी, वे लोग वही गान गा रहे हैं।" आयशा पुलकित हो गई थी। उसने मेरी तरफ देखा था। फिर वह साथ-साथ गुनगुनाने लगी थी—सारी गीत :

"मेरे बन्ना के बाल अंग्रेजी,
कन्धे से सुलझाया करो।
कि बन्ना मेरी आँखों का तारा, सितारा
इसे न रुलाया करो।
बन्ने के दादा यूँ उठके बोले,
बन्ना मेरी आँखों का तारा, सितारा
इसे न रुलाया करो,
मेरे बन्ना के बाल अंग्रेजी
कन्धे से सुलझाया करो।
बन्ना की दादी यूँ उठके बोली।
बन्ना मेरी आँखों का तारा, सितारा
इसे न रुलाया करो।
बन्ना कि माई यूँ उठके बोली।"

आयशा फिर टोली में जाकर मिल गई थी। मीना ने उसके और संगीता के हाथ में भी हल्दी दे दी थी। वे भी हल्दी लगा रही थीं।

आयशा, लड़कियों-औरतों के साथ, खूब ऊँचे स्वर में, लगभग देहाती ढंग से गीत गा रही थी। संगीता सिर्फ मुस्करा रही थी और हल्दी लगाती जा रही थी।

मैं इस गीत के सामाजिक पहलू पर सोचने लगा था। क्या वाकई दूल्हे के बालों को अंग्रेजों जैसे लटदार होने के कारण ही कन्धे की जरूरत पड़ रही है? क्या गाँव के लोग तब कन्धे रखते थे? क्या ये अंग्रेजी बालों की नकल, अभिजात्य वर्ग की नकल नहीं है, जिसे 'संस्कृतिकरण' कहा जाता है?

"कच्ची कली मत तोड़े, हरियाले
ओ ओ शहरवाले
डालियाँ नब जाएँगी।"

बुआ ने तेज आवाज में नया गीत खींचा था। सब औरतों के चेहरे पर एक अलग हँसी थी। संगीता भी हँस रही थी। क्या संगीता इसका अर्थ समझ गई थी?

"मेरा बन्ना सेहरे से राजी
मैं लड़ियावाली
कच्ची कली मत तोड़े हरियाले
डालियाँ नब जाएँगी।
मेरा बन्ना हल्दी से राजी
मेरा बन्ना हल्दी से राजी
मैं मेहँदीवाली,
कच्ची कली मत तोड़े हरियाले
ओ ओ शहरवाले
डालियाँ नब जाएँगी।"

लता की आवाज सबसे पैनी और ठेठ देशज थी। आयशा की आवाज सबसे सुरीली थी। संगीता की तो आवाज ही नहीं सुनाई दे रही थी। पर अब वह उस सबमें शामिल हो चुकी थी।

क्या वाकई थोड़ी देर जतनपूर्वक किया गया व्यवहार, धीरे-धीरे सहज स्वभाव बन जाता है?

बुआ ने एक नया गीत खींच दिया था :

"कंकड़ कुइयाँ अधर पानी
रेऽऽ वरना नादानी,
'खैंऽचो खैंऽचों
'खैंऽचो खैंऽचो
बन्ना रेशम की डोरी
कि भाभी के नाडे से रीऽऽ
वरना नादानी।"

आयशा हँस रही थी। संगीता भी मुस्करा रही थी और मीना भी। लता खिलखिला रही थी। वह गाना नहीं गा रही थी। गाना सिर्फ बुआएँ गा रही थीं। बार-बार वे मीना और संगीता के कन्धे पर धौल जमा रही थी।

"ए...छोरियो, ये क्या गा रही हो, बन्द करो।" अम्मा ने जोर की आवाज दी।

"खैंचो खैंचो
बन्ना रेशम की डोरी
कि चाची के नाड़े से री
वरना नादानी।"

"चुपकर री पुष्पा।" अम्मा वहीं आकर खड़ी हो गई। अम्मा को देख, आखिर बुआ चुप हो गई थी।

"हाय नल के पीछे बाजार
बन्ना मेरो खेलने को निकला।"

अम्मा ने गाना शुरू किया तो सब जनी 'ओ-ओ' करने लगी। फिर सुर-में-सुर मिला दिया था :

"दादाजी ढूँढ़े अलीन-गलीन में
दादाजी ढूँढ़े अलीन-गलीन में
ये दादी दे रई आवाज
कि बन्ना मेरो खेलन को निकला।"

लता ने तेज आवाज में आगे बढ़ाते हुए गाया :

"ताऊजी ढूँढ़े अलीन-गलीन में
ताऊँ जी ढूँढ़े अलीन-गलीन में
ये ताईजी दे रई आवाज
कि बन्ना मेरो खेलन को निकला।"

छोटी बुआ कहाँ चुप रहनेवाली थी। उन्होंने आगे जोड़ा :

"हाय नल के पीछे बाजार
बन्ना मेरो खेलन को निकला,
चाचा ढूँढ़े अलीन-गलीन में,
कि चाची दे रई आवाज
कि बन्ना मेरो खेलना को निकला।"

आश्चर्यजनक रूप से, आयशा ने भी गीत को आगे बढ़ाया :

"हाय नल के पीछे बाजार
बन्ना मेरो खेलन को निकला,

भाईजी ढूँढ़े अलीन-गलीन में
कि भाभी दे रई आवाज
बन्ना मेरो खेलने को निकला।''

''ऐ चोट्टी, तू तो बड़ी जल्दी सीख गई। हमारी बिल्ली हमसे ही म्याऊँ।'' बुआ ने आयशा से कहा तो सब हँसने लगे।

आयशा मेरी तरफ इतराकर देख रही थी। संगीता ने उसे ऐसे देखते हुए देखा तो उसका चेहरा तन गया।

क्या औरतों को, अपनी छठी इन्द्रिय से सब पता चल जाता है या मुहब्बत की नज़र ही ऐसी होती है, जो खुद-ब-खुद सब कह देती है?

''बुआजी, मैं तो 'रेशम की डोरी, नादान वाले' गान में भी, आपका नाम जोड़कर सुना सकती हूँ।'' आयशा ने उत्साह से कहा।

''ए रहने दे, आयशा।'' अम्मा ने कहा। ''ये तो इन गँवारन के काम है, ये तो अभी गीत में गालियाँ बकने लगेंगी।''

''ओए ओहे, बड़ी आई पढ़ी-लिखी, मेमसाब सहरातन।'' बड़ी बुआ ने अम्मा को कोली में भरते हुए कहा। ''मेरी बूढ़ी अम्मा, मेमसाब, सहरातन।'' बुआ गीत के रूप में गाने लगी थी।

फिर हल्दी लगाते-लगाते, वे सभी वही गाने पलट-पलटकर गाने लगी थी। माँ को एक जगह टिककर बैठने का मौका ही नहीं मिल रहा था। वह कभी घर से बाहर जाती थी, कभी हल्दी लगानेवालियों के पास खड़ी हो जाती थी, फिर किसी काम से किसी कमरे में चली जाती थी, कभी कहीं भी पटला खींचकर बैठ जाती थी। वह इतनी व्यस्तता के बावजूद बहुत खुश थीं। लगभग साढ़े बारह बजे हल्दी लगाना रुका। रिंकू को मेहँदी तो सुबह ही लगा दी गई थी।

''तेरे भातई कब आएँगे?'' पिताजी ने अन्दर आते हुए माँ से कहा। उनकी आवाज में गुस्सा था, ''सुबह दस बजे का टाइम दिया था, तीन बज रहे हैं।''

''हाँ तीन बज रहे हैं, बारह बजे हैं अभी तो।'' माँ ने जवाब दिया।

''तो तू तीन जरूर बजवइयो, लड़कीवाले के घर बारात रात के बारह बजे ले जाऊँगा।'' पिताजी ने पलटकर वार किया, वे कहाँ चुप रहनेवाले थे।

''आ रहे होंगे। क्या सुबह-सुबह यहाँ आकर बैठ जाएँ। कोई ठाली बैठे हैं क्या वो।'' पटले पर बैठी-बैठी माँ बोली, ''चार काम करने पड़ते हैं।''

''देर हो जाएगी, तो तू ही जानियो फिर।''

''तुम्हारे तो सारे रिश्तेदार इकट्ठे हो गए होंगे न?'' माँ ने तारा मारा, ''चीकू ए चीकू, जरा तेरे मामा के घर फोन करियो, कब तक आ रहे हैं?''

सामने से चीकू को आता देख माँ ने कहा।

"घर से तो निकल गए हैं।" चीकू ने कहा, "अभी थोड़ी देर पहले फोन किया था मैंने।"

"लो सुन लो जी।" माँ खिसियाई-सी बोली।

"सुन लिया, सुन लिया।" कहते हुए पिताजी शामियाने की तरफ निकल गए थे। "पैंतीस साल से भुगत ही रहा हूँ, सुन-सुनकर।"

"क्या कोई झगड़े की बात है?" आयशा ने पूछा, जो अब तक मेरे पास ही कुर्सी लेकर बैठ गई थी।

"अरे कुछ नहीं, उत्सव-समारोह में ये आपस में ऐसे ही तेज-तेज बात करते हैं। कोई झगड़ा नहीं है।" मैंने उसे स्पष्ट किया।

सामने से टेंट हाउसवाले लड़के पकौड़े, कचौड़ी का टोकरे उठाकर लाए थे। एक के हाथ में चाय का बड़ा पतीला था। मैंने एक प्लेट में कुछ पकौड़े और कचौड़ियाँ रखीं और एक जग में चाय डालकर, आयशा के कमरे में ऊपर चला गया। मुझे ऊपर जाते देख, आयशा भी पीछे-पीछे आ गई। मैंने सीढ़ियाँ चढ़ने के बाद, मुड़कर संगीता की तरफ देखा था। जो अम्मा के पास बैठी-बैठी हम दोनों को ही देख रही थी। इस बार वह उठी नहीं, वहीं बैठी-बैठी देखती रही।

जब दो-ढाई बजे, मैं नीचे उतरा, तो तीनों मामियाँ अम्मा के पास बैठी थीं। आयशा अपने कमरे में आ गई थी। साथवाले कमरे में, मैं भी सो गया था। मैंने तीनों मामियों से नमस्ते की।

"संगीता गई क्या?" मैंने अम्मा की तरफ देखा।

"तेरी बहू...हाँ अभी-अभी गई, जब हम आए, तभी निकली थी।" छोटी मामी ने अम्मा के बोलने से पहले ही कहा।

तीनों मामियाँ खूब गहने लादे हुए थीं, पर छोटी मामी तो गहनों की चलती-फिरती दुकान जैसी थी।

"ए दीदी, बहू क्या पंजाबी है।" मँझली मामी ने बड़ी मामी से पूछा।

"ए नहीं, दीदी, चमार बतावै, बाईजी तो।" छोटी मामी ने फिर टाँग अड़ाई।

छोटे मामा के फल का कारोबार खूब चलने के साथ-साथ मामी की जबान भी ज्यादा चलने लगी थी। छोटी मामी जयपुर की थी। सभी के मुँह से मैं बचपन से सुनता था कि जयपुर की औरतें तेज होती हैं, बोल-बतोल में।

''ऐ नहीं!'' मँझली मामी ने शायद जान-बूझकर बात बढ़ाने के लिए कहा था।

मैं आगे बढ़ गया था। वहाँ मक्खियों की भिनभिनाहट हो रही थी, शायद मेहमानों को पिलाए जानेवाला शरबत वहाँ गिर गया था। अम्मा चुपचाप बैठी थी।

''है तो सुन्दर। गोरी-चिट्टी। डॉक्टरनी है।'' बड़ी मामी ने कहा।

''लो बाईजी, आ गई, इनसे पूछ लो।'' छोटी मामी फिर कूँदी।

''क्या बात है भाभी।'' माँ ने आते ही पूछा।

''अरी बाईजी, ये तुम्हारी बड़ी बहू को चमार बता रही है।'' मँझली मामी ने कहा।

''है तो क्या हुआ। जात-पाँत तो बामनों की बनाई हुई हैं। भगवान के घर से तो सब बराबर बनके आते हैं।'' बड़ी बुआ ने आते ही दहला मारा।

''तो हम क्या कुछ बुरा कह रहे हैं।'' छोटी मामी चुप नहीं रहनेवाली थी। अफरात आए पैसे ने उन्हें और मुँहफट बना दिया था। ''बाईजी ने भी भानुमती का कुनबा-सा जोड़ लिया है। एक बहू चमार, एक कोली और एक सूअर खटीकनी।'' वह अपना वार करके मानी।

''तो बिरादरी में, जयपुर से दसवीं फेल लाते क्या?'' बड़ी बुआ ने फिर दहला मारा था।

छोटी मामी जयपुर की थी और दसवीं फेल थी। मामी कटकर रह गई थी। बड़ी मामी और मँझली मामी के ठहाका लगाकर हँस पड़ने से, वह और झेंप गई थी।

''अनपढ़ तो नहीं है न।'' झेंप के बावजूद, ये शब्द गिरे थे।

छोटी मामी, सन्न रह गई थी, मँझली और बड़ी मामी के ऐन मौके पर विश्वासघात से। क्या पता बड़ी मामी और मँझली मामी भी, छोटी मामी के घमंड से आहत रहती हों, जिसका बदला उन्होंने सही वक्त पर ले लिया था? क्या खूब है यह सत्ता-संघर्ष। माँ की आँखों में बुआ के लिए कृतज्ञता थी। वह सही मौके पर माँ की ढाल बनी थी। बुआ इन लटकों-झटकों में खूब पारंगत थी। शहर की जिस बस्ती में वह रहती थी, वहाँ बिरादरी के घर ही थे बस। वहाँ तो बच्चा-बच्चा ऐसे मौकों पर जवाब देना जानता है। बिरादरी चुपचाप ही उन्हें प्रशिक्षित कर देती है।

''आप लोग शामियाने में बैठो। भात शुरू करवाएँ।'' अम्मा ने कहा। ''पन्ना को भेज अन्दर, पुष्पा...और इनको ले जा, वहीं बिठा, शामियाने में।'' अम्मा ने बुआ से पिताजी को बुला लाने को कहा था। वह जानती थी कि वे यहाँ बैठेंगी तो यही सब चलेगा।

पिताजी आए थे। उन्होंने अम्मा को बताया था कि भात शुरू करवा दिया है। अम्मा भी बाहर चली गई थी। मैंने, लता को भेजकर, आयशा को बुलवा लिया था। हम सब शामियाने में जा खड़े हुए थे। शामियाने में दो गुटों में मेहमान बँटे हुए थे। एक तरफ माँ के पीहर के लोग बैठे थे। मामियाँ भी उसी तरफ बैठी थीं और उनके बच्चे भी। इस तरफ, हमारे कुनबे-परिवार के लोग थे।

माँ दोनों पक्षों के बीच में घूँघट खींचे खड़ी थीं। छोटे मामा उन्हें नई-नई साड़ियाँ ओढ़ा रहे थे। एक-से-एक बढ़िया और महँगी साड़ियाँ। बुआ उन्हें उतारकर एक तरफ रखती जाती थी। बिरादरी का एक इज्जतदार बुजुर्ग, जोर की आवाज लगाकर बता रहा था कि यह साड़ी किसने चढ़ाई है। "ये रामगढ़ के हरि खींची की तरफ से, ये लक्ष्मनगढ़ के बाबूलाल साँवरिया की तरफ से, ये लड़की के चाचाओं की तरफ से है जी...सदर बाजार से ईश्वर महामना।" ये बुजुर्ग आवाज लगा रहे थे।

मैंने अपने बचपन से इन्हें शादी-ब्याह, भात-छोछक में ऐसे ही आवाज लगाते हुए सुना था। तभी औरतों में से किसी ने भात का गीत छेड़ दिया :

"लक्ष्मनगढ़ के रहनेवाले
भात मेरो अच्छो लइयो...
ससुर मेरे को
साफा लईयो, हरो रंगइयो रे...
ओ लक्ष्मनगढ़ के रहनेवाले
भात मेरो अच्छो लइयो,
सास मेरी को
चुनड़ी लइयो, रतन जड़इयो रे...
ओ लक्ष्मणगढ़ के रहनेवाले
जीजा तेरे को, सूट-बूट से
साब बनाइयो रे...
और बहन तेरी को साड़ी लइयो
मेम बनइयो रे...
ओ लक्ष्मणगढ़ के रहनेवाले
भात मेरो अच्छो लइयो रेऽऽऽ।"

आयशा मेरे पास ही खड़ी थी।

"माँ के पूर्वज लक्ष्मणगढ़ के थे?" उसने पूछा।

"हाँ, तुमने अन्दाजा लगा लिया।" मैंने हामी भरी तो आयशा को अपनी चतुरता पर खुशी हुई।

तभी एक ओर से, दूसरा गीत उठा :

"चल सासु हमारी लिछमन गढ़
नौत आएँ भात
भात के मुड़े (बहाने)
बाबुल के देख आए रुख...
मैं इकली जनमी
जनमत हो गई है मैया मेरी बाँझ।"

'मैया मेरी बाँझ' कहते हुए गीत के बोल और सुर बहुत पैने गए थे :

"मेरे ना है भतीजे
ना माँ को जायो बीर
मेरो बाबुल जोगी
ना भर पावे, मेरो भात...
चल सासु हमारी लिछमनगढ़
नौत आवैं भात
भात के मुड़े
बाबुल के देख आवैं रुख।"

शब्दों में जैसी वेदना थी, वैसी ही गानेवालियों की आवाज भी पीर में डूबी हुई थी। मैंने पास-से धीमी हिचकी की आवाज सुनी, तो मुड़ा, देखा, आयशा की आँखों से आँसू की धार बह रही थी।

मेरी आँखों में सवाल था, "मैं भी ऐसी ही अभागी जन्मी हूँ मास्टरजी...कौन है मेरा, इस पूरी दुनिया में।" मैं चुप रह गया था।

रिश्तेदारों के बीच खड़ी माँ, उकड़ूँ बैठ गई थी, वह भी रो रही थी। बुआ उन्हें उठा रही थीं, पर शायद उनसे उठा ही नहीं जा रहा था। तब बड़े मामा और मँझले मामा उठकर आए थे।

बड़े मामा, माँ के पास आकर वैसे ही उकड़ूँ बैठ गए थे। वह प्यार से माँ के सिर पर हाथ फेरने लगे थे। माँ के सब्र का बाँध टूट गया था। वह दहाड़े मार-मारकर रोने लगी थी। बड़े मामा की आँखें भी भीज गई थीं। औरतों का गाना रुक गया था।

"अरी बावली, तू काईं कू रोवे हैं?" बड़े मामा की भर्राई आवाज निकली थी। "अभी तो हम खड़े हैं।" तीनों भाइयों ने माँ को उठाकर गले से लगा लिया था।

"ए भाई, मेरा ऽऽबाबा!" माँ के कंठ से नाना के लिए कातर गुहार निकली थी।

सुनकर तीनों मामा भी रो पड़े थे। सारा माहौल बदल गया था। आयशा इधर रो रही थी। माँ और मामा उधर रो रहे थे। सारे शामियाने में शोर थम गया था। सिर्फ उनके रोने, आयशा की हिचकियाँ और पैडस्टल फैन की आवाजें उस शामियाने में थी।

तभी माँ के पीहर की तरफ से एक स्त्री-स्वर गीत के रूप में उठा था। मैं पहचान गया था, यह छोटी मामी की आवाज थी :

"नैना मार-मार
नणदी ने,
मोह लियो भातैया,
मोह लियो भातैया
नणदी ने
मोह लियो भातैया।
हँसुली तो मेरी बेच आयो
टीका बेचण जाए
अपनी बहण के भात भरै
और मोय नंगी कर जाए,
नैना मार-मार
नणदी ने
मोह लियो भातैया।"

छोटी मामी की अकेली उठी आवाज में, दो एक पल बाद, मँझली और बड़ी मामी के साथ-साथ, कुछ और औरतों की आवाजें भी मिल गई थीं। मामा हँसने लगे थे। माँ भी शायद घूँघट में मुस्कराने लगी थी। सभी औरतों और आदमियों की आवाज और हँसी लौट आई थी। पर आयशा वैसी ही बुत बनी रही। मामियाँ गाए जा रही थीं :

"नैना मार-मार
नणदी ने
मोह लियो भातैया,

कँगन तो मेरो बेच आयो
करधनी बेचण जाए,
अपनी बहण के भात भरै
और मोय नंगी कर जाए,
नैना मार-मार
नणदी ने
मोह लियो भातैया।''

क्या यही है परिवार, परिवार का लगाव और उसकी ताकत? क्या यही है जिसके लिए आयशा की आँखों में आँसू हैं? क्या यही है वह, जो इस दुनिया के सबसे बड़े दुख...अकेलेपन से, हमें बचाता है? मामियाँ गीत गाती जा रही थीं। एक गीत ने सन्ताप के उमड़ आए काले बादलों को भगा दिया था।

भात फिर शुरू हो गया था। माँ के बाद, पापा को कपड़े-लत्ते दिए गए। मुझे चीकू और हमारी पत्नियों को भी कपड़े दिए गए। रिंकू के लिए एक गर्म सूट और एक शेरवानी लाए थे। शेरवानी बारात के लिए और गर्म सूट सर्दियों में पहनने के लिए। उसके लिए सोने की मोटी चेन और अँगूठी भी लाए थे मामा।

भात देने के तुरन्त बाद खाना शुरू हो गया था।

शाम को सब बारात की तैयारी में लगे थे। घोड़ी और बाजे दरवाजे पर खड़े थे। बाजे वाले बाजा बजा रहे थे। अब सभी जल्दी में थे। छह बज गए थे पर संगीता का कोई अता-पता नहीं था। रिंकू के हल्दी लग चुकी थी। उसे नहलाकर कपड़े पहनाए जा रहे थे। इस काम में जीजा सहायक बने हुए थे। आज ही के मौके पर जीजा, साले को झुककर जूते पहनाता है, सूट या शेरवानी पहनाता है, घोड़ी पर चढ़ने में मदद करता है। साले, गालियाँ देते जाते हैं और जीजा से काम करवाते जाते हैं। जीजा भी पलटकर गालियाँ देता है और साला हँसता है। दोनों एक-दूसरे की गालियों का बुरा नहीं मानते। यह मौका ही ऐसा होता है और रिश्ता भी।

रिंकू गालियाँ नहीं दे रहा था, न ही बुआ के दामाद यानी हमारे जीजा। ये पढ़े-लिखे लोग थे।

''भैया, भाभी कब आएगी।'' रिंकू ने मुझसे पूछा था।

''मुझे पता नहीं, तू पूछ ले।'' रिंकू को मोबाइल देते हुए कहा था।

''हाँ भाभी, कब तक पहुँचोगे? कहीं देवरानी के घर तो नहीं पहुँच गई।'' रिंकू हँस रहा था। 'अच्छा...अच्छा ठीक है।''

"क्या कह रही थी?" मैंने फोन लेते हुए पूछा।

"बाहर है...अभी गली में घुसी है...आ रही हैं।"

रिंकू शेरवानी पहनकर तैयार था। उसने कटार लटका ली थी। माथे पर लता ने तिलक लगा दिया था। मीना काजल ढूँढ़ रही थी। काजल माँ ने कहीं रख दिया था और भूल गई थी। पड़ोस की दुकान से, काजल की डिबिया खरीद लाने के लिए, एक के बाद एक, तीन लड़के बुआ और माँ भगा चुकी थी, पर काजल नहीं आया था।

दरवाजे पर ढोल बजने लगा था। अफरा-तफरी बढ़ गई थी। जीजा गुलाबी रंग का पटका, रिंकू के कंधों और कमर पर लपेट चुके थे। वह हाथ में सेहरा लिए खड़े थे।

तभी सीढ़ियों से आयशा उतरी थी। सभी की नजर उस पर ठहर गई थी। वह 'सी ब्लू' रंग में थी। वह मेरे लिए अब तक की सबसे नई आयशा थी। जेवर का पीला रंग, उसके गोरे रंग में, और उजास भर रहा था।

"मैं कैसी लग रही हूँ, मास्टरजी।" उसने पास आकर धीमे-से पूछा था, ताकि कोई न सुन सके। "आपके फेवरेट रंग को चुना है मैंने।" वह मेरी पसन्द जानती थी।

"एकदम ऐश्वर्या राय जैसी।" रिंकू मेरे बोलने से पहले ही बोल पड़ा, उसने उसके सवाल को धीमी आवाज के बावजूद सुन लिया था। "आयशाजी एकदम अप्सरा जैसी लग रही हो।"

मैं कुछ भी न बोल सका था। मेरी कमजोरी...वक्त पर, न बोल पाने की।

सभी मेहमानों की नजरें घूम-घूमकर उसी पर आ टिकती थीं। मेहमानों की पूरी फौज में ऐसी सुन्दर स्त्री और न थी। सभी उसकी खूबसूरती की बातें कर रहे थे। बाहर से भी पुरुष मेहमान, उसे बार-बार, किसी बहाने से देखने के लिए अन्दर आ रहे थे। एक सात साल का लड़का अपनी माँ से जिद कर रहा था कि मैं आयशा दीदी से शादी करूँगा। यह उसका जादू था।

क्या जो उम्रदराज पुरुष मेहमान भी, किसी बहाने से उसे देखने को खाँसते हुए किसी बहाने से बार-बार भीतर आ रहे थे, वे बुरी नजरवाले थे...या फिर यह सौन्दर्य की प्राकृतिक भूख थी उनकी?

इसी बीच संगीता ने घर में कदम रखा था। उसकी पैर की पाजेब की खुशबू और इत्र की खनक ने जैसे आयशा के तिलिस्म को छनाक से तोड़ दिया था। क्या यह संगीता है? मैं सच में, एक बार उसे पहचान नहीं सका था। चमकती पीकॉक ब्लू साड़ी में, आज संगीता अपने बेहतरीन रूप में थी।

आकर्षण के केन्द्र का विकेन्द्रीकरण हो गया था।

"अरे मेरी लाडो, तुझे नजर लग जाएगी।" बुआ ने बढ़कर उसकी बलैयाँ ली थीं। संगीता पर हाथों की उँगलियाँ उसारकर, अपने सिर से उँगलियाँ चटकाई थीं।

"ओह दीदी, आपने कितनी देर कर दी।" आयशा ने आगे बढ़कर संगीता का हाथ थामा था। दोनों की ही आँखों में एक-दूसरे के लिए ईर्ष्यामिश्रित प्रशंसा जैसा कुछ था।

"मैं जो इतनी देर से सूनी आँख लिए बैठा हूँ कि कब भाभी आएँगी, कब काजल लगाएँगी?" रिंकू ने संगीता का मान करते हुए कहा।

"बड़े झूठे हैं ये, काजल की डिब्बी यहाँ है नहीं और भाभी पर एहसान रख रहे हैं।" मीना बढ़कर संगीता के पास जा खड़ी हुई थी।

"झूठे तो यहाँ एक से बढ़कर एक हैं।" संगीता चूकी नहीं थी। यह ताना था। उसने मेरी तरफ देखा था। कोई और मेहमान भले न समझा हो, अम्मा, रिंकू, मीना और मैं इसका ताना समझ गए थे।

"बहुत सुन्दर लग रही हो।" संगीता मेरे पास-से गुजरी तो मैंने धीमे-से कहा।

"अकेले में आयशा से भी यही कहा होगा।" संगीता के गुस्से की आँच लगी थी मुझे।

"उसी से पूछ लो।" पलटकर जवाब दिया था मैंने।

फिर मीना और संगीता ने रिंकू की एक-एक आँख में काजल लगाया था।

मारुति वैन और बस पर 'राहुल संग सुमन' के कम्प्यूटर टाइप्ड पोस्टर चिपका दिए थे। लड़के, औरतें, आदमी सब ढोल पर नाचने लगे थे।

बारात निकासी के लिए तैयार थी तभी जयंत, सुशील, असलम और फीरोज आए थे। कई पुलिसवाले और भी थे। कांस्टेबिल वर्दी में थे। बाकी सभी सादी वर्दी में थे।

"लड़कीवाले के घर ही पहुँच जाते, नवाबों।" मैं देखते ही खुशी से चिल्लाया था।

हम सबने एक-दूसरे को गले लगाया था। जयंत और फीरोज से गले मिलते वक्त, मैंने उन्हें अतिरिक्त कसा था, उन्होंने भी। क्या यह हमारा भेद-भाव था, दोस्तों में? पर यह स्वाभाविक था, अनायास था। संगीता और आयशा मेरे पीछे आ खड़ी हुई थी।

"भाभी कहाँ है?" जयंत ने पूछा था। वह मेरे विवाह के वक्त यहाँ नहीं था, इसीलिए वह संगीता को पहचानता भी नहीं था।

"संगीता, ये जयंत है।" मैंने मुड़कर संगीता से परिचय कराया था। "ये संगीता है।"

"भाभीजी, जय भीम।" जयंत ने आदत के अनुसार अभिवादन किया था।

"जय भीम।" संगीता ने जवाब दिया।

"और आप, इनकी बहन हैं।" जयंत आयशा से मुखातिब हुआ था।

जयंत को कभी पराई औरतों से बात करने में झिझक नहीं होती थी। वह आदमियों से बात करने में जैसा सहज रहता था, वैसा ही औरतों से बात करने में भी रहता था। औरतों को लेकर उसके मन में कोई आकर्षण-विकर्षण नहीं रहता था। स्त्रियों उसको लेकर प्रभावित हैं या नहीं, इसके लिए भी वह कभी सचेत नहीं रहता था। यह सहजता की खुशबू, शुरू से उसके व्यवहार में थी। पुरुषोचित ग्रन्थियों से मुक्त था वह।

"नहीं...।" आयशा कहते हुए संगीता की तरफ हो गई थी।

"आप यहाँ...।" सुशील आयशा की तरफ बढ़ा था। उसके बरताव में पुलिसिया रौब था।

"यह मेरी दोस्त है...आयशा। ...तुम जानते हो सुशील इन्हें।" मैंने कहा, पर आयशा आगे नहीं बढ़ी। वह संगीता की ओट में हो गई थी कुछ।

"यह जयंत, असलम, फीरोज और ये सुशील, पुलिसिया आदत है इसकी।" मैंने एक-एक करके सबसे मिलवाया था।

"मैं अभी आती हूँ दीदी।" कहकर आयशा घर की तरफ बढ़ गई थी। सुशील भी पीछे-पीछे बढ़ने को हुआ था पर मैंने उसका हाथ पकड़ लिया था।

"ये रंडी है साली। मैं जानता हूँ इसे। हमारे अफसर की रखैल है।" सुशील के साथ, हम भीड़ से कुछ हटकर शामियाने में आ खड़े हुए थे। मेरे यह पूछने पर कि क्या तुम उसे जानते हो, सुशील ने जवाब दिया था।

"यहाँ वो मेरी मेहमान है। मैं उसके लिए जिम्मेदार हूँ। तुम उसे नहीं पहचानोगे।" मेरा स्वर कुछ सख्त और आदेशात्मक था।

"क्या मुसलमान है?" असलम ने पूछा था।

"अरे नहीं, हिन्दू है साली। बंगालन है। बड़ी ऊँची चीज है, हर किसी को हाथ नहीं रखने देती। हाइ प्रोफाइल है।" सुशील हँसा था। "तेरे जैसे आदमी से कैसे फँस गई। जादूगरनी है साली, पर तेरे जादू से बड़ा जादू किसके पास है...।"

"अन्धे के हाथ बटेर।" असलम ने जोड़ा था।

"यही मजे ले रहा है भाई। औरत और रखैल दोनों साथ-साथ। भाग है साले का?" सुशील ने चुटकी ली।

"सुशील, तुम मेरा दुख नहीं समझ पाओगे।" मैंने उदास नजरों से उसकी तरफ देखा था।

"भाई तेरा दुख मुझे दे दे, मैं सँभाल लूँगा, बड़ा खूबसूरत दुख है।" असलम, सुशील के पाले में खड़ा था। वे इस वक्त कुछ भी गम्भीर सुनने-समझने को तैयार न थे।

"कुछ बीयर-शीयर का इन्तजाम है या नहीं?" फीरोज ने बात बदलने की कोशिश की थी। वह जानता था कि ये दोनों थोड़ी देर में अश्लीलताओं पर आने से परहेज नहीं करेंगे।

"मास्टरजी, मैं आ जाऊँ।" आयशा उधर ही आ गई थी, जिधर हम खड़े थे।

"हाँ-हाँ आ जाओ।" मैंने मरे मन से कहा था। मैं चाहता नहीं था कि वह आए।

"हाय एवरीबडी।" उसने आकर इस बार बेखौफ सबसे हाथ मिलाया था। "क्या नाम बताया था इनका?" कुछ देर पहले, दुबकनेवाली आयशा नहीं थी ये।

"सुशील।" सुशील ने खुद नाम बताया था, आगे बढ़कर। उसके चेहरे पर लालसा थी।

"एडीशनल पुलिस कमिश्नर बी.एन. कौशिक को जानते हैं आप।" वह बेखौफ बोली थी।

"हाँ हाँ, बिलकुल हमारे सीनियर हैं।" उसकी आवाज में अपनापे की उत्तेजना आई।

"उनकी रखैल हूँ मैं।...बूढ़ा आदमी, जवान लड़की के लिए कुछ भी कर सकता है।...समझते हैं न आप सुशील जी।" वह रुक गई थी, शायद अपनी बात का असर देखने के लिए।

"मतलब।" सुशील को शायद उसकी इस बात से धक्का लगा था।

"मतलब ये कि आप हमारे मास्टरजी के दोस्त हैं, हमारे मेहमान हैं। इस फंक्शन में आप मुझे दोबारा नहीं पहचानेंगे, तो मुझे सुविधा रहेगी।" वह लौट गई थी, उसने सुशील के जवाब का इन्तजार भी नहीं किया था। वह इतनी नम्रता से बोली थी कि हमें इसे समझने में वक्त लगा था कि यह धमकी थी।

"यह दिल की बहुत अच्छी है। विपदाओं की मारी है, जयंत।" मैंने कहा।

"सारी रंडियों के पास कहानियाँ होती हैं, सुनाने को।" असलम बोला था।

"खूबसूरत बहुत है, बहुत मासूम।" फीरोज बहुत देर बाद बोला था। "तुम्हें इससे बचना चाहिए। आग जब तक वश में है तब तक दोस्त होती है, बेकाबू होने पर राख भी कर सकती है।" मैं फिरोज का आशय समझ गया था। वह मेरा सच्चा हितैषी था।

"मुझे आग से खेलने का शौक है।" यह असलम था। *"ये इश्क नहीं आसाँ, इतना ही समझ लीजै, इक आग का दरिया है, और डूब के जाना है।"*...ये आग हमें दे दे ठाकुर...।" वह फिल्मी अन्दाज में मुझसे बोला था।

"आज बिना पिये ही शेर शुरू।" फीरोज हँसा था।

"ये साला, पिलाएगा नहीं तो शेर क्या इन्तजार करते रहेंगे।" असलम ने बनावटी गुस्सा प्रकट किया था।

"असलम तुम मेरे साथ आओ।" कहकर मैं घर की तरफ बढ़ा था। ऊपरवाले कमरे से दो बोतल व्हिस्की और चार बोतल बीयर की हम उठा लाए थे। एक बोतल मैंने असलम से सुशील के साथ आए चार सादी वर्दीवालों को दिला दी थी। हमारे लिए एक बोतल काफी थी। पीनेवाले असलम, सुशील और मैं ही थे। जयंत ने बीयर भी छोड़ दी थी। फ़ीरोज एक से ज्यादा बीयर पी नहीं पाता था आज भी। बीयर हमने गाड़ी में ही डाल दी, ताकि वर्दीवाले सिपाही, अगर पीना चाहें तो हमारी गैर-हाजिरी में चुपचाप पी सकें।

"जल्दी-जल्दी खींच लो। बारात पहुँच गई होगी।" जयंत ने कहा था। हम दो-दो पैग लगा चुके थे।

बारात जा चुकी थी। बाराती बस से गए थे। कई लोग अपनी-अपनी कार से गए थे।

"अरे शहर में इतना ट्रैफिक है कि घंटा-भर लगेगा, वहाँ पहुँचने में।" फीरोज ने कुछ लड़खड़ाती आवाज में कहा था।

"दो-तीन बोतल और डाल लेते हैं गाड़ी में। क्या पता कोई और आ जाए?" मैं नशे की झोंक में आ चुका था। जल्दी-जल्दी पीने से यह तो होना ही था।

"बिलकुल, किफायती का मतलब मक्खीचूस होना नहीं होना चाहिए।" फीरोज ने कहा था। वह आधी बीयर में ही पठान हो चुका था अब तक।

"गरीबी दिखाना, गरीब होने से ज्यादा शर्मनाक होती है।" असलम ने जोड़ा। *"कर्ज की पीते थे मय और समझते थे, रंग लाएगी अपनी फाकामस्ती एक दिन।"*

"मैं और लाता हूँ। जयंत तू आ मेरे साथ।" मैंने जयंत के कन्धे पर धौल मारी।

"साले बेवड़ों के बीच में सूफी को नहीं फँसना चाहिए। बिना मतलब की बेगार करनी पड़ती है।" जयंत ने चलते हुए कहा था।

"साले बाप-दादों का काम ही तो कर रहा है।" सुशील ने छेड़ा था।

"साले गटर तो साफ नहीं किया था।" जयंत ने चलते-चलते, मुड़कर जवाब दिया था।

''ये कसाई साले, सबसे ज्यादा पत्थर दिल हैं।'' फीरोज भी पीछे से चिल्लाया था।

''निगार का क्या हुआ?'' जयंत ने मुझसे पूछा था। बाकी लोग पीछे छूट गए थे।

''होना क्या था...निकाह कराके हैदराबाद रुखसत हो गई। ये साला अभी तक उसी के इन्तजार में मजनूँ बना बैठा है।'' मुझे नशा चढ़ने लगा था।

''वजह क्या रही?''

''वही कास्ट...ये फीरोज साला डरपोक भी है उसने तो कहा भी था, काजी से चुपके-चोरी निकाह पढ़ाने को, पर ये ही राजी नहीं हुआ। कहता था, बिना मतलब खून-खच्चर हो जाएगा। साले प्यार भी करते हो, फटती भी है।''

''तुझे भी करंट लग चुका है।'' उसने शायद मेरी भाषा को लक्ष्य करके कहा था।

''हाँ, यार बहुत दिनों बाद पी है, इतनी।'' मैं सँभल गया था।

''कम पीना। असलम और सुशील से बराबरी मत करना। अभी जब फीरोज पेशाब करने गया था, तो असलम ने उसकी बीयर में से थोड़ी पीकर, शराब मिला दी थी।''

''तू अपना ध्यान रख, तेरे घर का काम है।'' जयंत ने मेरा कन्धा थपथपाया।

''अच्छा वो इतना तभी हिल रहा था...चल मजा आएगा...तू आज हम सबका ध्यान रखना बे पुलिसिये, तेरा घर नहीं है क्या ये, तेरा भाई नहीं है रिंकू।''

''कराओ सालो, बेगार करवाओ, इससे तो अच्छा होता कि मैं भी थोड़ी-सी पी लेता।'' जयंत हँसने लगा था।

''तो पी ले तू भी...तुझे किसने रोका है, तेरे भाई की शादी है।'' मेरी जवान अब कुछ लड़खड़ाने लगी थी।

''एक बार शुरू करने के बाद, ऐसे ही रोज पीने के मौके बन जाते हैं या बना लिए जाते हैं...शुरू करके छोड़ना मुश्किल है, शुरू न करना आसान है।''

''है तो बहुत खूबसूरत।'' फीरोज कह रहा था, बोतल लेकर हम लौटे, तो उनके बीच आयशा की ही बात चल रही थी।

''इसमें कोई शक नहीं, ऐसी खूबसूरत वेश्या मैंने पहले कभी नहीं देखी।'' जयंत ने फीरोज से सहमति जताई। 'निगार तो फेल है इसके सामने।'' जयंत ने उकसाया।

''अरे वो...वो धोखेबाज क्या बेचती है, इसके आगे...ये तो कोहिनूर है...वो तो काँच थी काँच, काँच क्या पत्थर थी साली।'' फीरोज जयंत के उकसावे में आ

गया था। उसकी बहक कुछ और बढ़ गई थी। 'पत्थर क्या...क्या होता है वो...चल छोड़ याऽऽर।''

''तुमने इसे नंगा नहीं देखा, वरना गश खा जाते।'' मैं खुद को रोकना चाहता था, पर नहीं रोक सका। शराब मुझे इसलिए भी पसन्द नहीं थी। नशे ने मेरी मर्दाना शेखी के इलाके को उकसा दिया था, जबकि औरतें ऐसी बातें हमेशा छिपाती हैं आपस में भी।

''मजा ले रखा है बेटे इसका मतलब।'' असलम चिल्लाया। ''इतनी देर से संत बन रहे थे।''

''भाई यकीन करो...सिर्फ देखा था, किया...।'' कहते हुए मेरी आवाज में शर्म घुल गई थी। सफाई व्यर्थ थी पर फिर भी...।

''हम तो दूध पीते हैं न बे।'' फीरोज ने पीठ पर धौल जमाई थी।

''यारो मानो चाहे, मत मानो, सच इतना ही है।'' मैं खुद को सँभालने लगा था।

''तेरे बराबर चूतिया कोई नहीं, अगर ये सच है तो।'' असलम ने लानत भेजने के अन्दाज में हाथ फेंका, 'न वो मेरे दिल से बाखबर थे, न उनको अहसासे आरजू था, मगर निजामे वफा था कायम कुशुदे राजे निहाँ से पहले।''

''काम की आँधी चलती हैं, तो ज्ञान के दीपक बुझ जाते हैं।'' जयंत ने जोड़ा, 'तेरे कैसे जले रह गए?''

''देर हो रही है यारो, चलो अब निकलते हैं।'' मैंने बात बदलनी चाही।

''रुक यार।'' मुझे आगे बढ़ता देख, सुशील ने हाथ पकड़ लिया। ''रिंकू को जो मिलना है, वो मिल ही जाएगा, हम तेरी वजह से हैं यहाँ।''

''सुशील थोड़ी बारात में मस्ती करेंगे यार।''

मैं समझ गया था कि सुशील को काफी चढ़ गई है। वह इस बीच बातचीत में भी शामिल नहीं था। वह चुपचाप पिए जा रहा था। जब से आयशा उसे धमकाकर गई थी, वह अनमना हो गया था। क्या वाकई वह डर गया था?

''यार मेरे मन में एक सवाल है...ये औरत साली सबसे ज्यादा खूबसूरत किस वक्त लगती है?'' सुशील ने मेरा हाथ दबाया, जैसे किसी आशय से दबाया जाता है। ''इस सवाल का जवाब दे फिर चलते हैं।''

''तुझे चढ़ गई है, मेरे भाई।'' मैंने जान छुड़ानी चाही। मुझे लगा था कि वह आयशा के बारे में कुछ पूछेगा।

''नहीं तू जवाब देगा, तभी मैं यहाँ से हिलूँगा...ये अंगद का पैर है।'' कहकर सच में सुशील ने एक पाँव धरती पर जमा दिया। मुझे हँसी आ रही थी उसकी इस बचकाना हरकत पर।

"अब नहीं मानेगा भाई सुशील।" असलम ने उकसाया। "ये शुरू का जिद्दी है।"

"अब तो तुझे बताना ही पड़ेगा, ये पूछकर ही पाँव हटाएगा अब तो।" फीरोज लड़खड़ाती आवाज में और उकसाने लगा।

"नहीं भाई मैं जिद्दी नहीं हूँ।" कहते हुए, सुशील ने जाने क्या सोचकर पैर हटा लिया।

मुझे अजीब लगा था। मनुष्य कितना अप्रत्याशित व्यवहार कर सकता है यह सच में अकल्पनीय है।

"चलो, चलो, फिर निकलते हैं।" जयंत सबको धक्का मारने लगा।

"एक मिनट यार जयंत।" सुशील ने जयंत को रोका। "बता दे मेरे भाई।" सुशील मेरी ठोड़ी पर उँगलियों से पुचकारने लगा।

"मेरे ख्याल से तब...।" कहते हुए मैंने एक बार सबकी आँखों में झाँका। सबकी आँखों में उत्सुकता थी, लालसा थी और बेचैनी थी। आश्चर्यजनक रूप से जयंत भी उनसे बाहर नहीं था। उसके कान भी आँख बन गए थे और आँख कान। "जब वह किसी से प्रेम में, सहमति से, अपने अमृत को छोड़ने के, ठीक दो-एक पल होती है।"

"बहुत खूब, बहुत खूब।" जयंत ने मेरी पीठ ठोकी। "भाई वात्स्यायन पढ़ रहे हैं?"

"ये साला हमेशा पढ़ी-लिखी भाषा में बोलता है...सीधे नहीं बोल सकता कि जब रिस रही होती है।" असलम ने चिल्लाकर बदमजगी पैदा कर दी।

"तू चुपकर यार...बात के असर को मत खराब कर।" सुशील ने असलम की ओर देखते हुए, मुँह पर उँगली रखी। "और बदसूरत?"

"हाँ यार बदसूरत भी बता दे।" फीरोज धीमी आवाज में फुसफुसाया।

"कोई इनसान बदसूरत नहीं होता...न औरत...न आदमी...हाँ वे हिंसक हो सकती हैं?"

"कब?" यह भी फीरोज की लपलपाती आवाज थी, जैसे आग की लपट उठती है।

"अपने अमृत को छोड़ने के ठीक...दो एक पल पहले।" मैं जोश में आ गया था। यह सुनाने का नशा था या शायद मर्दाना सन्तुष्टि।

मैंने कभी कामसूत्र नहीं पढ़ा था, पर स्त्रियों के अनुभव को, मैंने बहुत सजग-भाव से देखा था, क़ई-कई बार।

ये मेरे अपने अनुभव थे, गलत या सही जैसे भी, पर मेरे अपने। उन अन्तिम क्षणों के ठीक पहले, पैर पटकती, स्त्रियों की हिंसा और तत्पश्चात उनकी अतुलनीय मासूम, मादक सुन्दरता को, मैंने झेला और भोगा था।

"अबे यार, इसे थोड़ा और दारू डालो। इसकी उतर गई है, सोच-समझ के बात कर रिया है।" यह असलम था। वह वाकई ज्यादा चढ़ा गया था।

"आयशा भी हिंसक है।" फीरोज ने पूछा था।

"आयशा भली लड़की है।" मैंने खुद को सँभाल लिया था। वह मेरी दोस्त थी।

"हर पत्थर में चमकता हीरा है। हर स्मित में कालजयी पीड़ा है।" यह सुशील था।

"मुक्तिबोध ब्राह्मण थे।" मैंने कहा।

"सारे ब्राह्मण बुरे नहीं हैं।" सुशील ने स्वीकारा था।

"उन्होंने गैर-ब्राह्मण से विवाह ही नहीं किया था, बल्कि खुद को डी-कास्ट भी किया था।" जयंत ने जोड़ा।

"आयशा भी ब्राह्मण है?" सुशील ने पूछा।

सबकी आँखों में सवाल था? लेकिन मैं चुप रहा।

फिर हम पुलिस कार में बैठकर, वहाँ जा पहुँचे थे, जहाँ बारात को इकट्ठा होना था। उस रात हम खूब नाचे थे। आयशा भी खूब नाची थी। संगीता नहीं नाची थी, पर वह खुश बहुत थी।

"मैं तुम्हारे बिना जी नहीं पाऊँगा, संगीता।" संगीता का हाथ पकड़कर, मैं बारात से एक तरफ खींच लाया था। "उन गलतियों की सजा मुझे मत दो, जो मैंने नहीं कीं। मेरी जिन्दगी में कोई सुख आज तक नहीं टिका, बहुत अभागा हूँ।" जाने कैसे मेरे भीतर हिम्मत आ गई थी।

वह चुपचाप सुनती रही थी। मैं उसके सामने हाथ जोड़कर खड़ा था।

"बेहतर होता कि तुमने यह बात बिना पिए कही होती।" संगीता कहकर वापस बारात में शामिल हो गई।

संगीता के आक्रोश को मैं किसी भी तरह गलत नहीं कह सकता था। पर मैं क्या करता? मैं कहाँ गलत था? मैं क्यों उसे यह समझा नहीं पा रहा था?

शादी सकुशल निबट गई थी। पंडित ने फेरे कराते वक्त सप्तपदी की जगह गायत्री मंत्र पढ़कर विवाह करा दिया था। भन्ते ने पहले ही अपना कार्यक्रम निबटा लिया था। उन्हें पंडित की तरह मुहूर्त का इन्तजार नहीं था। पंचशील और त्रिशरण के माध्यम से शादी के सामाजिक बन्धन में बँध गए थे, राहुल-सुमन।

विवाह का यह अटूट बन्धन, एक सामाजिकता से ज्यादा क्या कुछ होता है? मैंने तो इसे 'कॉमन मिनिमम प्रोग्राम' पर आधारित 'गठबन्धन' नाम दिया था।

शायद इसीलिए मैं इसे अटूट भी नहीं मानता था। अटूट होने की श्रद्धा से ज्यादा यह अटूट रखने की ईमानदार कोशिश थी मेरे लिए।

दोपहर बारह बजे के आस-पास बारात लौट आई थी। घर में जैसे एक बार फिर भागदौड़ मच गई थी। औरतें रात ही को लौट आई थी। माँ ने 'आरता' किया था रिंकू और सुमन का। फिर सुमन को दूसरे कमरे में ले गई थी, मीना और बड़ी बुआ। रिंकू अपने नए कमरे में जाकर सो गया था। दोनों रात-भर के जगे थे।

मैं ऊपर अपने कमरे में पहुँचा था। साथवाले कमरे में आयशा थी। क्या वह सो रही है अभी तक—यह सोचकर, मैंने दरवाजे पर 'ठक-ठक' की थी। अन्दर से कोई आवाज नहीं आई थी। मैंने हलके से दरवाजे को धक्का दिया तो वह खुल गया, भीतर आयशा फर्श पर ध्यानमुद्रा में बैठी थी। वह कुछ बुदबुदा रही थी। क्या वह कुछ पाने की प्रार्थना कर रही थी?

वह दिन इसी तरह अफरा-तफरी में गुजर गया था। आदमी कल की तैयारी और ताश-पत्ती में लगे रहे और औरतें खाना बनाने और गप्पों में जुटी रहीं। इसके अलावा, औरतों की बातचीत में मुख्य विषय रहा—दहेज की चर्चा। आदमी ताश खेलते रहे और शाम होते ही बोतलें खोलकर बैठ गए। शायद उन्होंने सारा दिन ताश खेलते हुए इसी के इन्तजार में गुजारा था।

छोटी मामी की आवाज पूरे दिन सुनाई नहीं दी थी। आखिरी बार, मैंने दहेज के बारे में बात करते हुए उनकी आवाज सुनी थी।

"ऐ दीदी, क्या लड़कीवाले कँगले हैं, दहेज तो कुछ नहीं दिया।" वह रिंकू और सुमन की अगवानी के साथ-साथ ही, पीछे एक छोटी मेटाडोर देख आई थी, जिसमें बहू के कपड़े-लत्ते थे सिर्फ।

"अच्छा...क्या दहेज नहीं दिया...सोना तो खूब चढ़ाया है लड़की पर।" मँझली मामी ने कहा।

"सोना कितना होगा टोटल?" बड़ी मामी ने पूछा।

"पचास तौले...!" लता उधर आ खड़ी हुई थी।

"डेढ़-दो लाख का जेवर चढ़ाया है।" बड़ी बुआ ने कहा।

"तो क्या जेवर से ही घर बसाएगी, सामान सट्टा भी तो होना चाहिए।" बड़ी मामी ने मुँह बिचकाकर कहा था।

"भैया को पसन्द नहीं है दहेज की रस्म। उन्होंने पहले ही मना कर दिया था।" बड़ी बुआ ने कहा तो सही, पर उनके स्वर में कोई उत्साह नहीं था। वह भी मरे से मन से पक्ष ले रही थी। उम्मीद थी कि वह भी थोड़ी देर में पक्ष बदल लेगी।

"ननदोईजी तो भले मानस हैं। कहने को तो सभी कहते हैं पर लड़कीवालों की भी तो कोई इज़्ज़त होती है।" बड़ी भाभी ने कहा।

"दीदी खुद के ही मन में नहीं होगी कुछ देने की। ननदोईजी की बात का सहारा ले लिया।...नंगे-बूचे सबसे ऊँचे।" यह छोटी मामी का वार था। "देते तो कोई हाथ रोकता भला।"

"हाँ ये तो आपकी बात ठीक ही है।" बड़ी बुआ ने चुपचाप स्वीकारा।

"हाँ भई...छोरियो।" पिताजी ने घर में घुसते हुए जोर-से आवाज लगाई। एक दो पल रुककर, वह आगे अन्दर बढ़े थे। इस बीच जिन्हें पिताजी से घूँघट करना था, वे घूँघट करके पीठ करके खड़ी हो गई थी। "क्या देश उड़ाने की साजिश चल रही है, मेहमानों?" पिताजी ने बड़ी भाभी की तरफ देखा था।

"हाँ, हमारी भली-चलाई ननदोईजी।" बड़ी मामी ने हँसते हुए कहा।

"अब तो आप ही हो, हमारी ननद की बात तो कोई सुनता नहीं है।" छोटी मामी ने हँसते हुए ताना मारा।

"अरे क्या हो गया भागवान। बोलने से पहले सोच लिया कर थोड़ा।" यह छोटे मामा थे जो पिताजी के पीछे-पीछे घुसे थे। उनके हाथ में दो सूटकेस थे।

"चलो बालकों, बाहर खेलो...बेटा लता. इन सबको बाहर ले जइयो जरा।" पिताजी ने लता के सिर पर हाथ फेरते हुए कहा था। लता समझ गई थी। वह सबको घेर-घारकर बाहर ले गई थी।

"अम्मा, ये पाँच लाख नगद दिए हैं, लड़कीवाले ने।" छोटे मामा ने अम्मा के पास जाकर कहा था। पर उस आवाज से पहले घर और फिर बिरादरी गूँज उठी थी। "इसके अलावा सामान समेत एक कार भी...।" चाबी पकड़ाते हुए मामाजी ने फिर कहा था। पापा इस बीच चुपचाप खाट पर बैठे रहे।

इसके बाद छोटी मामी की आवाज पूरे दिन सुनाई नहीं पड़ी थी। एक बार वह दिखी थीं छोटे मामा से कुछ बोलते हुए। शायद वे घर जाने को कह रही थीं और मामा मना कर रहे थे।

शाम को जर्मनी से मेरे दोस्त पी.सी. वेबर भी आ गए थे। वह वहाँ एक यूनिवर्सिटी में लेक्चरर थे। वह भारत, एक शोध-परियोजना पर आए थे। भारत की जाति-व्यवस्था पर उनका शोध था। इसीलिए, वह कुछ दलित लेखकों से मिलना चाहते थे। हमारे शहर के बाद उन्हें महाराष्ट्र, चेन्नई और कर्नाटक भी जाना था। मैंने उन्हें रिंकू की शादी के बारे में ई-मेल कर दिया था। उन्होंने खुद इस शादी को देखने की उत्सुकता जताई थी। यह एक कौतुक की तरह था, उनके लिए। पर हवाई जहाज में आई किन्हीं तकनीकी खराबियों के कारण यह पूरे छत्तीस घंटे देरी से पहुँचा था।

शाम को वेदप्रकाश भी आ गया था। वह अपनी माँ की खराब तबीयत के कारण आ नहीं पाया था।

''बहुत दिन हो गए यार, सबसे मिले...बहाना रिंकू की शादी सही।'' वेदप्रकाश ने मेरे गले में बाँहे डाल दी थीं।

''जयंत को बुलाऊँ...पर उसने तो बिलकुल छोड़ दी है।''

''पीना जरूरी है क्या, वैसे नहीं आ सकता।'' कमरे में पलँग पर वह पसर गया था। 'सुशील को भी बुला लो, तेरा कहना वो टाल नहीं सकता। फीरोज और असलम भी रहें तो चौकड़ी पूरी हो जाए।''

मैंने सभी को मोबाइल पर फोन किया था। सभी आश्चर्यजनक रूप से आ भी गए थे। वेबर के लिए अलग कमरे में इन्तजाम किया गया था। जब मैं वेदप्रकाश को लेकर वेबर के कमरे में पहुँचा था, तब आयशा वहीं बैठी थी। वह आपस में बातें कर रहे थे। वेबर बहुत अच्छी हिन्दी जानते थे और आयशा को दोस्ती करने में कोई परेशानी नहीं हुई थी। उसने खुद को सोशल वर्कर ही बताया था। इसलिए वेबर भी काफी दिलचस्पी ले रहे थे। वेबर की उम्र चालीस के आस-पास ही थी शायद थोड़ी ज्यादा ही रही हो। विदेशी लोगों की उम्र तय कर पाने में मुझे हमेशा दिक्कत होती थी। पर इस सबसे आयशा को कोई रुकावट नहीं हुई थी। वह बहुत सहज ढंग से वेबर से बात कर रही थी, शायद शादी के माहौल और रस्मों को समझा रही थी।

एक बार फिर, हम सभी दोस्त, एक साथ बैठे थे। यह वही कमरा था, जहाँ कई साल पहले, वंदना ने मुझे थप्पड़ मारा था। वह वक्त पल-भर को एकबारगी घूम गया था। यूनिवर्सिटी के गप्पों भरे दिन, कुछ कर गुजरने की अदम्य ऊर्जा के दिन, एक-दूसरे के साथ चुपचाप बैठे पूरा दिन गुजारने के दिन...वे दिन गुजर गए थे। इस बीच के वक्त में, हमारे बीच से कितने लोग कहाँ-कहाँ चले गए? कितने लोग कहाँ-कहाँ से हमारे बीच आ गए थे? कितनी घटनाएँ घट चुकी थीं? जिन्दगी बे-शोर बदलाव करती हैं।

क्या हम वाकई इतने निरीह हैं कि सिर्फ हुए को मूक दर्शक और भोक्ता की तरह देखते और भोगते हैं? क्या यह वाकई हमारी त्रासदी है? क्या इसने अलग कुछ और हम कर पाते हैं?

हम दोस्तों के अलावा, वेबर और मेरे दो रिश्तेदार भी बैठ गए थे। रिश्तेदार जबरदस्ती आ गए थे। मैं उन्हें मना करने की सोचकर भी मना नहीं कर पाया था।

आयशा उतरकर नीचे चली गई थी। फिर वह रात में भी ऊपर नहीं दिखी थी, शायद वह नीचे ही अम्मा के पास सो गई थी।

"बीरपाल सिंह जाटव की डैथ हो गई। उसे किसी ने गोली मार दी।" सुशील ने बताया था और वेदप्रकाश की तरफ कुछ घृणा के भाव से देखा था। सुनकर हम सभी पल-भर को सन्न रह गए थे।

"कब?" पता नहीं यह किसी की दबी-सी आवाज थी।

"छह महीने पहले।" फिर वह बताने लगा था।

बीरपाल सिंह ने पुलिस महकमे में काफी नाम कमाया था। उसे 'एन्काउन्टर किंग' कहा जाता था। उसकी जिस भी इलाके में पोस्टिंग होती थी। वहाँ अपराध का ग्राफ तेजी से नीचे गिरता था। अपराधी उसके शहर से बाहर चले जाते थे। ऐसी ही एक मुठमेड़ में उसे किसी ने गोली मार दी थी। खबर यह थी कि यह गोली, किसी अपराधी ने नहीं, बल्कि एक पुलिस इंसपेक्टर ने ही मारी थी। पोस्टमार्टम में जो गोली निकाली गई, वे सरकारी थीं। जाँच समिति के सामने उस पुलिसवाले ने अपना जुर्म कबूल भी कर लिया था। उसने जाँच समिति को साफ-साफ बता दिया था कि वह किसी चमार के जूठे बर्तन नहीं धो सकता और माँ-बहन की गालियाँ नहीं सुन सकता। हालाँकि वहाँ सभी पुलिस अधिकारी अपने मातहतों से ऐसा या इससे भी बुरा बरताव करते हैं, पर वे सवर्ण थे।

"बीरपाल कौन था?" वेबर चुपचाप सारी बातें सुनकर बोले थे।

"हमारा दोस्त था, वह सीनियर पुलिस अधिकारी था।" सुशील धीमे-से बोला।

"रियली शेमफुल...सिर्फ कास्ट की वजह से एक जिम्मेदार ऑफीसर को मार दिया।" वेबर के चेहरे पर परेशानी के भाव थे।

"हमारे गाँव-देहातों में तो यह आए दिन की घटना है। बनवारीलाल ने ऐसी कई घटनाएँ देखी हैं।" मेरे एक रिश्तेदार ने घुसपैठ की।

वह रिश्ते में मेरे दूर के चाचा थे, पर उम्र का कम फासला होने के कारण असहजता महसूस नहीं करते थे। वह बातूनी बहुत थे और पेशे से पटवारी थे। उनकी आँखों के पास सफेद कीच थी और बाल तेल से लथपथ थे।

"कौन बनवारीलाल?" वेबर ने पूछा।

"इनका नाम बनवारीलाल है।" मैंने पहले ही इस सवाल का पूर्वानुमान कर लिया था। "ये खुद के लिए मैं की जगह अपना नाम बनवारीलाल ही लेते हैं शुरू से।" मैंने खुलासा किया।

"मिथ्या है सब...कौन बनवारीलाल और कौन वेबर...सब ऊपर के फर्क हैं।" चाचा फिर बोले।

"वाकई मजेदार...मजेदार इनसान हैं आप।" वेबर चहके।

बीरपाल के प्रसंग से छाई उदासी थोड़ी हँसी से छँट गई।

"और के. राकेश के बारे में कुछ खबर?" फीरोज ने बीयर के घूँट भरे।

"अरे यार, वो मल्लाह था। किसी को नहीं पता था उसके बारे में।" सुशील ने ठहाका लगाया। 'वो भी गजब आदमी था यार। उसके दिन तब खराब आए जब उसने फूलन देवी के शहीदी दिवस पर आयोजित कार्यक्रम में मल्लाह जाति को जागने का आह्वान किया। अखबारों ने इसे तूल दे दिया। अगर वह गैर-दलित होता तो यह उसके पक्ष में जाता...वह प्रगतिशील पुलिसवाला कहलाता, बस उसके बाद भट्ठा बैठ गया उसका। इस मामले में गौतम तेज निकला।"

"तुम्हारे पास यार सबकी खबर है।" जयंत हँसा। वह जूस पी रहा था। मैंने उसका ध्यान रखकर एक विदेशी ब्रांड का मिक्स्ड फ्रूट जूस मँगा लिया था। 'क्या हुआ गौतम का। ...तू कहाँ उठकर चल दिया?"

मुझे उठते देख जयंत ने पूछा।

"एक मिनट।" मैं उठकर दूसरी बोतल ले आया। "कल की बोतल में से थोड़ी बची थी, वह पहले खत्म कर ली। अब इसे खोलते हैं।"

"फिकर मत कर, आज नहीं बचेगी। बनवारीलाल बहुत पीता है।" चाचा ने कहा तो वेबर फिर हँस पड़े।

वेबर को हँसते देख सुशील को भी हँसी आ गई। दोनों को हँसते देख, मैंने जोर का ठहाका लगाया। फिर तो सभी खिलखिलाकर हँस पड़े। पर चाचा नहीं हँसे। उन्हें लोगों के हँसने की अभ्यस्तता हो गई थी।

"गौतम के केस में क्या हुआ?" यह सवाल अप्रत्याशित रूप से वेबर की तरफ से था।

"कुछ नहीं, वह बहुत प्रैक्टिकल और फ्लेक्सीबल आदमी है। वह राज्य की दलित और पिछड़ों की पार्टी के सबसे बड़े फंडिंग मेम्बर का खासमखास हो गया था। इसकी कीमत उसे चुकानी पड़ी थी...एक और शादी करके। पहली बीवी से उसने तलाक नहीं लिया था, पर उसे मना लिया था...वह घरेलू औरत थी।"

"पर यह गलत है...क्या ऐसा नहीं है?" वेबर ने सुशील की तरफ देखा।

"कितना कुछ गलत है। एक गलत यह भी सही। जब मियाँ-बीवी राजी तो क्या करेगा काजी।" सुशील ने जवाब दिया।

"उसे पहले तलाक देना चाहिए।" फीरोज ने कहा।

"हिन्दुओं में इतना आसान नहीं है।" सुशील ने कहा। 'कोर्ट के चक्कर में ही दोनों अधमरे हो जाते। फिर वह पहली बीवी भी उसे छोड़ना नहीं चाहती थी।"

"किसी दिन इस चक्कर में फँस भी सकता है।" जयंत ने गर्दन झटकते हुए कहा, जैसे उसे इस प्रसंग से ऊब हो रही थी।

"कुछ नहीं होगा उसका।...सब जगह तुम्हारी बिरादरी के लोग बैठे हैं।" सुशील की आँखों में उपेक्षा जैसा कुछ था, जो शायद ईर्ष्या के कारण था। "फजीहत तो हमारी होती है, सब जगह।"

"एक मिनट, एक मिनट सुशील तू अब इसपर मत शुरू हो जाना...देख यार मेहमान लोग भी हैं।" मैं बीच में आ गया। "मिस्टर वेबर के सामने यह सब नहीं।" इतनी रात में भी बाहर से कुछ मक्खियाँ आकर भिन्न-भिन्न करने लगी थी।

"पर सुशील ठीक कह रहा है। वह समझदार और सुलझा हुआ अधिकारी है. ..अगर वह आरक्षण के मुद्दे पर कुछ बोलना चाहता है तो यह उसका मानवीय अधिकार है।" वेदप्रकाश ने हाथ उठाकर, समझाने की मुद्रा में कहा। वेदप्रकाश द्वारा अपना पक्ष लेता देख, सुशील को खुशी हुई, जो उसके चेहरे पर छिपी नहीं रह सकी। वेदप्रकाश ने उस सारे मुद्दे को एक व्यापक सन्दर्भ देकर उसे मौका दे दिया।

"मिस्टर वेबर आप नहीं जानते, यहाँ अछूतों में भी जाँत-पाँत और भेदभाव है।" सुशील सीधे मिस्टर वेबर से मुखातिब हुआ।

"हमें सब जगह नीची नजर से देखा जाता है, चाहे चमार हों या खटीक या कोई और।"

"सुशील, हमारा प्यारा दोस्त, मिस्टर वेबर वह गलत नहीं है। इनकी जाति के साथ सभी भेदभाव करते हैं। सवर्ण हिन्दू तो करते ही हैं पर दलित भी आपस में करें तो फिर वे सवर्णों को किस मुँह से इसके लिए दोष दे सकते हैं। क्यों मिस्टर वेबर?" वेदप्रकाश ने सुशील का पक्ष लेकर आग में घी डाल दिया।

"अजीब है यह सब।" मिस्टर वेबर की स्थिति संयुक्त राष्ट्र संघ के जैसी हो गई थी।

"मैं भंगी हूँ, मिस्टर वेबर...यू नो भंगी मीन्स स्वीपर। चमार और खटीक जैसी—अछूत जातियाँ भी हमसे छुआछूत करते हैं।" सुशील के गुस्से और ईर्ष्या पर शराब का नशा भी चढ़ गया था।

"देखिए सुशीलजी, आप खटीकों को अछूत मत बोलिए।" चाचा पर भी शराब का नशा चढ़ चुका था। "बनवारीलाल अछूत नहीं है। उसकी जात अछूत नहीं है।"

"कोई अछूत नहीं है? बन्द करो यह सब।" मैं झल्ला पड़ा।

"तुम लोग मिलने बैठे हो या लड़ने।"

''तू बनवारीलाल को इस वक्त नहीं रोक सकता। उसे इस वक्त भगवान भी नहीं रोक सकता। सारा-का-सारा आरक्षण चमार खा गए। बनवारीलाल डंके की चोट पर बोलेगा।'' चाचा ने अपने हथेली पर मुट्ठी मारते हुए कहा, जैसे कोर्ट में जज आर्डर-ऑर्डर बोलता है।

''चाचा तुम चुप रहोगे...तुम तो अछूत नहीं हो न, फिर किस बात का रिजवरेशन चाहिए तुम्हें?'' उनकी तरफ आँख तरेरते हुए, मैंने कहा।

''वाह लाला, बनवारीलाल ने जात भी खोई और आरक्षण से भी जाए।'' सुशील तो एक था ही, एक ये चाचा भी शुरू हो गए। ''अछूतों में शामिल भी कर दिया और फायदा भी नहीं देंगे। मजाक बना दिया ये तो।''

''इनका तर्क गलत नहीं है, मिस्टर वेबर। जब अनुसूचित जाति में अनेक जातियाँ शामिल हैं। तब आरक्षण तो सबको बराबर मिलना ही चाहिए।'' वेदप्रकाश फिर बीच में टपका। ''ऐसा तो नहीं होना चाहिए कि किसी एक जाति का ही वर्चस्व बन जाए। फिर सवर्ण क्या गलत करते थे?''

''अब तो एस.सी. का मतलब बन गया है—''सिर्फ चमार। एस. से सिर्फ सी. से चमार।'' सुशील बदतमीजी पर उतर आया था।

''और तुम उसे 'सिर्फ चूहड़ा' बना देना चाहते हो। एस. से सिर्फ और सी. से चूहड़ा।'' जयंत, जो अब तक चुप बैठा था पलटवार कर बैठा। इससे पहले कि मैं सुशील को रोकता, जयंत ने सुशील के बेलगाम घोड़े रोक दिए। वह बिलकुल उत्तेजित नहीं हुआ था। उसने संयत स्वर में कहा था। फिर वह जूस का घूँट भरने लगा था। हालाँकि इस सहजता के बावजूद उसकी कनपटी पर तनाव साफ दिखाई दे रहा था।

''मिस्टर वेबर यह बहुत साफ है परन्तु हम अपने स्वार्थों के कारण इसे साफ देख नहीं पाते।'' मैंने वेबर की तरफ इशारा करके अपनी तरफ ध्यान आकर्षित किया। ''चमार जाति की जनसंख्या उत्तर भारत में बहुत है तो जाहिर है कि उनके हर क्षेत्र में लोग भी ज्यादा दिखेंगे।''

''तू कभी खुलकर बात नहीं कर सकता हमारी तरह। तेरे कोने कभी ब्राह्मणों से दबे रहते हैं, कभी चमारों से।'' सुशील ने मुझ पर व्यंग्य किया। शायद यह हमला वंदना और संगीता की जाति की वजह से था।

वेबर सबसे ज्यादा पी चुके थे, पर वह सबसे ज्यादा होश में थे। असलम और फीरोज चुपचाप सुन रहे थे। यह उनका मामला ही नहीं था जैसे। असलम इतनी पीकर भी आज चुप था तो सिर्फ बहस की गम्भीरता को देखकर, वरना अब तक न जाने कितने मौजूँ और गैर-मौजूँ शे'र वह सुना चुका होता। अब तक हम लगभग एक बोतल समाप्त कर चुके थे।

''जैसे आन्ध्र प्रदेश में माला और मादिगा के बीच आरक्षण का बँटवारा हुआ है, वैसा उत्तर भारत में भी तो हो सकता है।'' यह आवाज इस शोर में नई थी। यह मेरे रिश्तेदार थे जो मेरे भाई लगते थे। वह एक कॉलेज में लॉ पढ़ाते थे। वह हरियाणा से आए थे। ''हरियाणे में तो भंगी और खटीक एकदम हाशिए पर हैं। उनका पालिटिकल एकजिसटेंस भी नहीं है। कोई पोलिटिकल पार्टी उनके प्रति सेंसिटिव नहीं हैं। हर जगह जाट कास्ट की तूती बोलती है या फिर जाटवों की।''

''तब ठीक है, इससे पहले जाति के हिसाब से जनगणना हो और जिसकी जाति का जितना हिस्सा हो, अनुपात में दे दिया जाए।'' जयंत का स्वर अब भी संयत था। पर उसकी इस बात से सब सकते में आ गए। ''मैं तो कहता हूँ कि ब्राह्मणों को भी आरक्षण दे दो और ठाकुरों को भी, सबकी जातिवार जनगणना कराकर, सबको सबका हिस्सा दे दिया जाए।'' जयंत ने वेदप्रकाश की तरफ देखा।

'भैया मीट और लाऊँ क्या?'' लता ने दरवाजे पर आकर मुझे आवाज दी।

''ना बहन ना, यहाँ बहुत है।'' यह हरियाणेवाले भाई बोले थे।

''लता बेटा और लिया, ये कम पड़ेगो...बनवारीलाल मीट धाप के खाएगो।''

लता हँसती हुई नीचे आ गई।

''इस बहस का कभी अन्त नहीं हो सकता।'' वेदप्रकाश ने गिलास में बची शराब एक ही साँस में खत्म कर दी और गिलास उलटा करके रख दिया।

''मैं इसीलिए इसे शुरू होने से रोक रहा था। इससे सिर्फ कड़वाहट बढ़ती है, आपसी सद्भाव कम होता है।'' मैंने वेदप्रकाश से सहमति जताई।

''आपसी सद्भाव को बनाए रखने के लिए हम चुपचाप आवाज सहें...यही तो सवर्ण भी हम से कहते हैं कि जातिवाद दलितों ने और फैला दिया है। वही तुम हमें समझा रहे हो।'' सुशील मायूस हो गया।

''जो भी हक माँगेगा, उससे कुछ देर कड़वाहट तो फैलेगी ही। कोई राजी-राजी अपना हिस्सा नहीं देता।'' चाचा फिर टपक पड़े।

''तुम तो चुप रहो चाचा। तुम बड़े खुद को अनुसूचित जाति का समझते हो।'' मैंने उनकी हिम्मत तोड़ने की कोशिश की। ''तुमने तो पता नहीं किस हिन्दू बापू की चेलागिरी भी ले रखी है।''

''तो क्या हुआ? बनवारीलाल के मानने से क्या होता है...उसके लोग तो हैं। तू तो है।'' वह हवा में हाथ नचा रहे थे।

''तो दूसरी जातों से किसने मना किया था कि मत पढ़ो-लिखो, कि मत सरकारी परीक्षाओं में बैठो। जो पढ़े, उन्होंने पाया।'' मैंने भी हाथ नचाते हुए कहा। ''जाटवों में भी जो नहीं पढ़े, वे आज भी उसी जहालत में जी रहे हैं।''

"यह तो वही बात हुई, ब्लेम द विकटिम, सताए हुए लोगों पर ही इलजाम लगाना।" सुशील ने कहा। "यह तो स्टेट का काम है कि वह सभी को शिक्षित करे, मौका दे।"

"तो फिर स्टेट से लड़ो, चमारों ने आपका क्या छीना है, जो उन्होंने पाया है, अपनी मेहनत और संघर्ष से पाया है, अपनी चेतना से पाया है।" जयंत ने फिर सहज स्वर में प्रत्युत्तर दिया।

मुझे उसकी सहजता से ईर्ष्या हुई कि वह कैसे इतनी विपरीत परिस्थितियों में भी इतना सहज रह लेता है।

सुशील गलत नहीं था और जयंत तो बिलकुल नहीं। चाचा की बात भी कोई सारहीन नहीं थी। सुशील चाहता था कि चमार जाति के अधिकारी उसे अपना ही आदमी माने, इसमें उसे कई जगह उपेक्षा मिली थी। इसी उपेक्षा की वजह से उसने सभी के लिए एक ही निष्कर्ष निकाल लिया था। वह मुझे कई बार बता चुका था कि जब कुछ चमार जाति के अधिकारी पार्टी करते हैं तो उसे नहीं बुलाते हैं। मैंने उसे समझाया था कि एक ही जाति का होने पर कभी-कभी कुछ आपसी रिश्तेदारियाँ भी निकल आती हैं और लोग एक समूह में बदल जाते हैं। दूसरे यह हर आदमी का हक है कि वह किसे अपनी पार्टी में बुलाए या न बुलाए।

जयंत की हर बात तर्कोचित थी। उसने बताया था कि इस शहर में सुशील की पोस्टिंग भी चमार जाति के एक मंत्री ने ही कराई थी। यह खुद सुशील ने भी मुझे बताया था। दूसरे यह कि वह हर पार्टी में जाकर इसी तरह चमार जाति के लोगों को खरी-खोटी सुनाने लगता था, जिसकी वजह से उसे हर जगह बुलाना बन्द कर दिया था लोगों ने। जयंत ने कहा था कि अगर वाकई वह भंगियों के लिए कुछ करना चाहता है तो कोई काम करे, गाल बजाना बन्द करे। चमार अपने लोगों के बीच लगातार काम कर रहे हैं।

पर क्या इसीलिए ब्राह्मण या अन्य सवर्ण, दलितों को अपनी पार्टियों में नहीं बुलाना चाहते? ये भी वहाँ ऐसा ही करते हैं।

"मिस्टर वेबर, हमारे लिए तो जैसे ब्राह्मण, वैसे चमार। न ब्राह्मण मदद करेगा, न चमार।" सुशील ने आखिरी पत्ता फेंका। "इस देश से जातिवाद कभी खत्म नहीं होगा। ब्राह्मण, ब्राह्मण की मदद करेगा और चमार, चमार की।"

"और भंगी, भंगी की।" जयंत ने फिर जवाब जड़ दिया।

"अरे भाईजान, सारा नशा गर्क कर दिया, हम मुसलमान अच्छे...पता नहीं आप लोग ये क्या बखेड़ा लेकर बैठ गए, यार कोई उस आयशा की भी बात करे।" असलम की आवाज से एक अनचाहा प्रसंग रुका और दूसरा शुरू होने को हुआ।

"जिस तरफ उठ गई, आहें हैं, चश्मे बद्दूर क्या निगाहे हैं। नीली-नीली आँखोंवाली कहाँ है आज?"

"उस साली रंडी की बात मत छेड़ असलम।" सुशील ने असलम को धमकाया।

"सुऽऽशील...माइंड योर लैंग्वेज।" मैंने दाँत पीसते हुए कहा। "मत भूलो कि वह मेरी दोस्त है और मेरे घर में मेहमान है।"

सुशील 'सॉरी' बोलकर चुप हो गया था। फिर असलम ने भी दोबारा आयशा का जिक्र नहीं किया। वेबर की आँखों में उग आए सवालों को मैंने पढ़ लिया था। इन सवालों की नोक मेरी तरफ थी। पर उन्होंने कुछ पूछा नहीं। मैंने कोई आगे उस बारे में बात भी नहीं की।

"कल तो खूब मजा रहा होगा?" वेदप्रकाश ने चुप्पी तोड़ी।

गर्मियों की शुरुआत के बावजूद अभी हवा में ठंडक थी। मेरे गुस्से में बोलने के बाद, कुछ पल के लिए ठंडक और बढ़ गई थी। वेदप्रकाश की बात का किसी ने कोई जवाब नहीं दिया। शायद यह बेतुका सवाल था या शायद किसी को कुछ सूझा ही नहीं था या फिर सब एक-दूसरे का इन्तजार कर रहे थे कि कोई और बोले।

"असलम क्या सोचा है तूने अपने बारे में...कब तक ये एजेंटगिरी करता रहेगा?" फीरोज ने बातचीत का एक नया सिलसिला शुरू किया।

"तुझसे तो अच्छा है मास्टर। अपना मकान खरीद लिया और गाड़ी है, तेरी तरह तो किराए के मकान में नहीं रहता, सरकारी बस के धक्के नहीं खाता मैं।"...रकाबत एक अच्छा मशगला है, मगर इस खेल में याराना जाए।" यह बात यहीं टूट गई।

"मैं एक छोटा-सा चेरिटेबल स्कूल खोलना चाहता हूँ।" सुशील ने बीच में बात काटते हुए कहा। "पर सीधे सामने नहीं आ सकता।"

"अच्छी योजना है।" जयंत ने समर्थन किया। "स्कूल से ठीक शायद छोटा अस्पताल।"

"नहीं स्कूल...बाद में स्कूल की चेन भी बनाई जा सकती है।" मैंने सुशील से सहमति जताई।

"पर उसमें बहुत समय और मेहनत की जरूरत है।" जयंत ने कहा।

"और हममें से किसी के पास इतना समय नहीं है।"

"फिर?" सुशील ने जयंत की तरफ देखा।

"तुझे लगता है कि शुरुआत छोटी डिस्पेंसरी से हो। किसी गरीब बस्ती में यह चलाई जाए।" फीरोज ने सुझाव दिया। "इतनी पुनर्वास बस्तियाँ हैं शहर में और छोटे-छोटे गाँव भी।"

"तुम जिन डॉक्टरों के साथ काम करते हो, वे भी इसमें सहयोग कर सकते हैं, शुरुआती दौर में।" असलम ने मुझसे कहा।

"संगीता भी कुछ मदद कर देगी।" जयंत ने कहा।

"उसके बारे में, मैं कुछ नहीं कह सकता। वह...तलाक ले रही है मुझसे।"

"क्या...!" सबके मुँह से निकला था।

"किसलिए?" सुशील उठ खड़ा हुआ था। वह पास आकर मेरे कन्धे झिंझोड़ने लगा था। सुशील की एक खासियत यह थी कि वह बहुत भावुक था। दोस्ती में जान देनेवाला और दुश्मनी हो जाने पर जान लेनेवाला था, वह।

"वंदना की शादी की बात, उससे मेरे परिवारवालों ने छिपाई थी।"

"ओह, पर तुमने क्यों नहीं बताया?" फीरोज ने कहा।

"मैंने बताने की कोशिश की थी, पर गलतफहमी में मैं बता नही सका था।" फिर मैंने उस शाम की सारी घटना दोहराई थी।

"मैं बात करूँगा...भाभी से।" सुशील ने कहा था। "उन्हें तुझसे अच्छा आदमी नहीं मिलेगा।"

"हम भी बात करेंगे।" सबने कहा था।

फिर बात स्कूल से चलते हुए दोबारा डिस्पेंसरी तक पहुँची थी। बातचीत अब डिस्पेंसरी के नाम, काम करने की तरीके, जगह पर केन्द्रित हो गई थी। सुशील एक नई शुरुआत कर रहा था। हम खुश थे कि इसमें हम उसके सहयोगी हैं। यह वक्त व्यक्ति का नहीं, समूह का है।

"बोधिसत्व सुनीत हॉस्पिटल।" जयंत ने नाम सुझाया था। सुशील ने इसका यह कहते हुए विरोध किया था कि जयंत हर जगह जाति ले आता है, पर बहस में जयंत ही तर्कोचित ठहरा था। जयंत ने इसे सामाजिक क्षेत्र में पदार्पण की पहली संगीति नाम दिया था।

रिंकू और सुमन की शादी की यही उपलब्धि थी हमारी। अगले दिन रिसेप्शन रखा गया था। संगीता, सुदेश चाचा और उनकी पत्नी सुखजोत के साथ आए थे। कालरा, राना और दूसरे मित्र भी आए थे, जो किन्हीं कारणों से बारात में नहीं आ सके थे।

"इस कुतिया को भी बुला रखा है।" राना ने आयशा को रिंकू और सुमन के पास खड़े देख मुझसे कहा था।

आयशा ने भी शायद उन्हें देख लिया था और इसीलिए वह स्टेज पर वर-वधू के पास महफूज जगह पर जा खड़ी हुई थी। कालरा और राना जब स्टेज पर रिंकू से हाथ मिलाने और उपहार देने गए तो कालरा ने, आयशा का हाथ, जबरदस्ती

खींच अपने साथ खड़ा कर लिया था। राना यह देख खी-खी करके हँसने लगा था। उस वक्त उसका हँसना मुझे बुरा लगा था।

"प्लीज कालरा सर।" आयशा ने कालरा की तरफ देखकर नीचे उतरने का इशारा किया था। "और लोग भी इन्तजार में हैं।" वह अतिरिक्त शिष्टता से बोली थी। कालरा और राना चुपचाप उतरकर भीड़ में मिल गए।

"कौन था वह बदतमीज आदमी?" कुछ देर बाद संगीता मेरे पास आई थी। मुझे उम्मीद नहीं थी कि वह सब उसने भी देख लिया होगा। पर मुझे अच्छा लगा कि संगीता खुद चलकर मेरे पास आई है।

"वह" मैंने नाटकीय ढंग से मुड़कर कालरा की तरफ देखा।

"शायद आयशा का बॉस है।" मैंने जान-बूझकर अनजान बनने की कोशिश की।

"शायद मतलब...क्या तुम उसे नहीं जानते?" संगीता की भवें कुछ सिकुड़ी थीं।

"नहीं, मैं पहली बार मिला हूँ।" मैं कालरा के अभद्र व्यवहार की वजह से डर गया था कि जाने संगीता मेरे बारे में क्या सोच बैठे? मुझे उस वक्त यही उचित लगा कि मैं उससे अनजान बन जाऊँ। खुद आयशा से अगर वह पूछ बैठी तो पता नहीं वह क्या जवाब दे, तब यही 'शायद' मुझे बचा सकता था।

"तुम बाइ नेचर झूठे हो।" संगीता पैर पटकते हुए बोली थी। "अभी दस मिनट पहले तक घंटे-भर से उससे बातें कर रहे थे।"

मैं, एक बार फिर अपना बचाव करते हुए, अपने ही हाथों मारा गया था। इससे तो अच्छा होता कि मैं उसे सब सच-सच बता देता। एक झूठ को ढँकने के लिए मुझे और सौ झूठों के नकाब पहनाने पड़ रहे थे। झूठ के साथ क्या यही मुसीबत है?

मेरे जी में आया था कि मैं संगीता को सब बताकर अपना पीछा छुड़ाऊँ। पर क्या आयशा के वेश्या होने का पता लगने पर वह मेरे साथ ठीक से व्यवहार कर पाएगी? मैं आयशा को वाकई इस रूप में समझना और दूसरों को समझाना भी नहीं चाहता था। मेरे मन में कहीं गहरे में, शायद यह बात भी थी कि आयशा की निष्कलुष उपस्थिति जितनी मेरी मदद कर सकती है, उतनी उसकी पुरानी छवि नहीं। आयशा का सौन्दर्य और उसका सहज स्वभाव, संगीता को मुझ तक लाने का साधन बन रहा था। संगीता चिढ़ भी रही थी और चाह भी रही थी। वह मुझे किसी और का बनते नहीं देख सकती थी शायद।

आखिर अम्मा की भविष्यवाणी गलत कैसे हो सकती थी? मेरे मन की सच्चाई जरूर उस तक पहुँच रही थी—यह सोचकर मुझे बेहद खुशी महसूस हुई थी।

आखिर घंटे भर से संगीता मुझ पर नजर रखे हुए थी। क्या यह ध्यान बेवजह था? पर वह क्या था, जिसकी वजह से सब कुछ गलत हुआ जा रहा था? क्या मेरा झूठ बोलना इसके पीछे था? जो महज मेरा असुरक्षा बोध भर था। फिर क्या आयशा के होने से यह सब गड़बड़ा रहा था?

संगीता वापस सुदेश चाचा और सुखजोत चाची के पास जा खड़ी हुई थी। मैं कुछ भी न कह सका था। कहने को कुछ बचा भी नहीं था।

शामियाने में एक तरफ डी.जे. का फ्लोर लगा था। वहाँ बच्चे, बूढ़े अधेड़, जवान, किशोर, औरतें और लड़कियाँ सभी नाच रहे थे। तेज आवाज में पंजाबी गाने लगातार गूँज रहे थे। सुखबीर का "दिल लेना, दिल देना कि सौदा खरा-खरा" फुल साउंड में बज रहा था। फिर कभी मीका, जेजीबी, हरभजन मान और हंसराज हंस के पंजाबी गाने फुल साउंड में बजते रहे थे।

वेबर, असलम, जयंत, सुशील, कालरा, राना सब नाच रहे थे। फीरोज निगार को गालियाँ बक रहा था, आज उसे धुत्त कर दिया था किसी ने।

शहर के गानों से लेकर खानों तक पर पंजाबियत छा चुकी थी। बीस-पच्चीस साल पहले ऐसा नहीं था यह शहर। तब राजधानी होने के बावजूद, बहुत सारे गाँवों के एक महावृत्त जैसा ही नक्शा था इसका। छोटे-छोटे वृत्तों को अपने भीतर समोए, एक बड़ा वृत्त।

इन पिछले बीस वर्षों ने इसकी काया और माया दोनों पलट दी थी। साग-पूरी और सन्नाटे की जगह छोले, मटर-पनीर और नान ने ली ली थी। पंगत, बुफे में उठ खड़ी हुई थी। मिट्टी के सोंधियाए सकोरे और भीगी पत्तलों की जगह गन्दे पानी में बार-बार धुलती चीनी की प्लेटें आ गई थी। अब खाने की पूछते-दौड़ते और जबरदस्ती एक-एक पूरी खिलाते, हाथ रोकते-रोकते भी लड्डू, बरफी, इमरती रखते, रिश्तेदार गायब हो गए थे। वे रिश्तेदार खुद मेहमान हो गए थे। अब काली पैंट और सफेद कमीज में बेयरे इधर-उधर घूमते थे जो सिर्फ खाली डोंगों को भरते थे या जूठी प्लेटों के टब उठाकर धोने के लिए रख आते थे। मेहमान बार-बार खाना लेने की बजाय एक ही बार प्लेट भर लेते थे कि पता नहीं दोबारा नम्बर कब आएगा।

बाजार ने रिश्तों को ही नहीं, हमारी जरूरतों को भी पुनः परिभाषित किया था। हम सिर्फ चुपचाप देखने और भोगने को विवश थे।

वक्त का पुराना मुहावरा पिट चुका था कि जरूरत आविष्कार की माँ होती है। एक नया, मुहावरा नया विजेता बनकर उभर चुका था कि आविष्कार, जरूरत का बाप होता है। वह हमें बता रहा था कि पसीने की दुर्गन्ध की वजह से लड़कियाँ पास नहीं आती और लड़कियों ने इसे मानना भी शुरू कर दिया था।

इससे दिक्कतें बढ़ गई थीं। वह लड़कियों को समझा रहा था कि दूसरे शैम्पुओं की बजाय इस शैम्पू के उपयोग से बाल ज्यादा सिल्की और सुलझे रहते हैं। और सबसे बड़ी बात यह कि इससे तेल की चिपचिपाहट से भी मुक्ति मिलती है। जिसे लड़के सख्त नापसन्द करते हैं। लड़कियाँ, लड़कों का अपनी तरफ ध्यान बराबर बनाए रखने के लिए उसका लगातार उपयोग कर रही थीं। चूना पोतनेवाले लड़के के घर, दादी माँ अपनी पोती का ब्याह नहीं करना चाहती क्योंकि खुद लड़की के घर में विदेशी कम्पनी का पेंट पुतता है। ठंडे का मतलब कोकाकोला हो गया था। नया मुहावरा, पहले आविष्कार कर रहा था और फिर दुनिया के लोगों को उसकी जरूरत समझा रहा था।

बाजार का यह नया मुहावरा, नई नस्लों की जरूरतों का बाप बन गया था।

क्या यह बिलकुल गलत था? शायद इससे हमारी जिन्दगी कुछ आरामदेह जरूर हुई थी। अब टी.वी., कार और घड़ी जैसी चीजों के लिए सालों पहले, बुकिंग नहीं करानी पड़ रही थी। लड़कियाँ उन 'मुश्किल दिनों' में, घर में बन्द होकर, असुविधा और शर्म से भरे दिन गुजारने से मुक्त हो गई थीं। लड़कों को दूध-बादाम की जगह 'हाइ-प्रोटीन फूड' मिल रहा था जो जल्दी ही उनकी मांसपेशियों को मर्दाना खूबसूरती दे सकता है।

फिर इन पंजाबी गानों के तेज संगीत से शरीर में एक खास थिरकन हो ही जाती थी...इस लोक ने विश्व में जगह बनाई थी। आखिर लोक के इस संगीत के पीछे सिर्फ और सिर्फ गैर-ब्राह्मण संस्कृति थी। पुरोहितों ने संगीत, नृत्य और नाटक को शूद्रों की संस्कृति मानकर अपनी संस्कृति में वर्जित किया था।

क्या वाकई मेरा यह सोचना गलत था कि जिस-जिस राज्य में ब्राह्मणों का वर्चस्व टूटा था, वहाँ-वहाँ लोक संगीत और नृत्य मुखर हो उठे थे?

फिर धीरे-धीरे रात गहराती गई थी। मेहमान एक-एक कर लौट गए थे। दूधिया चकाचौंध में शामियाना नहाया हुआ अब भी खड़ा था, पर इस नीरवता में उसका आकर्षण खो चुका था। लोगों के होने से ही इसका सौन्दर्य दिपदिपा रहा था।

"मई में किसी दिन बैठेंगे, हॉस्पिटल की कार्रवाई के लिए।" बिदा करते हुए हम दोस्तों के बीच तय हुआ। मैंने महीने-भर का वक्त माँगा था, क्योंकि मुझे पहले वेबर और फिर एक प्रोजेक्ट को वक्त देना था। वह कई महीने पहले से तय कार्यक्रम था। इस बीच 14 अप्रैल को बाबा साहेब अम्बेडकर की जयंती के भी कई कार्यक्रम थे।

अप्रैल का महीना तो जीसस के जन्म के महीने की तरह पवित्र महीना था हम लोगों के लिए।

दो-एक दिन बाद मैं वापस विश्वविद्यालय लौट आया था। उस उदास अकेले कमरे में मेरा अपना कोना मुझे सबसे ज्यादा सुख देता था। अम्मा वहीं घर पर रुक गई थी। हालाँकि उनका मन भी यहीं आने का था, पर पिताजी ने उन्हें आने नहीं दिया था।

जिन्दगी फिर उसी ढर्रे पर आ गई थी। वही कक्षाएँ थीं, वही लम्बे-लम्बे रास्ते।

"तुम कुछ अपनी व्यवस्था बनाओगे या ऐसे ही मजनूँ बने लैला-लैला पुकारते रहोगे?" मैंने फीरोज से पूछा था।

शनिवार की रात को वह मेरे कमरे पर आ टिका था। अक्सर वह शनिवार को आ जाया करता था और सोमवार को सुबह वहीं से कॉलेज चला जाता था।

"अब कोई व्यवस्था नहीं बनेगी शायद।" फीरोज का स्वर उदास था। "वह मुझे बरबाद कर गई...मुझे उसकी आदत हो गई है...हर लड़की की तुलना, मैं उसी से करता हूँ, वह पैमाना बन गई है। ऐसे में कोई सिर्फ बरबाद हो सकता है...जोकि मैं होकर ही रहूँगा।" उसका चेहरा लटककर लम्बा हो गया था।

फीरोज में साँवले रंग और सामान्य नैन-नक्श के बावजूद गजब का आकर्षण था...शायद उसकी गम्भीर आवाज इसमें उसकी मदद करती थी, शायद ईमानदार स्वभाव भी।

"बिना व्यवस्था के जिन्दगी नहीं चलेगी।"

मुझे ताज्जुब हुआ कि मैं खुद जो ढर्रे पर चलते जाने से परेशान महसूस कर रहा था, फीरोज को ढर्रे पर ढलने का मशविरा दे रहा था। क्या यही मनुष्य का पाखंडी स्वभाव होता है?

"तो कौन कमबख्त अब जी रहा है?" फीरोज की बुझी आवाज से मैं भीतर तक दहल गया। क्या यह भी स्युसाइडल हो गया है? मेरे जेहन में एकाएक सवाल मुँह खोलकर खड़ा हो गया था।

"हमें मर-मरके नहीं जीना चाहिए फीरोज?" मेरे हाथ खुद-ब-खुद दिलासे में उसके कन्धे तक चले गए थे।

वह प्यारा इनसान था और मेरी दिली तमन्ना थी कि मेरी मौत तक वह मेरे साथ रहे। यह कैसी खुदगर्ज तमन्ना थी, मेरे दिल में? आश्चर्य यह था कि यहीं मैं संगीता और शायद आयशा के लिए भी सोचता था।

"और तुम...?" उसने आँख उठाई थी और मेरी आँखों में कुछ टटोलने लगा था।

''मेरे पास एक उम्मीद तो है...।'' मैं कुछ पल रुका था कि कहीं मैं कुछ गलत तो नहीं कह रहा हूँ। ये नाजुक क्षण थे और इन क्षणों में साँस का एक गलत धक्का भी फीरोज को ध्वस्त कर सकता था। ''क्या पता कल को संगीता लौट ही आए...वह मेरे बच्चे की माँ बननेवाली है।''

''सच...।'' सुनकर उसके चेहरे पर मुस्कान फैल गई थी, पर आवाज अब भी डूबी-डूबी थी। ''क्या पता निगार लौट आए? एक उम्मीद मेरे पास भी है।'' मेज पर, धीरे-धीरे उँगली ठोकते हुए उसने कहा था।

''ख्याली पुलाव है या इसके पीछे कोई बात है।'' मेरे स्वर में उत्सुकता उतर आई थी। मुझे लगा कि कुछ है उसके पास, जो वह बाँटना चाहता है।

''वह वहाँ खुश नहीं है...पिछले महीने हैदराबाद यूनिवर्सिटी में उससे मुलाकात हुई थी।'' वह मेरी आँखों में देखने लगा था। मेरा अन्दाजा व्यर्थ था। वह रेत में पानी की बात कर रहा था।

''बच्चे...?'' बात आगे बढ़ाना जरूरी समझ, मैं पूछ बैठा था। मैंने अपने कॉलर ठीक किए।

''दो बच्चियाँ हैं।'' उसने भरसक मुस्कराने की कोशिश की थी। ''इसीलिए उसके खाविन्द से उसकी नहीं बनती। वह लड़का चाहता है अपने कारोबार को सँभालने के लिए।'' वह फिर धीरे-धीरे उँगली से मेज ठोकने लगा था। ''लड़का. ..माई फुट, उस साले को बच्चा नहीं मैनेजर चाहिए।''

''तुमने उससे कुछ पूछा था...मतलब तलाक के बारे में।'' मैं अपनी भावुकता से इतना परेशान था कि किसी और की भावुकता बरदाश्त नहीं कर पाता था।

''वह खुद नहीं लेगी पर कह रही थी कि उसका आदमी जल्दी ही खुद उसे तलाक दे देगा।'' उसकी आँखों में एक मासूमियत थी, जो शायद कभी न पूरा होनेवाला सपना देख रही थी।

मैं उसे कहना चाहता था कि बिल्ली को सपनों में भी छिछड़े ही दिखाई देते हैं, पर मैं कह न सका। वह रेत में पानी नहीं ढूँढ़ रहा था। रेत को ही गलती से पानी समझ रहा था।

''और कहीं उसके आदमी ने उसे तलाक दिए बिना दूसरी शादी कर ली तब?'' मेरे सवाल पर वह चुप रह गया था।

''इस बारे में मैंने नहीं सोचा।'' वह तटस्थ भाव से बोला।

''वैशाली से तुम्हें मैंने रिंकू के रिसेप्शनवाले दिन मिलाया था।...याद है तुम्हें।'' मैं जानता था कि वह उसे भूला नहीं होगा। वैशाली की उसके लिए सबसे बड़ी खासियत यह थी कि उसका चेहरा काफी हद तक निगार से मिलता-जुलता था।

"याद है तुम्हें?" मैंने दोहराया था।

"हाँ-हाँ, क्यों नहीं।" उसके चेहरे पर झेंप आई थी।

"उससे शादी करेगा?" उसकी झेंप से मैं समझ गया कि वह भी जान रहा है कि मैं उसकी इस बात को समझ गया हूँ।

"क्या कह रहा है तू यार? उसकी आँखों में आश्चर्य था, अविश्वास था, उपेक्षा थी।

"सीरियसली...उनकी फैमिली को कोई दिक्कत नहीं होगी...वे काफी मॉडर्न हैं।"

वैशाली से बड़ीवाली बेटी विशाखा ने एक ईसाई लड़के से शादी की थी। वैशाली किसी पब्लिक स्कूल में पढ़ा रही थी। वह खुद कान्वेंट एजुकेटेड थी। खटीकों में, वैशाली के पिता पहाड़िया साहब पहले व्यक्ति थे, जिन्होंने बौद्ध धर्म अपनाया था।

"फिर भी...।" वह कुनमुनाया था।

"वापस क्या बिहार जाकर बसना है या कास्ट का मामला है?" मुझे उसकी झेंप से खीझ हो आई थी। वह चाहता भी था और कहना भी नहीं चाहता था।

"मैं कौन सैयद-पठान हूँ, अंसारी हूँ, तीन-पाँच पीढ़ी पहले हमारे पुरखे चमार ही थे।" उसने बेहिचक कहा था। "भूखे और कमजोर की क्या जात...क्या मजहब?"

"तो फिर...?"

"...।"

"कुछ तो बोल यार।" मैं झल्ला गया।

"वैशाली बिलकुल निगार जैसी दिखती है, उसकी बातचीत का ढंग भी वही है।" उसने अतीत में उलझते हुए कहा था। "वैशाली से तो पूछ ले पहले।"

"ठीक है, पर यह ध्यान कर ले कि वह वैशाली है, निगार नहीं।" मैंने स्पष्ट कर देना उचित समझा था।

क्या हम किसी और से नहीं, अपनी ही किन्हीं मनपसन्द छवियों से प्यार करते हैं और समझने लगते हैं कि किसी और से प्यार कर रहे हैं? मुझे डर लगा था कि कहीं फीरोज वैशाली की बजाय निगार की छवि से तो शादी की 'हाँ' नहीं कर रहा है। क्या निगार भी उसके लिए एक छवि ही नहीं थी? क्या वंदना मेरी मनपसन्द छवि नहीं थी, इसीलिए शायद मैं उससे जुड़ नहीं पाया था? क्या संगीता और फिर आयशा भी, मेरे मन को इतना आकर्षित इसीलिए नहीं करती है कि वह मेरी मनपसन्द छवि के अनुकूल है? क्या हम किसी अन्य पुरुष या स्त्री से प्रेम कभी कर पाते हैं या फिर अपनी ही चुनी हुई छवियों को चाहते रहते हैं?

क्या वंदना ने जो प्रेम मुझ से पाया था, वह सिर्फ समाज में अपनी जाति की छवि के कारण पाया था?

फीरोज के बारे में, बाद में, मैंने पहले वैशाली के पिता और फिर वैशाली से भी बात की थी। 'यह वैशाली पर है।' पहाड़िया साहब को कोई एतराज नहीं था, इस मामले पर लेकिन वैशाली ने मना कर दिया था। वह किसी और लड़के से प्रेम करती थी और उसी से शादी करना चाहती थी। मैंने फीरोज को सारी बात स्पष्ट कर दी थी।

''अब तू ही बता, मेरी किस्मत में ही ढर्रे पर चलना नहीं लिखा। मैं क्या करूँ?'' वह कहकर हँसा था। जैसे खंडहर में कोई आवाज गूँजी थी।

मुझे उसकी चिन्ता हुई थी।

परन्तु वक्त की आगोश में जाने क्या-क्या छिपा रहता है? छह-सात महीने बाद ही वैशाली ने मुझे फोन करके फीरोज से मिलने की इच्छा जताई थी।

''ही वाज एन अपर कास्ट हिन्दू इडियट।'' मैंने उस लड़के के बारे में पूछा जिससे वह शादी करनेवाली थी। उसने मेरे सवाल के जवाब में यह कहा था। 'क्या वह ब्राह्मण था, मेरे पूछने पर उसने जवाब दिया था कि वह कोई 'त्यागी' सरनेम लगाता था। ''ही वाज ए मीडिएवल मैन।''

फीरोज और वैशाली ने, छह महीने की दोस्ती के बाद, शादी कर ली थी। हमारे लिए वह बेहद खुशी का दिन था।

रिंकू की शादी के समारोह के बाद मैंने वेबर की व्यवस्था एक गेस्ट हाउस में कर दी थी। मैं चाहता था कि वेबर अम्बेडकर जयन्ती के दौरान शहर के कार्यक्रमों में शामिल रहें और लोगों से मिलें।

लेकिन वेबर ने अपना पूरा कार्यक्रम जर्मनी से निकलने से पहले ही 'चाक-आउट' किया हुआ था। 14 अप्रैल को उन्हें नागपुर में होना था। वह अन्य विदेशी विद्वानों की ही तरह काफी व्यवस्थित थे। मैं जानता था कि वह रुकेंगे नहीं और रोकना उचित भी नहीं था।

अपनी भावुकताओं से, दूसरों को तंग करना मुझे संज्ञेय अपराध लगता था और आज भी लगता है। हमें भावुकताओं में भी लोकतांत्रिक होना चाहिए। पर क्या यह भारतीय माहौल में किसी तरह मुमकिन है? अल्बेयर कामू के 'स्ट्रेन्जर' के नायक को लिजलिजी भावुकताओं से मुक्त होने के कारण ही फाँसी की सजा भुगतनी पड़ती है। क्या वाकई तार्किक होने की सजा यह है कि हम अपने ही समय और समाज में अजनबी और बाहरी होने को अभिशप्त हो जाएँ? फ्रान्स में

कामू का यह अजनबीपन उन्नीस सौ बयालीस में था और धीरे-धीरे आधुनिकता ने उन्हें इससे मुक्ति दे दी थी। पर हम भारतीय कब तक ऐसे ही असभ्य, आदिम और असहिष्णु बने रहेंगे?

''नागपुर में इस महोत्सव को देखना एक अनूठा अनुभव होता है।'' मैंने वेबर से कहा था।

''आप कभी गए हैं वहाँ, इस मौके पर।'' शायद मेरी आँखों में चमक देखी थी उन्होंने।

''बिलकुल, कई बार। यह एक पवित्र यात्रा की तरह है हमारे लिए।''

''शायद हज की तरह।'' वह मुस्कराए थे और कुछ आराम से पसर गए थे, कुर्सी पर।

''आनेवाले दस साल में पूरे देश और विदेश के लिए यह शायद ऐसा ही होगा।'' मैंने अपने घुटने के मुड़े हिस्से को दबाया था।

''आमीन...।'' कहते हुए वेबर मुस्कराए थे। 'आप काफी धार्मिक भाव... मतलब मुझे लगता है कि आपका धर्म में...यह मेरा सोचना है...आइ मे बी रांग।'' हिचकते हुए उन्होंने कहा।

''धर्म हमारे समाज की अभी जरूरत है, मिस्टर वेबर।''

मैं कहता चाहता था कि हम सभी, व्यक्तिगत रूप में, नास्तिक भी हो सकते हैं, परन्तु धर्महीन होकर न जी सकते हैं, न मर सकते हैं। हमारे चाहने, न चाहने के बावजूद हमारा एक धर्म है, जिसमें हम पैदा हुए हैं और मरेंगे भी। ईश्वर हमारी सामाजिक जिन्दगी में तुच्छ और नगण्य हो सकता है, पर धर्म हमारी पूरी सामाजिक जिन्दगी को प्रभावित करता है, कभी-कभी तय भी करता है। धर्म होने के बाद हम धर्म को न मानने का दावा करने के लिए खुले होते हैं, परन्तु उसकी भी पहली सीढ़ी धर्म का होना है। लेकिन, उस वक्त, मैं इस पर बहस नहीं करना चाहता था।

''धर्म एक सत्ता-विमर्श है?'' मिस्टर वेबर ने मेरी आँखों में झाँका था।

''नहीं...वह पहचान का संघर्ष है और हर संघर्ष बौद्धिक दुनिया में एक विमर्श है।'' मैंने जयंत जैसी तटस्थता और सहजता से कहा। यह मैंने जयंत से सीख लिया था। आवेश में भी संयत रहना।

''खैर छोड़िए...नागपुर में इस दौरान मुझे कई लोगों से मिलना होगा। आप भी कुछ बताएँ...किन किन लोगों से मिला जा सकता है।'' वेबर शायद मेरी अनिच्छा समझ गए थे।

''आपकी सूची में कौन-कौन हैं?'' मैंने पहले यह जानना उचित समझा कि वह अपना कार्यक्रम स्पष्ट करें।

"बाबूराव बागुल, नामदेव ढसाल, लक्ष्मण गायकवाड़ और शरण कुमार लिम्बाले।"

"बहुत ठीक, पर ये सब नागपुर में ही नहीं मिलेंगे, अलग-अलग जिलों में रहते हैं। आपको लोकनाथ यशवन्त, प्रज्ञा लोखंडे, उर्मिला पवार और किशोर शान्ताबाई काले से भी मिलना चाहिए।"

फिर जाते वक्त मैंने उन्हें सभी के पते और फोन नम्बर दे दिए थे। मंत्रालय के एक दलित अधिकारी की मदद से उनके नागपुर स्थित गेस्ट हाउस में वेबर के रुकने की व्यवस्था भी करा दी थी।

दस अप्रैल को वेबर नागपुर निकल गए थे। आयशा भी उनके साथ थी। इस बीच उनके काफी दोस्ताना सम्बन्ध हो गए थे।

"तुम काफी समझदार हो, फिर भी सावधानी से।" मैंने जाते वक्त उसे, दोस्ताना सलाह दी थी। "वह विदेशी हैं, उन्हें यहाँ के बारे में शायद ज्यादा पता नहीं होगा।" मैं नहीं चाहता था कि कुछ अप्रिय घटे।

"इनसान हर जगह एक से होते हैं, मास्टरजी।" आयशा ने मेरे सामने विनम्र भाव से कहा था। "मुझे आदमियों से नहीं, औरतों से डर लगता है।" मैंने उसके दर्द को समझ लिया था।

वेबर के जाने के बाद, मैं अपनी जिम्मेदारियों में लग गया था। कई संगठन और कई अकादमियाँ, इस मौके पर आयोजन कर रहे थे। दलितों के लेखक संघ अपने पुराने विषयों में नए जोश से जूझ रहे थे। पोस्टर बनाते, पैम्फलेट लिखते और घंटों बहस करते-करते, दिन कब निकल जाता, पता ही नहीं चलता था।

लक्ष्य सामने हो तो दिन क्या, जीवन का ही पता नहीं चलता कि कब वह सार्थकता से सरक गया। उद्देश्य के अभाव में ही जीवन का प्रत्येक पल, सौ-सौ जिन्दगियों की लम्बाई में बदल जाता है?

वह एक ऐसी ही रात थी। दिन-भर भागते-दौड़ते, कब खाना खाया, कब पानी पिया, कुछ याद नहीं रहा। अपने साथी और शिष्यों के साथ, विश्वविद्यालय के ढाबे पर रात का खाना खाया और कमरे पर जाकर, जाने कब, मैं सो गया था।

"हम कब तक सवर्णों के मंचों और पत्रिकाओं की तरफ देखते रहेंगे...हमें अपने मंच खड़े करने चाहिए...मोहनदास नैमिशराय, जनवादी विचार मंच में मुख्य वक्ता के रूप में बोल रहे हैं, वहीं मंच पर राजेन्द्र यादव हैं, नामवर सिंह हैं, असगर वजाहत हैं, लिंडा हैस और लॉरा ब्रुएक हैं...हैंस वर्नर वैसलर हैं, विश्वनाथ त्रिपाठी हैं, अनामिका हैं, मैत्रेयी पुष्पा हैं, जयप्रकाश कर्दम हैं, चन्द्रभान प्रसाद हैं, तेज सिंह

हैं, श्यामलाल जैदिया हैं, कंवल भारती हैं, रूपनारायण सोनकर हैं, अनिता भारती हैं...राजेन्द्र यादव ठहाका मारकर हँस रहे हैं...पाइप से निकला धुँआ उनके काले चश्मे के आस-पास उड़ रहा है...ये राजेन्द्र साहित्य की कुलीन दुनिया को भी अपने ही जैसा बनाकर माना...अच्छा किया...नामवर सिंह तुष्ट-भाव से अपनी धोती का सिरा एक ओर से उठाकर, बोलते हुए खैनी की थूक को थूकने के लिए छोटे-छोटे डग भरकर मंच के पीछे की ओर जा रहे हैं। विश्वनाथ त्रिपाठी उन्हें बैठने को कह रहे हैं...मुझ जैसे उभरते लेखक की किताब के लोकार्पण पर आप लोगों के आने से मैं कृतार्थ हो गया हूँ...रूपनारायण सोनकर विनम्र भाव से कह रहे हैं...दलित, स्त्री और अल्पसंख्यकों का साहित्य ही, भविष्य का साहित्य है...राजेन्द्र यादव गरज रहे हैं...बड़ी चीज जीवनानुभव नहीं, बोध है...विश्वनाथ त्रिपाठी ने राजेन्द्र यादव की बात काट दी है...दलितों का इस वर्ण-व्यवस्था की दाहकता के प्रति अबोध रहना, प्रबुद्ध व्यक्ति के लिए बड़ा कष्टप्रद है...आर्थिक मुक्ति, स्थायी मुक्ति है...कंवल भारती दहाड़ रहे हैं...हमें सामाजिक मुक्ति के साथ-साथ, आर्थिक मुक्ति की लड़ाई भी लड़नी होगी...मैं कबीर के माध्यम से ही, पूरे भारत के यथार्थ को समझ सकी, लिंडा हैस अपने विदेशी लहजे के बावजूद स्पष्ट हिन्दी में कह रही हैं...लॉरा ब्रुएक मुस्करा रही हैं...हम औरतों का खुदा मालिक। जेंडर सेंसिटाइजेशन का सबसे उपयुक्त सांस्कृतिक पर्याय मुझे तो मर्दों का मन भाँजना ही सूझ रहा है...अनामिका की आवाज में आभिजान्य पूर्ण लय है...कुछ नहीं फ्रैन्ड्स हमें इंडिया में सिर्फ डाइवर्सिटी चाहिए, डाइवर्सिटी ही दलित मेनिफेस्टो है...काले कुरते और सफेद चूड़ीदार पाजामा पहने चन्द्रभान प्रसाद हाथ उठा-उठाकर समझा रहे हैं... डॉ. धर्मवीर आ गए...डॉ. धर्मवीर आ गए...मंच पर राजेन्द्र यादव अब भी पाइप से धुआँ उगल रहे हैं...उन्होंने ''आइए-आइए धर्मवीरजी'' कहकर साथ की कुर्सी पर हाथ मारते हुए बैठने का इशारा किया है...अरे वाह, आप भी आ गए...नामवर सिंह, पीछे-से, छोटे-छोटे डग भरते आ गए हैं और डॉ. धर्मवीर के पास खड़े हो गए हैं...प्रेमचन्द की आँखें नीली थीं, वह जार थे, जार थे, जार थे...उन्होंने बुधिया से बच्चे पैदा किए थे...मेरा लेना-देना...सिर्फ कफन कहानी से है...हमने यहाँ आज आपको प्रेमचन्द पर नहीं, कबीर पर बोलने के लिए बुलाया है...जयप्रकाश कर्दम कह रहे हैं...हम भी जानते हैं प्रेमचन्द सामन्त के मुंशी थे...वे इक्के में बैठकर पान खाते हुए, रोज हंस के दफ्तर जाया करते थे...जैसे...जैसे राजेन्द्र यादव अपनी टाटा इंडिका में बैठकर ठाठ से पाइप पीते हुए दरियागंज अपने हंस के दफ्तर में जाते हैं...किशन राम का सारथी, उनके इस डी.एल. सी.सी.यू.-2072 नम्बरवाले इक्के को हाँकता है...बहुत खूब धर्मवीरजी, बहुत खूब...दलितों की धर्मध्वजा, लज्जा, सब आपके हाथों में

है...दर्शक दीर्घा में बैठा एक दीन-हीन आदमी, एक पैर पर नाचने लगा है...अनिता भारती बता रही है कि यह बंत सिंह है...इसकी बेटी के साथ गाँव के सामन्तों ने अपना मुँह काला किया था...इसके विरोध करने पर इसके दोनों हाथ काट दिए थे...वह हवा में अपने टोंटे हाथ उठा-उठाकर नाच रहा है...वह मार्क्सवादी विचारधारा फैलाता था। गाँव-ज्वार में...सारा समाज लूला है...वह गा रहा है...वेदना भरी भेदती आवाज में...आओ धर्मवीरजी आओ...डॉ. धर्मवीर के मंच पर आने से दर्शकों में उत्तेजना फैल गई है...अब ये जार-पाठ शुरू करेंगे...एक दर्शक इस पाँत से उठकर दूसरी तरफवाली पाँत में जाकर बैठ गया है...दर्शक हिल-डुल रहे हैं...कुछ इधरवाली पाँत से उठकर, दूसरी पाँत में जा बैठे हैं...खूब मारा धर्मवीरजी...बहुत खूब घर में घुस कर मारा...बहुजन डाइवर्सिटी मिशन के ब्रजपाल भारती हिप-हिप हुर्रे चिल्ला रहे हैं...प्रह्लादचन्द्र दास और हीरालाल राजस्थानी उन्हें शान्ति से बैठने को कह रहे हैं...इन लोगों की कहानियाँ-वहानियाँ एकाध पत्रिका में छपती जरूर हैं, पर उन्हें पढ़ता कौन है...हम तो ऐसे ही पलटकर आगे बढ़ जाते हैं...दुनिया भर की तो गालियाँ देते हैं हमें...एक दर्शक अपनी पाँत वाले दर्शक से कह रहा है...महान आजीवक कबीर जारकर्म के खिलाफ हैं...वे दलित औरतों की इज्जत की लड़ाई लड़ रहे हैं...बुद्ध के धम्म में सब बराबर हैं...दलित साहित्य का आधार बौद्ध धम्म है...डॉ. धर्मवीर दलितों के साईं बाबा हैं...डॉ. धर्मवीर चुपचाप तुलसीराम को यह सब कहते हुए, अपने होंठों पर चार उँगलियाँ रखे देख रहे हैं...वह अपने स्वभाव के विपरीत आश्चर्यजनक रूप से चुप हैं...तुलसीरामजी आप रूस की राजनीति काहे नहीं पढ़ाते हैं, यहाँ-कहाँ दलित साहित्य में पैर फंसा रहे हैं...एच.एल. दुसाध दर्शक दीर्घा में उठ खड़े हुए हैं...हमें युवा प्रतिभाओं को प्रोत्साहन देना चाहिए...उड़ने के लिए आसमान देना चाहिए...असगर वजाहत रूपनारायण सोनकर को उनकी आत्मकथा के प्रकाशन के लिए बधाई दे रहे हैं...लारा ब्रुएक और वेसलर भी "बहुत खूब मि. सोनकर, वैल्डन" कहकर सोनकर को बधाई दे रहे हैं...मुझे खुशी है...कहते हुए राजेन्द्र यादव उठ गए हैं...कि मैंने हिन्दी की मनुवादी कुलीनता को भ्रष्ट करके जनतांत्रिक बना दिया है...मेरे जीवन का लक्ष्य, मैंने जीते जी पूरा होते देख लिया...इससे बड़ा सार्थक सुख और क्या हो सकता है...राजेन्द्र यादव भारी लेकिन लरजती आवाज में कह रहे हैं...उनकी यह बात सुनकर दर्शक दीर्घा में से एक भव्य व्यक्तित्व हाथ उठाकर उठ खड़ा हुआ है...उन्होंने थ्री पीस सूट पहना हुआ है...उनके माथे पर विश्व का सारा तेज पुँजीभूत हो गया है...चमचमाते जूतों से ठक-ठक करते हुए वह महापुरुष मंच की तरफ जा रहे हैं...मंच पर सब खड़े हो गए हैं...सब अवाक् और अभिभूत हैं...वह महापुरुष मंच की तरफ बढ़े जा रहे

हैं...राजेन्द्र यादव पाइप सामने मेज पर रखकर अपने पैर की तकलीफ के बावजूद स्टिक के सहारे खड़े हो गए हैं...डॉ. धर्मवीर उस तरफ लपके हैं...पीछे-पीछे चन्द्रभान प्रसाद हैं...महापुरुष ने एक हाथ डॉ. धर्मवीर और दूसरा हाथ चन्द्रभान प्रसाद के कन्धे पर रख दिया है...चलते हुए वह सीधे राजेन्द्र यादव के पास जा खड़े हुए हैं...तुमच्या सहयोगा साठी धन्यवाद राजेन्द्र...महापुरुष ने कहते हुए राजेन्द्र यादव को अपने अंकवार में भर लिया...बाबा साहेब अम्बेडकर अमर रहें...गरीबों के मसीहा डॉ. अम्बेडकर अमर रहें...महामानव अम्बेडकर अमर रहें...सभा में बहुत सारे बच्चे नारे लगा रहे हैं...बहुत सारे बच्चे महापुरुष को छूने के लिए दौड़े जा रहे हैं...बहुत सारे बच्चे महापुरुष के पैरों में लिपट गए हैं...कुछ बच्चे महापुरुष के कोट की जेबों में से चॉकलेट, टॉफियाँ और किताबें निकाल रहे हैं...महापुरुष हँस रहे हैं...खिलखिला रहे हैं...प्रेम, शान्ति और तेज से सराबोर उनका चेहरा दिपदिपा रहा है...मैं अकेला ही चला था जानिबे मंजिल मगर लोग आते गए कारवाँ बनता गया...असलम शेर पढ़ने लगा है...जबाँ हमारी न समझा यहाँ कोई मजरूह, हर अजनबी की तरह अपने ही वतन में रहे...हमको मिटा सके यह जमाने में दम नहीं हमसे जमाना खुद है जमाने से हम नहीं...असलम शेर पढ़े जा रहा है...मैं असलम के ऊपर उड़ रहा हूँ...बड़े-बड़े डैने...बड़ी मुड़ी चोंच बाज जैसी...काँव-काँव-काँव...कौए जैसी आवाज...कबूतर से लम्बा कुछ कद...यह मैं कैसा हो गया...मैं उड़े जा रहा हूँ...रात खत्म होने को है...अँधेरा तेज गहरा रहा है...काँव काँव काँव...मैं मुहल्ले के एक घर की मुँडेर पर बैठ गया हूँ...वाल्मीकि मुहल्ला...लगभग पूरा मुहल्ला नींद में बेसुध है...पन्द्रह-बीस घरों में रोशनी जल रही है...बाबा साहब की जयंती है आज उठो जागो...दस-पाँच लोग हर घर का दरवाजा पीट रहे हैं...एडवोकेट भगवानदास आगे-आगे चल रहे हैं...कोई बाहर नहीं निकल रहा...सब सोए हैं...अरे सोने दे भाई, रात-भर देवी नाची है मेरे पर...एक जनाना आवाज भीतर से आ रही है...भागो यहाँ से हमारा काए का अम्बेडकर...एक मरदाना कर्कश स्वर कहीं से आ रहा है...

जय भंगी, जय चमार...जो इसे रोके करो पलटवार...बाहर खड़े लोग नारे लगाने लगे हैं...हम भंगियों का भी वही देवता है...जागो-जागो...काँव-काँव-काँव...मैं उड़ चला हूँ...जाटव पुरा...लगभग पूरा, मोहल्ला रोशन है...पक्के आलीशान घरों में रोशनी गुल है...बाबा अम्बेडकर अमर रहें...उन्हीं की बदौलत हमें नई जिन्नगी मिली है...जिनावर से बदतर समझते थे हमें...माँ, बेटी के बाल काढ़ रही है...बेटी की आँखों में सपनों की झिलमिल है...बाहर ट्रक घर्र-घर्र कर रहे हैं...चन्दा कुछ थोड़ा पड़ गया नहीं तो बीस की जगह पचास ट्रक कर सबको भर ले जाते...एक मर्दाना आवाज दूसरे से कह रही है...दिल्ली दूर भी तो है भैया...सबन ने ले जानो

थोड़ो मुसकिल भी है...सुनो है संसद भवन पर भौत बड़ो मेलो भरतो है...तुम क्या पहली बार जा रहे हो...हाँ भैया पैले तो कभी मिहनत-मजूरी से बखत ही ना मिलो अबके ठान लेई थी मैंने...ये बड़ी-बड़ी कोठिनवाले ना जाँगे का...इनन ने बाबा साब ते लेनो देनो ना है का...अरे भाई ये रईस लोग हैं...ये खुद को बाबा साहब से बड़ा मानने लगे हैं...इन्हें छोड़ दो...ये हिन्दू लोग हैं...जागरण करते हैं...चौकियाँ लगाते हैं...काँव-काँव-काँव...ये तो मेरा मोहल्ला है...सामने बोर्ड लगा है...मोहल्ला खटीकान...धनपत सब्जी खरीदने मंडी जाने की तैयारी में है...काँव-काँव-काँव...मैं धनपत के सामने जा खड़ा हुआ हूँ...धनपत मेरा फुफेरा भाई मुझे कँकड़ी मारकर भगा रहा है...वह मुझे पहचान नहीं रहा...रामधन छुरी लेकर बकरे काटने में लगा है...मुझे अपनी तरफ बढ़ता देख उसने मेरी तरफ पत्थर फेंका है...वह भी मुझे पहचान नहीं रहा है...मेरी बोली समझ नहीं रहा है...मैं उन्हें बताना चाहता हूँ कि आज बाबा साहब की जयंती है...पर व्यर्थ...सतगुरु दुर्बलनाथजी महाराज की जय...हुजूम-का-हुजूम एक पालकी लिए बढ़ा जा रहा है...पालकी में एक पंछी लेटा है...वृद्ध और घायल...बड़े-बड़े डैने...बड़ी मुड़ी चोंच...बाज जैसी...कबूतर से लम्बा कुछ कद...काँव-काँव-काँव...मेरी आवाज सुनकर उन्होंने भी धीमी और वृद्ध आवाज में जवाब दिया है...

वह वृद्ध पंछी बोल रहा है...बाबा साहब अमर रहें...भीड़ स्तब्ध हुई और फिर नारे लगाने लगी...बाबा साहब अमर रहें...दुर्बलनाथजी अमर रहें...कुछ लोग जै माता की, जै माता की, जै माता की चिल्लाने लगे हैं...सांचे दरबार की जै...भोले बाबा की जै...भैरू बाबा की जै...दारू की बोतलें निकल आई हैं...सब चढ़ा रहे हैं...हम आजाद हो गए...हम चार्वाक हैं...हम किसी के गुलाम नहीं...सब मोहल्ले एक हो गए हैं...हाथ की बोतल छूटकर मेरे पास छन्न से आ गिरी...

'झटके से मेरी आँख खुल गई। सामने गुलमोहर के पेड़ पर चिड़ियों का राग-प्रभात जारी था। अलसाई आँखों से बाहर के नीम उजाले की तरफ देखा। नींद भरकर नहीं आई थी और शरीर में टूटन बाकी थी, फिर भी मैं जी कड़ा करके उठ गया।

आखिर 14 अप्रैल को भी गुजरना था और वह गुजर चुका था। पीछे रह गए थे—उत्साह, आनन्द, थकान और यादों के अवशेष। समारोह, अधिवेशन, गोष्ठियाँ और सांस्कृतिक कार्यक्रम जो लोग कर सकते थे उन्होंने किया था।

"तब निबट गया सब।" यह सुशील था। 15 अप्रैल को उसका दोपहर में फोन आया था। "आज शाम फ्री है तो आजा घर की तरफ।"

वह शाम की दावत का इशारा था। मैं जानता था कि यह सिर्फ पीने का कार्यक्रम बनकर रह जाएगा। मेरी कोई इच्छा नहीं थी। दूसरे, बार-बार न पीने या इसे कम-से-कम करते जाने का ज्वार भी जोर मारता रहता था। कोई वजह भी इस आयोजन के पीछे नहीं थी। मैंने यही सब सोचकर ना कर दिया था।

''ये असलम बैठा है मेरे दफ्तर में।'' सुशील की आवाज भारी हो गई थी। ''क्या कह रहा है सुन ले।''

''हाँ भाईजान।'' असलम को जरूर मुझसे कोई काम था, उसके भाईजान बोलने और कहने के तरीके से, मैं भाँप गया था।

''कैसा है?''

''बीमार है यार। कोई दवा कर दे तो।'' उसकी आवाज में अनुरोध था, पर झिझक भी थी।

''क्या बात?'' मुझे उत्सुकता हो आई थी।

''यार वो आयशा!'' कहकर वह रुक गया था। उसकी झिझक बढ़ गई थी।

''क्यों क्या हुआ उसे?'' मुझे तय करने में मुश्किल हुई कि वह क्या कहना चाहता है।

''एक बार तू उसे कह दे तो...।'' वह झिझकते हुए भी कह ही गया था।

''तूने मुझे दलाल समझा है क्या?'' मेरे स्वर में अचानक आवेश आ गया था।

''भाई जान एक तो तुम बुरा बहुत जल्दी मान जाते हो...यार लोग दिल खोलकर बात भी नहीं कह सकते। उसका तो धन्धा ही आखिर...हमारे साथ या किसी के साथ।''

असलम गलत नहीं था। उसका धन्धा तो वाकई यही था। आयशा के लिए असलम क्या और कालरा क्या। पर मुझे यह सुनकर बुरा क्यों लगा? क्या मुझे आयशा से अपनत्व महसूस होने लगा था? क्या खुद को उसका दलाल बनने की भूमिका से मुझे अरुचि हुई थी? वाकई असलम के इस अनुरोध ने मुझे चेतावनी दी थी।

''इसमें मैं तुम्हारी कोई मदद कर सकता हूँ तो इतनी कि तुम्हें कालरा का नम्बर दे देता हूँ।''

उसने भी समझदारी दिखाई थी, ज्यादा अनुरोध की जगह उसने चुपचाप कालरा का नम्बर ले लिया था। कालरा से वह रिंकू की शादी में मिल ही चुका था। फिर कालरा जैसा बिजनेसमैन सुशील से हाथ मिलाने के सौदे के फायदे बखूबी जानता था।

"कैसी हो?" तीन-चार दिन बाद आयशा नागपुर से लौट आई थी।

यूनिवर्सिटी के काम से एक हफ्ते के लिए मुझे लखनऊ निकलना पड़ा था। लौटनेवाले दिन ही से उसके लैंडलाइन फोन से मेरे मोबाइल फोन पर फोन आने लगे थे पर रोमिंग पर होने की वजह से मैं उसका फोन उठा नहीं पाया था। पिछले महीने के ढाई हजार के बिल ने मेरी बत्ती गुल कर दी थी और रोमिंग तो इसका और भट्ठा बैठा देती। इस डर ने मुझे फोन उठाने से रोके रखा था वरना मैं खुद भी उससे बात करना चाहता था। मैंने लौटते ही उसे फोन किया था।

"आप से मास्टरजी मेरी पक्की कुट्टी।" उसने रूठते हुए कहा था। मैं समझ गया था कि वह गुस्से में है पर गुस्से का इजहार नहीं कर पा रही है।

"वेबर कैसे हैं?" मैंने टालना चाहा था। मैं उसके साथ इन भावुक क्षणों से डरने लगा था। क्या मैं भी उसके साथ कुछ कमजोर पड़ने लगा था?

"सारी बात फोन पर ही पूछनी है न...मिलना नहीं है न...देखना नहीं चाहते कि मैं कितनी काली हो गई हूँ।" वह एक ही साँस में बोलती चली गई थी। "चुपचाप शाम को, सात बजे, मेन्डारिन फोर्ट में चले आइए मास्टरजी, वेबर भी साथ होगा।" और उसने फोन काट दिया था।

मेरे हाँ-ना कहने का उसने इन्तजार भी नहीं किया था। शायद उसे पता था कि मैं ना नहीं कह पाऊँगा और यह बिलकुल सच था क्योंकि मैं अच्छे बच्चों की तरह, करीने से बाल काढ़कर, सात बजते-बजते वहाँ पहुँच गया था।

रेस्तराँ में घुसते ही मेरी नजर चारों तरफ घूम गई थी। वहाँ मैं पहली बार गया था। आयशा की पीठ दरवाजे की तरफ थी पर मैं उसे पहचान गया था। वह टेबल पर अकेली थी और सिर झुकाए बैठी थी। वह अपने नाखूनों को नेलकटर से शेप देने में लगी थी। मैं उसके सामने जा खड़ा हुआ था। उसने सिर उठाकर देखा भी नहीं कि कौन खड़ा है।

"अरे आप आ गए!" मैंने कुर्सी खींचकर बैठने की कोशिश की तो उसने सिर उठाया था। इसी बीच उसके मुँह से ये हैरानी से छुए शब्द गिरे थे।

"वेबर कहाँ हैं?"

"वेबर...हाँ वह बाथरूम में हैं...अभी आ जाएगा।" उसने अटकते हुए जवाब दिया। 'मैं कैसी लग रही हूँ बताइए?"

"जैसी पहले थी, वैसी ही।" मुझे वह पहले के जैसी ही लग रही थी, उसमें कोई बदलाव, मैं ढूँढ़ नहीं पाया था। पर चाहनेवालों को इस जवाब से चैन नहीं पड़ता।

"आप भी बस...देखो मैं कितनी काली हो गई हूँ।" कहते हुए उसने दोनों हाथ आगे बढ़ा दिए थे।

उसके हाथों में भी मुझे कुछ बदलाव नजर नहीं आया था, पर उसका मन रखने के लिए मैंने 'हूँ' में जवाब दे दिया था। वह अपने गोरे रंग को लेकर हमेशा चिन्तित रहती थी। क्या गोरे वेबर के साथ चार-पाँच दिन रहने के कारण उसके मन में अपने रंग के प्रति यह बात घर कर गई है? मेरे दिमाग में एकाएक कौंधा था।

फिर वह मुम्बई, पूना, शोलापुर, नासिक और रत्नागिरि के बारे में बताती रही थी। शिरडी के साईंबाबा के मन्दिर का वैभव बताते-बताते वह कहीं खो गई थी। फिर वहाँ के भिखारियों के बारे में बताते-बताते हँस-हँस के लोट-पोट होने लगी कि वे साईंबाबा की तरह दाढ़ी बढ़ाकर और कपड़े पहनकर भीख माँगते रहते हैं।

"वहाँ खैर सब लोग उन्हें भीख जरूर दे रहे थे...मास्टरजी क्या डर की वजह से ही हम भक्ति करते हैं? क्या डर ही हमसे अच्छे काम करवाता है? क्या डर के कारण ही हम किसी अनदेखे भगवान से डरने लगते हैं?" आयशा ने सवालों की झड़ी लगा दी थी।

"क्या वहाँ लेखकों से भी मिली थीं तुम?" मैंने उसके सारे सवालों को टाल दिया था।

इन सवालों के जवाब मैं उसे नहीं दे सकता था। इन सवालों के जवाब उसे खुद ढूँढ़ने थे जैसे मैंने ढूँढ़े थे। ये जवाब बहुत व्यक्तिगत होने को अभिशप्त हैं। इनका जवाब कोई भी व्यक्ति किसी दूसरे को नहीं दे सकता। ये गूँगे के गुड़ की तरह नहीं थे, बल्कि गूँगा होने की स्थिति तक ले जानेवाले थे।

भगवान की सत्ता और किसी माफिया डॉन की सत्ता मुझे प्रकारान्तर से एक जैसी लगती थी। यह बात आयशा नहीं माननेवाली थी। इस सत्ता की उसकी अपनी अलग और व्यक्तिगत व्याख्या होनी थी।

'हाँ मिली थी...मन भर आता था। सुन-सुनकर...कैसे जिया है उन्होंने यह नर्क...मैं तो खुद को ही अभागी मानती थी...वेबर ने बहुत सहारा दिया।" उसकी आँखों में, वेबर के जिक्र से सकुचाहट आई थी।

मेन्डारिन फोर्ट में यूँ मैं पहली बार आया था पर लग रहा था जैसे कई बार आ चुका हूँ। उसे देखकर लगता था कि यूरोपीय स्थापत्य का नमूना हो...रोमन शैली के ऊँचे-ऊँचे, सफेद संगरमरमर के खम्भों पर टिकी, ऊँची छत, कुर्सियों और टेबलों के अलावा पार्क जैसा माहौल देती बेंचे। बेंचों के आस-पास थोड़े बड़े पौधे जो बड़े-बड़े गमलों में लगे थे। रेलिंग के साथ-साथ चलकर वहाँ तक पहुँचा जा सकता था, वरना वह विभाजक का काम कर रहा था। इस तरफ बार थी और उस तरफ कॉफी और पेस्ट्री शॉप। कुछ आगे को बढ़कर आइसक्रीम स्पॉट था। बार को चारों तरफ से ऐसे शीशे से आड़ दे दी गई थी कि बाहर खड़ा आदमी

अन्दर कुछ नहीं देख सकता था पर अन्दर बैठा आदमी पूरे नजारे के लिए खुला था। दूर एक डिस्पले बोर्ड लगा था जो टॉयलेट, पेस्ट्री शॉप और आइसक्रीम पार्लर पर दिए गए आर्डर का क्रम स्पष्ट कर रहा था। सबकुछ व्यवस्थित और शान्त था। पंजाबी महिलाएँ भी थीं, चाट-हाट के कार्नर पर लेकिन वे बेवजह शोरगुल नहीं मचा रही थीं।

मेन्डारिन फोर्ट को मैंने बाहर से कई बार देखा था पर उसकी भव्यता का बाहर से वाकई पता नहीं चलता था।

''क्या वेबर बॉथरूम में नहा रहे हैं?'' यह वाकई अस्वाभाविक देरी थी।

''नहीं, वह नहीं आया...मैंने आपसे मजाक किया था।'' उसने बिना सिर उठाए, तटस्थ-भाव से कहा। ''मैंने ही नहीं बुलाया इनफेक्ट, एक म्यान में एक तलवार।''

मैं हँस पड़ा था। पता नहीं उसके कहने के अन्दाज पर या तलवार और म्यान की बात पर। भीतर मन में कहीं मैंने खुशी महसूस की थी। मैं आश्वस्त भाव से कुर्सी पर पसर गया था। अचानक मुझे डर लगा। यह खुशी और आश्वस्ति मुझे डरा गई थी।

बाहर रात गहराती जा रही थी। जहाँ हम बैठे थे वहाँ से रेस्तराँ का दरवाजा नब्बे डिग्री के कोण पर था। दरवाजा खुलते-बन्द होते वक्त, मेरी नजर बार-बार वहाँ पड़ रही थी। रेस्तराँ में दूसरे काउंटरों पर भीड़ थी पर बार में सिर्फ हम दो ही थे।

''यहाँ भीड़ नौ बजे के बाद होगी।'' आगशा ने, मुझे बार-बार घड़ी देखने की वजह से बताया था। उसने यह भी बताया था कि हम नौ बजे निकल जाएँगे क्योंकि उसके बाद यहाँ अमीर माँ-बाप के कमउम्र बच्चों का अराजक राज हो जाएगा। लाउड म्यूजिक और उनका हो-हल्ला, पूरे रेस्तराँ को हिला देगा।

''पौने आठ।'' उसके बताते ही मैंने घड़ी देखी थी। ''हमारे पास पूरा एक-सवा घंटा है।'' मैं बुदबुदाया था। इस बीच हम दोनों एक बीयर ले चुके थे।

''क्या सुशील से मुलाकात हुई?'' मैंने उसकी आँखों में गहरे तक झाँका था, जहाँ तक मैं झाँक सकता था।

मैं आते ही उससे यह पूछ लेना चाहता था, पर रुक गया था। कहीं मैं यही पूछने की खातिर तो उससे मिलने नहीं आया था? घर से चलते वक्त भी यह सवाल मेरे दिल में था।

''हाँ फोन आया था...।'' उसने आँखों-में-आँखें डाल दी थीं।

''क्या मुलाकात भी हुई थी?'' मेरे स्वर में उत्सुकता या अकुलाहट जैसा कुछ था।

"छोड़िए न मास्टरजी यह सब।" उसने धीमे-से कहकर आँखें झुका ली थीं।

वह गर्दन झुकाए-झुकाए बीयर पीने लगी थी।

उसके खुले बाल कुछ कन्धों और कुछ माथे से गिरते हुए आँखों को ढँक रहे थे। रेस्तराँ की नीली रोशनी में काले रंग के सितारों वाले सूट में बीयर पीती आयशा...यह पूरा दृश्य बहुत जादुई था। उसने कुछ देर बाद बताया था कि कालरा को असलम ने सुशील से मिलने को घर बुलाया था। वह तब पूना में थी। कालरा का उसी शाम पूना उसके पास फोन गया था। वह उन्हीं के साथ बैठा हुआ था। वह उससे दिल्ली आकर मिली थी। कालरा चाहता था कि वह उनके पास जाए। "तुम्हारे पुलिस के काम बी.एन. कौशिक से करवा दूँगी।" उसने कालरा से कहा था, पर कालरा ने यह कहते हुए टाल दिया था कि 'सुशील एस.सी. है और एस.सी. अधिकारी कम पैसे में बड़ा काम कर देते हैं, दूसरे वे तुम्हें भी औरों से ज्यादा माल देंगे क्योंकि उनके मन में इनफीरियोरिटी काम्प्लेक्स होता है, कास्ट का।"

"तो क्या वाकई तुम्हें सुशील ने ज्यादा पैसे दिए थे।" मैं मन-ही-मन कालरा की बात से चिढ़ गया था। उसके एक वाक्य ने हम सबको सुशील के अपराध में शामिल कर लिया था।

"वेबर अच्छा आदमी है न मास्टरजी?" उसने मेरे सवाल को अनसुना कर दिया था। वह चुपचाप धीरे-धीरे बीयर सिप कर रही थी। अभी कुछ देर पहले वाला जादुई दृश्य खंडित हो गया था।

फिर हम लौट गए थे अपने-अपने घर।

मैं जान गया था कि आयशा के दिल में वेबर ने दस्तक दे दी है। मैं वेबर के बारे में बहुत ज्यादा नहीं जानता था। आयशा के सवाल का जवाब देने में मुझे असुविधा हुई। मैं चुप रह गया। यह वेबर से मेरी पहली मुलाकात थी। इससे पहले हम इंटरनेट पर ही मिलते थे और सूचनाओं का आदान-प्रदान करते थे। ये सूचनाएँ भी ज्यादातर काम और शोध के मुतल्लिक होती थीं। पारिवारिक बातें कभी-कभार यूँ ही अचानक बात चलने पर हो जाती थी। इन्हीं के आधार पर मैं जानता था कि वह दो पत्नियों से तलाक ले चुका है और उसके प्रत्येक पत्नी से एक बच्चा है। बच्चे शायद पहले अपनी माँओं के साथ थे और बाद में सरकारी संरक्षण में चले गए थे।

मुझे आयशा की नजर पर भरोसा था कि वह आदमी की परख कभी गलत नहीं कर सकती। उसने बहुत कम उम्र से दुख झेले थे और दुखों ने उसकी नजर पैनी कर दी थी।

मैं, असलम और सुशील से भी अलग-अलग दिन मिला था। मैंने उनसे भी जानना चाहा था कि 'फिर आगे क्या हुआ?'' पर दोनों ही, हँसते हुए टाल गए थे। उनका इस तरह मुझसे बात को राज रखना, मुझे सच में अखरा था।

''घोड़ा घास से दोस्ती करेगा, तो क्या खाएगा प्रोफेसर को।'' कालरा से पूछने पर मुझे व्यावहारिक जवाब मिला था। ''तुम तफ्तीश क्यों कर रहे हो प्रोफेसर या तो संत बनो या कंत बनो, दुविधा में मत रहो।'' राना ने ठहाका लगाया था।

वाकई इस तफ्तीश से, मैं खुद गहरे विस्मय में था कि मैं ऐसा क्यों कर रहा हूँ?

''मुझे कोई बीमारी हो गई है मास्टर जी।''

यह जून की शुरुआत थी। गर्मी अपने प्रचंड वेग पर थी। इस बार गर्मी ने पिछले सारे रिकॉर्ड तोड़ दिए थे। लू से दस लोगों के मरने की खबर अखबार में छपी थी। बेशक ये सब गरीब लोग थे। यकीनन ये हमारे लोग थे।

अप्रैल में हुई, रेस्तराँ की मुलाकात के बाद, यह मेरी पहली मुलाकात थी। वह फोन करती रही थी पर मैं बहाना बनाकर टालता रहा था। मैं उससे वाकई अब बचने की कोशिश कर रहा था। इस बार, उसने मुझसे बहुत दयनीय स्वर में कहा था, 'आप मुझे पहचान नहीं पाएँगे।''

मैं यह सुनकर, उसके घर पहुँचा था और वाकई उसे पहचान नहीं पाया था। दरवाजा खटखटाना नहीं पड़ा था, वह खुला ही था। घर में घुसते ही, मुझे श्मशान का सा वीरान अहसास हुआ था। यह वही घर था जहाँ जिन्दगी, खुशबू बनकर महकती थी। वह एकदम काली पड़ गई थी। उसकी आँखों के आगे, सूजे पपोटे थे और आँखें कोटरों में धँस गई थीं। सुनहरी बाल झड़कर, पुराने सूखे झाड़ की तरह हो गए थे। उसकी हँसुली की हड्डी उभरकर, साफ दिखाई देने लगी थी। वह एक मादा कंकाल जैसी डरावनी थी। मुझे भय भी हुआ था और दया भी आई थी। आने से पहले, मैं सोच रहा था कि यह उसका बुलाने का बहाना भर होगा और यह बहाना ही हुआ होता, तो सचमुच मैं डाँटने का मन भी बना चुका था।

''बैठिए...।'' इस कंकाल में, एक धीमा स्वर गूँजा था।

''क्या वेबर...?'' मेरी सोच शब्द बनकर निकल गई थी। वेबर, पिछले महीने मई में जर्मनी लौट गए थे किसी कारण से। मैं सामने पड़ी कुर्सी खींचकर बैठ गया था।

''आपको पानी भी नहीं पिला सकती...कैसी अभागी हूँ।'' एक स्वर गूँजा था। उसने मेरे सवाल को शायद सुना नहीं था या सुनकर अनसुना कर दिया था। उसे बोलने में भी हाँफ उठ रही थी। उसने उठने का उपक्रम किया था।

''नहीं आयशा, तुम लेटी रहो, मुझे प्यास है भी नहीं।'' मैं फिर चुपचाप उसे देखने लगा था।

क्या राना, कालरा, सुशील और असलम भी? मेरी खूब जानकारी में थी यह बात कि राना और कालरा, कोई सुरक्षा उपाय नहीं अपनाते थे। मेरा मुँह सूखने लगा था। वह वापस पलँग पर, अधलेटी-सी लेट गई थी।

क्या यही वह आयशा है जिसे भींचने के लिए सुशील की भुजाएँ फड़क रही थीं? क्या मैं इसी आयशा के लिए सबसे इतने सवाल-जवाब कर रहा था? कौन है यह सामने मुर्दा पड़ी आयशा, अगर यह वह नहीं है तो? मैं केंचुए की तरह पस्त हालत में था।

''जैकलिन अभी सब्जी लेने गई है...लौटती है...चाय पिलाती हूँ।'' यह टूटा स्वर धीरे-धीरे गूँज रहा था।

''क्या कहते हैं डॉक्टर? दस-पन्द्रह दिन लगेंगे ठीक होने में अभी।'' मुझे उसकी चिन्ता हुई थी। क्या इसे वही बीमारी हो गई है जो मैं सोच रहा हूँ या यह मेरा वहम या अनुमान भर है। यही सोचकर, मैंने उससे पूछा था।

सुनकर पहले वह चुप रह गई थी। शायद वह खुद को तैयार कर रही थी। उसकी आँखों में आँसू भरने लगे थे। मेरा अनुमान पक्के विश्वास में बदलने लगा था। ''क्या हुआ तुम्हें बहादुर लड़की।'' मेरे यह कहते ही जैसे वह फट पड़ी थी।

''एच.आई.वी.।'' कहकर उसकी आँखों से आँसू लुढ़के तो फिर बहुत देर तक थमे नहीं। वह तेज आवाज में रो भी नहीं पाई थी। धीमी परन्तु दिल दहला देनेवाली हूक के साथ वह रोए चली जा रही थी।

''अभी शक है...ब्लड भेजा है टेस्ट के लिए...एक हफ्ते में रिपोर्ट आएगी. ..मतलब परसों...इन चार दिनों में ही, मैंने मौत देख ली है मास्टरजी।'' रोने के बीच ये टूटे-फूटे वाक्य बाहर गिरे थे हम दोनों के बीच।

आयशा के पीछे खिड़की थी, जहाँ गहराती शाम का एक चौकोर टुकड़ा फँसा हुआ था। इस टुकड़े में, बाहर के पेड़ की कुछ सूखी टहनियाँ भी थी। कमरे में अँधेरा धीरे-धीरे भरता जा रहा था। मैंने उठकर टयूबलाइट ऑन कर दी थी। दो-तीन बार झप-झप करने के बाद, उसने उदास सफेदी से घर को भर दिया था।

''मैं जब मरना चाहती थी न मास्टरजी...तब मुझे मौत नहीं मिली। अब जीना चाहती हूँ तो...जिन्दगी छूटी जाती है।'' उसने एक हिचकी ली थी।

उसकी आँखों से निशब्द आँसू बहते हुए कोटरों में इकट्ठे होते चले गए थे। फिर पपोटों से नीचे गिरकर गालों पर बहते हुए उसके गले में कहीं समाते गए थे। मैंने उसे चुप कराने की कोशिश नहीं की थी।

"मेरी मिट्टी को दुर्गति से बचा लोगे न आप...आपके अलावा इस दुनिया में मेरा और कौन है मास्टरजी।" उसकी आवाज भर्राती रही थी, बोलते वक्त। "बहुत अभागी दोस्त हूँ आपकी। जाते-जाते भी परेशानी देती जा रही हूँ।"

मुझे पिताजी याद आए थे। वह हमेशा कहते थे कि आदमी समाज के बिना नहीं जी सकता। बुद्ध भी 'बुद्धत्व' प्राप्त करके जंगल में नहीं रह गए थे। उलटे जंगल से भाग लिए थे, समाज की तरफ। वह इनसान ही क्या, जो समाज से भागे। हम सभी को अपने-अपने समाज बनाने या चुनने का हक है। पर आयशा क्यों नहीं बना या चुन पाई थी?

"पागल लड़की...तुम्हें कुछ नहीं होगा...अभी 'सस्पेक्ट' है, 'कन्फर्म' तो नहीं हुआ न...मुस्कराओ मुस्कराओ...तुम जैसी पागल लड़की की जरूरत अभी और कहीं नहीं है।" मैंने खुद को सँभाला था। मेरा मन भी भर आया था। मैंने कुर्सी से उठकर उसके सिर को अपने पेट से लगा लिया था।

"मुझे बचा लो।" वह फूट-फूटकर रोने लगी थी। "मैं मरना नहीं चाहती...मैं अभी जीना चाहती हूँ...मुझे किसी भी कीमत पर बचा लीजिए मास्टरजी।" कुछ देर तक रोने के बाद वह शान्त हो गई थी।

नौकरानी आई तो उसने उसे चाय बनाने को कहा, फिर मना कर दिया। "ये चाय नहीं पीते।" यह उसका अजीब व्यवहार था।

"हम दोनों के लिए तेज मीठा डालकर चाय बनाइए।" मैं पल-भर में माजरा समझ गया था।

"आप देवता हैं... ।" कहकर उसने दोनों हाथ जोड़ दिए थे। उसके चेहरे पर खुशी के भाव आ गए थे।

"ऐसा मैंने क्या अपराध कर दिया है भाई।" मैं वापस कुर्सी पर आकर बैठ गया था। "मुझे गाली मत दो...हम सब इनसान हैं।"

"अपने लिए भी बना लेना जैकलिन।" आयशा ने अपनी नौकरानी से कहा।

"इलाज कहाँ चल रहा है?"

"डॉ. तनेजा के यहाँ।"

"तुम्हें, किसी टुटपुँजिया डॉक्टर के पास नहीं, सरकारी अस्पताल या किसी बड़े प्राइवेट अस्पताल में जाना चाहिए था।" मैंने आवेश में कहा। "उसने तुम्हें कहा और तुम मान गई।" उसे दिलासे की जरूरत थी।

"पिछले एक महीने से बुखार था। वजन भी गिरता जा रहा था।"

"तो इसका मतलब...किसी और डॉक्टर को दिखाया।" मैंने उसके माथे पर हाथ रखकर देखा।

"नहीं...।" उसने ना में सिर हिलाया।

"पैसा काटते हैं आजकल डॉक्टर...मरीज को डराकर...उनका भी तो धन्धा है यह। यह खतरनाक दुनिया है पागल लड़की।" मैं उसे सच में ही डाँटने लगा था। "वह तुम्हारे काम के बारे में जानता भी होगा जरूर।" मैं धीमे-से पूछते हुए उसकी तरफ देखने लगा था। मुझे जैकलिन के वहाँ होने का अहसास था।

उसने 'हाँ' में सिर हिलाया था। "उसी से दवाई लेती हूँ बहुत वक्त से।"

"बस्स...।" मैंने हवा में हाथ हिलाया था। मुझे तसल्ली हुई थी कि शायद मैं ठीक निकलूँ। यह बीमारी, बीमारी से ज्यादा मुझे डर और वहम लग रही थी अब। "तुम कल मेरे साथ अस्पताल चलो। मैं किसी बड़े डॉक्टर से तुम्हारा चैकअप करवाता हूँ।"

"नहीं, मैं नहीं जाऊँगी...पहले रिपोर्ट आ जाए तब।" उसके चेहरे पर खौफ था।

जैकलिन चाय लेकर आ गई थी। मेज खींचकर उसने कप, उस पर, रख दिए थे। वह बढ़कर पलँग पर आयशा के साथ बैठ गई थी, "क्या यह भी धन्धा करती है?" उसके इस तरह बैठने के बेहिचक ढंग से मेरे जेहन में यह जलील सवाल सुलगा था। हो सकता है कि आयशा अपनी नौकरानी को काफी उदार भाव से बरतती हो। मैंने अपनी सोच के लिए खुद को लताड़ा था। पर इसके बावजूद, मैं जैकलिन के चेहरे, छाती और कूल्हे को ध्यान से देखने से रोक नहीं पाया था। यह क्या था—मेरी सौन्दर्य वृत्ति या वासना या कुछ और, जो कभी पूरी तरह पहचाना नहीं जा पाता?

"आपको जाना चाहिए दीदी...वहम से बीमारी भली।" जैकलिन ने कहा तो मुझे लगा कि शायद वह भी इस बारे में जानती है। मैंने आयशा की तरफ देखा। मेरी आँखों में सवाल था। आयशा ने 'ना' में गर्दन हिलाई थी। वह सवाल समझ गई थी।

अगले दिन सुबह ही, मैं उसे सरकारी अस्पताल ले गया था। वहाँ के एक वरिष्ठ डॉक्टर से मेरा अच्छा परिचय था। वह आयशा से पूछताछ करते रहे थे। फिर एक जूनियर डॉक्टर को बुलाकर ब्लड टेस्ट के लिए आयशा के खून का सैम्पल लेने को कहा था। "आधे घंटे में एक रिपोर्ट मेरे पास लाइए।" उन्होंने उस डॉक्टर से कहा था, जो वाकई एक सादे कागज पर रिपोर्ट आधे घंटे में ले भी आया था।

"कुछ नहीं है, टाइफाइड बिगड़ गया है, निमोनिया भी है।" फिर वह आयशा से डॉ. तनेजा का दिया, दवाइयों का पर्चा लेकर पढ़ने लगे थे।

यकीनन इसने डोनेशन सीट पर पढ़ाई की होगी...रॉस्कल।"

अगले दिन, मैं खुद आयशा के साथ डॉ. तनेजा के क्लिनिक रिपोर्ट लेने गया था। क्लिनिक के बाहर तक भीड़ थी। गरीब-मजदूर और निम्न मध्यवर्गीय मरीजों और साथ आए रिश्तेदारों से क्लिनिक के बेंचों पर जगह नहीं बची थी। हम अपनी बारी के इन्तजार में खड़े रहे थे।

"आओ...आओ आयशा।" उस मोटे गालों और तुन्दियल आकारवाले डॉ. तनेजा ने हमें देखते हुए कहा। उसके गले में सोने की एक मोटी चेन थी, जो किसी भैंसे के गले में पड़ी साँकल जैसी थी। उसने हाथों में सोने के ब्रेसलेट और उँगलियों में मोटी-मोटी अँगूठियाँ पहन रखी थीं। "आखिर इसे कितना सोना चाहिए?"—मेरे मन में उसे देख वितृष्णा हुई थी। आयशा के प्रति उसके व्यवहार में कोई आदर नहीं था। उसकी आँखों में मेरे लिए भी उपेक्षा मिश्रित अनादर ही था। आखिर उसकी नजर में, मैं एक रंडी के साथ आया कोई भड़वा ही रहा होऊँगा। "भई खुश हो जाओ...टेस्ट तो निगेटिव है...माता रानी की किरपा हो गई तुम पर।" उसने रिपोर्ट सामने टेबल पर रख दी थी।

रिपोर्ट पलटते हुए मेरे मन में एकबारगी आया था कि मैं इस डॉक्टर की जमकर धुनाई कर दूँ।

"पटाऽऽक" की अचानक आवाज से मेरा ध्यान टूटा था। आयशा ने एक झन्नाटेदार थप्पड़ डॉक्टर तनेजा के गाल पर जमा दिया था। वह गुस्से से थर-थर काँप रही थी।

"साली कुतिया...तेरी ये हिम्मत।" डॉक्टर तनेजा भी गुस्से से काँपने लगा था। यह मेरी तरह, डॉक्टर के लिए भी अप्रत्याशित झटका था।

"अपनी सीट पर चुपचाप बैठ जा डॉक्टर...आई एम असिस्टेंट कमिश्नर ऑफ पुलिस, सुशील कुमार।" मैंने डॉक्टर तनेजा का गिरेबान पकड़कर बैठा दिया था। यह झूठ बोलना जरूरी था। यह सुनते ही डॉक्टर के होश फाख्ता हो गए।

"चलिए।" मैंने आयशा का हाथ पकड़ा था। "इसके लिए अभी इतना काफी है।"

क्लिनिक में इतनी भीड़ के बावजूद एकदम सन्नाटा छा गया था। भीड़ हमारे आगे बढ़ने के साथ-साथ हमारे आगे से हटती जा रही थी।

आयशा ने डॉक्टर को थप्पड़ मारकर ठीक नहीं किया था, पर डॉक्टर के अपराध के सामने यह गलती लगभग नगण्य थी।

''मैं नहीं जानती, मैं ऐसा क्यों कर बैठी?'' मेरे यह पूछने पर कि ''तुमने ऐसा क्यों किया?'' के जवाब में आयशा ने थके स्वर में कहा था। हम घर लौट आए थे। उसे मैंने बिस्तर पर लिटा दिया था। ''इस आदमी की वजह से मैंने चार-पाँच दिन अपने आस-पास मौत नाचती देखी थी।''

''अब?'' मेरी आँखों में सवाल थे। उन पलों में आस-पास का पूरा वातावरण गुम हो गया था।

खिड़की में चौकोर आसमान आज भी था, पर आज वह उजास से भरा था। सूखी टहनियाँ अब भी उस दृश्य में थीं, पर आज वहाँ दो-तीन चिड़ियाँ भी चीं-चीं कर रही थीं।

''मैं यह शहर छोड़ देना चाहती हूँ।'' उसने अपनी अधलेटी मुद्रा में परिवर्तन कर शरीर को और ढीला छोड़ दिया था। उसकी आवाज में कोई उत्साह नहीं था, शायद दुख ही था, पर चेहरे पर ताजगी आ गई थी।

''फिर?''

''...।''

''क्यों?''

''यहाँ मुझे सब जानते हैं...मैं चाहूँ भी तो शान्ति से नहीं रह सकती।'' उसके चेहरे पर कोई भाव नहीं थे। एकदम सपाट वक्तव्य था यह।

''मतलब?'' मुझे उत्सुकता ने घेर लिया था।

''अब मैं यह काम नहीं कर पाऊँगी...वो आपको याद है, सेवाराम शास्त्री, जो एन.जी.ओ. चलाता था।'' उसकी आवाज अब भी धीमी थी। उसमें कोई उत्साह या उत्ताप नहीं था। ''तीन-चार दिन पहले उसे फोन किया था और सब सच-सच बता दिया था। मैं हैरान हूँ...वह मेरी अब भी मदद करना चाहता है।'' वह रुक गई। वह शायद हाँफ रही थी। ''मैं कोलकाता जाना चाहती हूँ वापस।'' वह कुछ पल रुककर बोली थी। कमजोर शरीर में अब मनोबल चिलकने लगा था।

''काम?''

''उसके अपने एन.जी.ओ. की एक शाखा है...सोनागाछी में।''

''अच्छा!'' सोनागाछी, कलकत्ते का रेड लाइट एरिया है—यह मैं जानता था, पर भरसक अपने स्वर की उत्तेजना को मैंने संयत रखा।

''वेश्याओं के लिए काम करूँगी।'' उसके मुँह से वेश्या शब्द सुनकर मुझे अजीब लगा था। शायद वह इस स्थिति से अलग हो रही थी, मानसिक तौर पर। ''उन्हें जागरूक करूँगी...बचाऊँगी इस नरक से।''

''कब जाना है?'' मुझे उदासी महसूस हुई थी अपने आस-पास।

"क्या यहाँ इसी शहर में रहकर काम नहीं किया जा सकता।" मेरा इशारा शहर के सबसे बड़े रेड लाइट एरिया की तरफ था।

उसने कोई जवाब नहीं दिया था। कुछ देर हम इधर-उधर की बातें करते रहे थे। आखिर बातों के सारे मुद्दे खत्म हो गए। फिर हम बहुत देर तक एक-दूसरे के साथ चुपचाप बैठे रहे थे। जैकलिन ने आयशा को सूप दिया था। मेरी बार-बार की जिद के बाद वह पूरा सूप पी गई थी, मन मारकर ही सही। बीमारी में खाना कहाँ अच्छा लगता है। पर खाना तो पड़ता ही है, बीमारी से लड़ने के लिए।

आयशा के इस फैसले तक पहुँचने से, मुझे खुशी मिली थी, परन्तु जाने क्यों, उसके शहर छोड़कर जाने से मन उदास हो रहा था।

"आप जाओ अब।" आयशा ने सूप खत्म कर, बाउल जैकलिन को पकड़ाया था।

"कहाँ?" अचानक मेरे मुँह से शब्द निकला था।

"मैं समझ सकती हूँ।" उसके चेहरे पर मुस्कराहट आने से ताजगी और बढ़ गई थी।

"मुझे भूख लगी है।" मैंने धीमे-से कहा था।

आयशा ने जैकलिन को दाल-चावल बनाने को कहा था तुरंत। उसने आलमारी में से तहमद निकलवा दी थी और मुझे कपड़े बदलने को कहा था। मैं कपड़े बदलकर आराम से बैठ गया था। आयशा धीरे-धीरे सरकती हुई डबलबेड के दूसरे किनारे पर पहुँच गई थी। उसने हाथ से मुझे बेड पर आकर आराम से लेटने का इशारा किया था। बुलाते वक्त उसके हाथ की गति बहुत धीमी थी।

मैं अधलेटा हो पलँग पर पसर गया था। एक मौन हमारे बीच ऊँगने लगा था। जैकलिन ने खाना दिया। मैंने खाया और पलँग पर सो गया। आयशा पहले ही गहरी नींद में थी।

एक महीने में वह एकदम तन्दरुस्त हो गई थी। इस बीच उसने दो काम किए थे। एक अपना घर बेचकर शहर के दूसरे हिस्से में किराए पर रहने चली गई थी और दूसरा अपना मोबाइल नम्बर बदल दिया था। नया नम्बर मुझे यह कहते हुए दिया था कि आप मुझसे पूछे बिना किसी को नहीं देंगे।

मुझे अच्छा लगा था।

दिन गुजरते रहे। कालरा, सुशील, असलम और राना अपने-अपने तौर पर उसका पता लगाते रहे। पर उसका सुराग शहर में रहने के बावजूद नहीं मिला। आयशा

भी कम चालाक नहीं थी। यूँ तो वह ज्यादातर वक्त घर में ही रहती थी पर घर से अगर निकलना भी पड़ता तो वह बुर्का पहनकर निकलती थी। यहाँ उसने खुद को मिसेज ए. खानम बताकर किराए पर मकान लिया था, जिसका शौहर दुबई में कमाने गया है।

''प्रोफेसर ऐसा नहीं हो सकता कि आयशा ने तुम्हें न बताया हो कि वह कहाँ है?'' कालरा एक शाम राना के साथ मेरे कमरे पर आ धमका था। वह और राना, पहले से पिए हुए थे और कमरे पर आते ही फिर शुरू हो गए थे। मुझे उसकी यह बात सुनकर कोई अचरज नहीं हुआ था। वे अब तक यह रिश्ता समझ चुके थे।

''जब वह बीमार थी, तब मैं उसे एक बार मिलने गया था। उसके बाद से मेरी कोई मुलाकात नहीं...वह वापस अपने गाँव जाने को कह रही थी।'' मैं टाल गया। मैंने आयशा को वायदा किया था।

''नहीं, वह कहीं नहीं गई...और वह अब बीमार भी नहीं है।'' कालरा ने दाँत पीसते हुए कहा था। 'डॉ. तनेजा के पास तुम गए थे न उसके साथ।'' कालरा ने मेरी आँखों में कुछ खोजने की कोशिश की थी। यह सवाल उसी दिशा के अँधेरे में टार्च की तरह मारा था।

''नहीं!'' मेरे स्वर में दृढ़ता थी।

''आखिरी बार उसके साथ कोई आदमी गया था...वहाँ क्लीनिक पर...उसने खुद को ए.सी.पी. सुशील कुमार बताया था।'' वह धीमे-से बोला था, जैसे खुद से बोलते हुए हम बोलते हैं। ''कौन हो सकता है?''

मैं मन-ही-मन घबरा गया था कि वह सारी जानकारी लेकर मुझ तक पहुँचा है। इसके बावजूद मैं तय कर चुका था कि मैं उन्हें कुछ नहीं बताऊँगा। और यदि सच में ही, वह मुझे न बताती तो मेरी स्थिति भी तो इनकी ही तरह अनजानों जैसी होती। मैं चुप रहा।

''अब छोड़ो कालरा...गई-तो-गई...तुम्हारे पास क्या कमी है?'' मैंने कहते हुए, फिर राना की तरफ देखा था, जो चुपचाप पैग पर पैग चढ़ाए जा रहा था। ''क्यों राना?''

''बिलकुल सर!'' उसने मेरे सवाल को लपक लिया था। ''मरने दो यार कालरा...साली कुतिया रंडी...सारी औरतें ऐसी ही होती हैं।'' वह कालरा से भी ज्यादा बहका हुआ था, यह अहसास मुझे अब हुआ।

''नहीं प्रोफेसर, मुझे आयशा की आदत-सी हो गई है।'' यह व्यापारकुशल, व्यावसायिक और व्यावहारिक कालरा की आवाज का अनजाना पहलू था। यह मुलायम स्वर था।

"छोड़ यार कालरा...रंडी की क्या यारी...प्रोफेसर को उस फिल्म एक्ट्रेस से मिलवाओ।" राना ने मेरी तरफ आँख मारी थी।

अब कालरा चुपचाप अपना ड्रिंक खत्म करने लगा था। "वो गाना सुना है प्रोफेसर...मेरी चोली सतरंगी, तेरा रंग भर दे इसमें।" गाते-गाते वह अश्लील ठुमके लगाने लगा था। उसे ऐसे नाचते देख मुझे हँसी आ गई। कालरा भी हँसने लगा। फिर उठकर वह राना के साथ नाचने लगा। शराब आदमी को कितना हलका कर देती है! मैं सोच रहा था। "जाह्नवी गोस्वामी ने गाया है, कालरा ने बुलाया था उसे सुशील के लिए।" राना ने राज फाश किया था। वह अब भी ठुमके लगा रहा था, एकदम अश्लील ढंग से।

"अरे जाह्नवी को रोज 'अफोर्ड' नहीं किया जा सकता।" कालरा हँसा था। "एक नाइट का सत्तर-अस्सी हजार बैठता है।" वह बैठ गया था।

"पर चीज तो बढ़िया है।" राना ने लार टपकाने के अन्दाज में जोड़ा।

जाह्नवी गोस्वामी की इधर दो-तीन फिल्में आई थीं। पहले वह टीवी धारावाहिकों में काम करती थी। 'मेरी चोली सतरंगी' गाने के बाद वह हिट हो गई थी और उसे कई फिल्मों में ऐसे गाने मिलने लगे थे।

क्या यह धन्धा भी, उसके कई धन्धों में से एक है? क्या सिर्फ पेशे और भविष्य की असुरक्षा से वह वहाँ तक पहुँच गई है? वह एक जीती-जागती स्त्री से चीज हो गई है? सुशील, कालरा और राना जैसे लोग उसके खरीदार हो गए हैं...मैं हैरान था।

"वह भी?' मेरे मुँह से शब्द छिटक ही गया था, रोकते-रोकते भी।

"और क्या गुरू...दुनिया बहुत बदल गई है...धन्धा है, भई धन्धा है ये, गन्दा है पर धन्धा है ये...।" राना फिर गाने लगा था।

"इनकी इतनी ख्वाहिशें हैं और कैसे पूरी होंगी?" उसने रुककर कहा। हाथ की उँगलियों से कई अश्लील मुद्राएँ बनाईं।

"जब हीरोइन की फिल्म चलती है तो हीरोइन रुक जाती है और जब फिल्म रुक जाती है तो हीरोइन चलने लगती है।" कालरा ने कहकर राना की तरफ हाथ बढ़ाया था, जिस पर राना ने अपनी हथेली मारकर ताली जैसी बजाई थी। वे बिलकुल बहके हुए थे।

"एक बार और बुलाओ कालरा उसे...प्रोफेसर को दिखाओ।"

"क्यों?" कालरा ने मेरी तरफ देखकर पूछने के अन्दाज में भवें उचकाई थीं।

"राना तू प्रोफेसर को भी अपनी तरह समझता है। साले तू तो अपनी बीवी का सगा है नहीं।" मुझे चुप देख कालरा ने राना से कहा था।

"बीवी कौन-सी साली मेरी सगी है।" राना की आवाज डूब गई थी।

"शुरुआत तो उसकी तरफ से हुई।" उसके चेहरे पर पुराने घाव का दर्द उभर आया था। उसका नाचना रुक गया था। वह कुर्सी पर बैठ गया था।

"क्या हुआ था?" मुझे उसमें रुचि थी। मैंने राना के गले में बाँहें डाल दी थीं।

"प्रोफेसर तुम तो सिर्फ किताबें पढ़ते हो। कभी हमारे जैसों को नहीं देखोगे? क्या-क्या उबलता रहता है? कैसे-कैसे खुद को सँभाले हुए हैं? सिर्फ दो साल मेरा ट्रान्सफर शहर से बाहर हुआ था और वह मेरा इन्तजार नहीं कर सकी।" उसकी आँखों में दया की गुहार थी। अब वह एक कमजोर पिटा हुआ सिपाही लग रहा था।

"कौन था?" मुझे वाकई उस पर दया-सी आने लगी थी।

"था साला मेरा ही रिश्तेदार। मेरी भी तो जरूरतें थीं...मैंने भी तो खुद को सँभाला था। क्या हम इतने जानवर हैं?" उसका दर्द बढ़ने लगा था।

"हो सकता है तुम्हें गलतफहमी हुई हो?" मैं ऐसे कई मामले देख चुका था। ज्यादातर जगहों पर आदमी वहम की वजह से औरतों पर शक करके अपना घर बरबाद कर चुके थे। वे अपनी औरतों को अपने डंडे के नीचे रखना चाहते थे। पराए आदमियों से बात करने भर से, वह औरत का सम्बन्ध उनसे जोड़कर देखने लगते थे। एक आदमी को तो सपनों में यह सब दिखाई देता था। कभी फलां और कभी ढिकाँ के साथ वे अपनी औरत को सोते हुए सपने में देखते थे और उठकर औरत से लड़ते थे। यह रोग था, जिसका इलाज किसी मनोचिकित्सक के पास था, उन बेचारी औरतों के पास नहीं।

"नहीं...उस कुतिया ने खुद कुबूल किया था और साफ-साफ कहा था कि मैं तुम्हें छोड़ूँगी नहीं और उसके बिना रह नहीं सकती।" वह चिल्ला पड़ा था।

"पर तुम्हें क्यों नहीं?" मुझे हैरत हुई थी कि यह सब क्या माजरा है।

"कहती थी बच्चों की जिन्दगी खराब हो जाएगी, पर मामला यह नहीं था, वह साली मेरी मोटी रकम और घर पर नजरें गड़ाए है।" राना की आँखों में घृणा और क्रोध चमकने लगे थे।

मैं हैरान रह गया था। यह दुनिया वाकई कितनी अनिश्चित है। हर पल में एक अविश्वसनीय कहानी प्रस्तुत करती चलती है जिन्दगी। "मेरा भाई भी ऐसे ही रोता है।" कहकर कालरा चुप हो गया था। इस बीच, वह इसके अलावा एक भी शब्द नहीं बोला था। वह, निशब्द, शून्य में ताक रहा था।

"तुम कोर्ट में जाकर उससे तलाक क्यों नहीं लेते?" मैं आवेश में आ गया था।

"वह नहीं लेगी।" वह पल-भर रुका था, "कोर्ट में औरत के चरित्र को आधार बनाकर तलाक माँगनेवालों के केस लटके रहते हैं, इसे साबित करना बड़ा मुश्किल है।" वह झटके से गिलास में बाकी बची शराब पी गया था। "मैं उसे एक पैसा हरजाने में नहीं देना चाहता", वह दाँत पीस रहा था, गुस्से से। "हरजाना किस चीज का चाहिए उसे। खुद कमाए खाए। अगर मैंने उसका शरीर भोगा था, तो उसने भी मेरा शरीर भोगा था।"

"मुझे उबकाई आती है उसे देखकर।" मेरे यह पूछने पर कि "क्या उनके बीच अब भी जिस्मानी रिश्ते हैं," के जवाब में राना ने कुछ देर बाद सोचकर कहा था। उसके जवाब से मेरी हैरानी बढ़ गई थी। क्या है वह, जिसकी वजह से राना को सिर्फ एक अन्य पुरुष से 'जूठी' अपनी पत्नी से उबकाई आती है और सैकड़ों आदमियों से 'जूठी' वेश्या औरतों से कोई परेशानी नहीं होती, उलटे वह उन्हें महँगे दामों पर खरीदता है?

"राना तुम्हारे पास कोई और रंग की कमीज-पैंट नहीं है क्या।" यह विषयान्तर करना चाहा था मैंने।

मैं समझ चुका था कि इन दो इकाइयों के बीच अब सूत्र सम्बन्ध करना नामुमकिन जैसा है। बेहतर यही था कि उनका आपसी रजामंदी से तलाक हो जाए। वरना एक दिन यह होने में भी देरी नहीं कि इनमें से कोई एक हत्या या आत्महत्या से मारा जाएगा। और, फिर दूसरा, जिन्दगी-भर, कचहरियों के चक्कर लगाता-लगाता बरबाद हो जाएगा।

बच्चे एक के जीवित रहने के बावजूद यतीम जैसे हो जाएँगे, मनोरोगी हो जाएँगे। वे बच्चे या तो डर के मारे विवाह कभी करना नहीं चाहेंगे या करेंगे भी तो अपनी इन ग्रन्थियों से एक और परिवार को बरबाद कर देंगे। क्या परिवार बरबाद होंगे तो राष्ट्र बच पाएगा? क्या तलाक को और ज्यादा आसान नहीं होना चाहिए? जब कोई औरत या आदमी, अपने आदमी या औरत के साथ रहना नहीं चाहता, तो दूसरा पक्ष क्यों अपमान और अत्याचार को झेलते हुए भी उसकी जिन्दगी में बना रहना चाहता है? मैं फिर सवालों के जाले में तड़फड़ा रहा था, जैसे मकड़ी के जाले में कीड़ा तड़फड़ाता है।

तलाक आदमी से ज्यादा औरत के हित में है—कोई इसे कैसे भी नजरअन्दाज नहीं कर सकता।

औरतों का तलाक से डर, मुझे मनुवादी और पुरुषवादी-व्यवस्था का गहनतम षड्यंत्र लगा था उस पल।

"मुझे यह रंग अच्छा लगता है।" उसके स्वर में अब भी दर्द गया नहीं था कहीं।

''क्या बचपन से ही तुम ये रंग पहनना पसन्द करते हो?'' यह मेरी रुचि का मामला था। राना की सफेद रंग में रुचि, मुझे उसके मनोवैज्ञानिक विश्लेषण से अधिक समाजशास्त्रीय विश्लेषण की तरफ खींच रही थी।

''कहाँ प्रोफेसर, गाँव में तब हम सफेद कमीज या कपड़ा कहाँ पहन सकते थे?'' अब पुरानी बात का असर कम होने लगा था, धीरे-धीरे।

उसके जवाब से मेरी आशंका या फिर मूल्यांकन ही, सच साबित हुआ था। यह सफेद रंग के प्रति उसका अतिशय आग्रह, उसके प्रतिकार का ही एक रूप था।

''शायद गरीब होने के कारण?'' मैंने कहा तो वह हँसने लगा।

''तुम शहर में पैदा हुए हो न इसीलिए। गाँव में लाठी मार के कमर तोड़ देते हैं, हाई कास्ट लोग। ब्राह्मण भी तो गरीब होते हैं, पर वे सफेद कपड़े पहन सकते हैं। उनके पैर क्यों पूजते हैं लोग? और काहे के हाइ कास्ट...जिसकी लाठी, उसकी भैंस। कल तक की बेकवर्ड कास्ट भी वही व्यवहार करती है आज, दूसरों के साथ। जूते खाओ और ताकत में आ जाओ तो दूसरों को मारो। अब जाटव कम्युनिटी भी वही कर रही है।''

''क्या वे भी गाँव में तुम्हारी कास्ट पर अत्याचार करते हैं?'' मुझे इस जवाब पर हैरत हुई। यह अजीब आक्रोश गैर-चमार जातियों में है।

''ढंग तो दिखने ही लगे हैं।'' वह चुपचाप पीने लगा। मैं भी चुप हो गया ताकि बात बेवजह आगे न बढ़ें। ''पचास साल सत्ता में रह जाएँगे, तो बाकी जलवे भी दिखने लगेंगे।'' उसने कड़वाहट में अन्त किया।

कालरा चुपचाप पी रहा था। उसने एक बार भी हस्तक्षेप नहीं किया। शायद यह उसका मामला नहीं था, जैसे हम विधर्मी हों।

''क्या महाराष्ट्र की महार जाति, दूसरी दलित जातियों पर अत्याचार करने लगी हैं?'' मुझे उसकी इस अज्ञानता पर दुख हुआ था।

''मैं तुम्हारी तरह ज्यादा पढ़ा-लिखा आदमी नहीं हूँ प्रोफेसर...पर इतनी बात जानता हूँ कि महार कम्युनिटी एक स्टेट में है और चमार कम्युनिटी पूरे नॉर्थ इंडिया में। ये पॉवर में जरूर आएँगे। हमारी सुनवाई न आज होती है और न कल होगी।'' वह मेरी चतुराई समझ गया था।

क्या यह उसकी आशंका थी या प्रतिद्वन्द्विता या सिर्फ ईर्ष्या?

''और प्रोफेसर, तुम्हें यह भी साफ-साफ बता दूँ कि चमार कम्युनिटी की यह पोलिटिकल पार्टी, बार-बार, ब्राह्मणों से समझौता करेगी। ...ऑफ्टर ऑल रिकगनिशन तो ब्राह्मण ही दे सकते हैं...पर ये मत भूलना कि ब्राह्मण, चमारों को कभी पसन्द नहीं करेंगे, न किया है, न करेंगे...उन्हें साथ लेना पड़ा तो वह हमें

और तुम्हें लेंगे...चमार कम्युनिटी उनकी नेचुरल अलायन्स नहीं है पर हम हैं... वे एक-दूसरे के विरोधी हैं, हाँ, पर इस चक्कर में अच्छे चमार और अच्छे ब्राह्मण बेमौत मारे जाएँगे...।" राना एक साँस में बोल गया था।

"क्या यह वाकई ठेठ भारतीय राजनीतिक और सामाजिक सच है?" मैं उसके विश्लेषण पर, अतीत की घटनाओं की रोशनी में विचार करने लगा था।

मुझे राना की बातों से असन्तुष्ट होने की बू आई थी। यह असन्तुष्टता, आपसी एकजुटता और संघर्ष के लिए नुकसानदेह थी। एक बे-यकीनी, गैर-चमार जातियों में चमार जाति के खिलाफ दिखने लगी थी। यह उसी तरह थी जैसे महाराष्ट्र में महार जाति के खिलाफ, अन्य जातियों में थी। इस बे-यकीनी को यकीन में बदलना किसकी जिम्मेदारी थी? डर यह भी है कि ये छोटी-छोटी पहचानें, मनु के इस चक्रव्यूह में, उनके विरुद्ध खड़ी होती चली गई, तो फिर अपने ही खिलाफ युद्ध लड़ेंगी।

कभी ऐसे ही नाग और गरुड़ी लड़े थे आपस में, एक-दूसरे से डरकर और एक दूसरे से चिढ़कर। क्या ये उपेक्षित पहचानें, ऐसे ही, विष्णुओं की सवारी बनकर, अपने मित्रों को खाती रहेंगी? क्यों राना भूल जाता है कि सवारी, सवार से चाबुक और लात खाती है, अनुपयोगी होने के बाद? क्यों नाग नहीं समझ पाए थे, गरुड़ियों का दर्द...वे तो ज्यादा समर्थ और समझदार थे?

इस नए नाग वंश को समझना चाहिए कि ये नए गरुड़ी वंश अपनी हताशा और उपेक्षा से प्रजातंत्र को कभी खा भी सकते हैं। क्या किसी को यह हक है कि वह गरुड़ियों को नाग की पहचान में, जबर्दस्ती शामिल कर, उनकी पहचान छीनने के बयान दे? क्यों हजारों खुशबुओं को अलग-अलग महकने नहीं देना चाहिए? कब तक हम शिव के प्रिय नागों को, विष्णु के वाहन गरुड़ की चोंच में मरते देखकर भी अज्ञानी बने रहेंगे? जब तक जातियाँ ताकतवर होंगी, तब तक तो शायद यही सब भोगने के लिए अभिशप्त है यह देश...।

अंततः वे दोनों लौट गए थे, हताश, आयशा का सुराग पाए बिना। मैं मजबूर था। मेरे लिए विश्वास तोड़ना, आत्महत्या की तरह था।

"गाँव लालपुर खुर्द है।" डॉक्टर बने सिंह ने, दोनों हाथ जोड़ते हुए, आँखों में, कोशिश करके दयनीय भाव इकट्ठे किए थे। "और ये परधानजी है...भरतीरामजी नाम है सर...पर सब इन्हें परधानजी के नाम से ही जानते हैं।" प्रधान भरतीराम के चेहरे पर प्रधान होने का गर्व था, जो उनकी झाँइयों भरी तैलीय त्वचा पर पसीने के साथ चमक रहा था। वह बहुत उपेक्षा से हमें देख रहे थे।

यह सितम्बर के महीने का शुरुआती हफ्ता था। बारिश इस बार देर से शुरू हुई थी, इसलिए अब भी कभी-कभार हो जाती थी। अगस्त में कई-कई दिन तक झमाझम बारिश हुई थी। काले बादलों से ऐसा घटाटोप छाता था कि दिन में ही रात जैसी हो जाती थी। चारों तरफ की धरती छोटे-छोटे अनाम और अनजान हरे-हरे पौधों से भर गई थी।

ऐसे समय में, मुझे हमेशा बचपन के वे दिन याद आते थे, जब हम बस्ती से नाले के किनारे-किनारे पौधे ढूँढ़ने जाते थे। तब यह शहर ऐसा नहीं था। एक सड़क थी जिस पर कभी-कभार ट्रक आते थे। हमें समझाया जाता था कि इस सड़क पर नहीं जाना है। वह सड़क पार करना, बहुत दूर जाने जैसा था। हम जाते थे...पौधे ढूँढ़ने, सर्दियों में नई ब्याई कुतियाओं के पिल्ले ढूँढ़ने, ताश खेलने को माचिसों के खाली खोके ढूँढ़ने, सुन्दरी-मुन्दरी कहते हुए लोहड़ी माँगने और चोरी-छिपे बीड़ी-सिगरेट के सुट्टे लगाने के लिए।

हम सभी का मिलना मई में तय था पर कभी कोई व्यस्त था और कभी कोई। दो-एक बार हम सब एक साथ बैठ पाए थे। घूम-फिरकर सारा काम मेरे ही सिर आया था। अफसरों की नजर में, मास्टर की क्या औकात? वे सब व्यवस्थित और बड़े कामों में व्यस्त थे।

उनके पास पैसा था और मेरे पास वक्त...और उनके पास वक्त नहीं था। हम सब उसी का योगदान कर रहे थे और कर सकते थे, जो हमारे पास उपलब्ध था।

इस बीच हमने 'संघमित्र' नाम की एक गैर-सरकारी संस्था का पंजीकरण करवा लिया था। काम करने के लिए जिस क्षेत्र को हमने ढूँढ़ा था, वह शहर के बीचोंबीच था पर लगता था कि हम किसी सुदूर जंगली इलाके में आ गए हैं। यह महानगर की फॉरेस्ट लैंड में सात सौ सैंतालीस परिवारों की बस्ती थी। ये परिवार तीस-चालीस साल से यहाँ रह रहे थे पर उनको जगह का मालिकाना हक नहीं था। यह हक उन्हें मिल भी नहीं सकता था। यह सुरक्षित वन पट्टी थी, जिसमें प्रशासन और वन विभाग की ओर से आवास की सख्त मनाही थी। वहाँ की जमीन खरीदी-बेची नहीं जा सकती थी, हालाँकि जब ये परिवार यहाँ आकर जमे थे, तब यह वन पट्टी सुरक्षित घोषित नहीं की गई थी, पर अब दोष इन बेबस और कमजोर लोगों का ही था।

राजस्थान से चले ये परिवार यहाँ आकर जम गए थे। वे दिन-भर महानगर में अलग-अलग इलाकों में राजगीरी और बेलदारी करते थे और रात में किसी सड़क किनारे सो जाते थे। धीरे-धीरे उन परिवारों में से कुछ समझदार और साहसी परिवारों ने गाँव की जाट जाति के प्रधानों को खिला-पिलाकर यहाँ वनभूमि में डेरा

जमा लिया था। फिर बसती चली गई थी, धीरे-धीरे यह बस्ती—लालपुर खुर्द। आस-पास गाँव थे, इसीलिए लोगों ने इसे गाँव लालपुर खुर्द कहना शुरू कर दिया था। पहले प्रधान के नाम पर यह पहले लालसिंह पुर था, पर धीरे-धीरे लालपुर खुर्द हो गया था।

लालपुर खुर्द का पता लगना कोई आसान बात नहीं थी। मुझे भी पता नहीं लगता, अगर राजबीर मेरा छात्र नहीं होता तो। राजबीर उसी के पास के राजपुर खुर्द गाँव का रहनेवाला था। राजपुर खुर्द का वह अकेला लड़का था, जो यूनिवर्सिटी तक पहुँचा था।

राजबीर ने ही मुझे उस गाँव को दिखाया था। घुमाया था और मिलाया था, डॉ. बने सिंह से। बने सिंह सिख थे और गाँव में ही अपनी डॉक्टरी की दुकान चलाते थे। पहले वह कम्पाउंडर थे और राजबीर के गाँव में डॉक्टर के पास बैठ कम्पाउंडरी करते थे। वह डॉक्टर भी पहले कम्पांडर था। उसी डॉक्टर की तरह कम्पाउंडरी करते-करते, वह भी डॉक्टर बन गए थे। कम्पाउंडर बने सिंह ने, एक तरफ रेडक्रास और दूसरी तरफ गुरु नानक के फोटोवाला एक बोर्ड टाँगा हुआ था और जिस पर छोटे हरफों में लिखा था—दुआ और दवा दोनों जरूरी होती हैं।

''अजी सरजी, इस गाँव में टी.बी. के मरीज हैं सारे...आप यहाँ मत आया करो जी।'' डॉ. बने सिंह बोले थे। वह बोलते तो उनकी ढीली और छोटी-सी जूड़ी हिलती रहती थी। उनसे यह मेरी पहली मुलाकात थी।

यह जून के आखिरी दिन थे। शाम के छह बजे भी गाँव, आँवे की तरह भभक रहा था। दूर तक पीली-पीली रेत के छोटे-छोटे टीले थे, जिन पर सूखी झाड़ियाँ फैली हुई थीं। मैंने उनसे पूछा था कि गाँव के लोग आमतौर पर किन बीमारियों से बीमार पड़ते हैं, यह उसी का जवाब था। इसके बाद भी, मैं दो-तीन बार गया था, पर संयोग से दोनों-तीनों बार ही प्रधानजी से मुलाकात नहीं हो पाई थी। फिर अगस्त की बारिश में, वहाँ पहुँचना मुश्किल ही नहीं, नामुमकिन-सा हो गया था।

यह मुझे ही तय करना था कि गाँव में स्कूल की ज्यादा जरूरत है या डिस्पेंसरी की। फारेस्ट लैंड होने की वजह से हम कोई पक्की इमारत भी नहीं बना सकते थे। यह गैर-कानूनी था। इसी सबके लिए यह चर्चा बैठक बुलाई गई थी। जिसमें डॉ. बने सिंह, भरतीराम प्रधान को लाए थे।

''प्रधानजी, आप लोगों की दिक्कतें क्या हैं?'' जयंत ने, डॉ. बने सिंह की बात सुनकर, बात आगे बढ़ाई थी। जयंत ने ही उनसे गाँव का नाम भी पूछा था। जिसके जवाब में, उन्होंने गाँव और प्रधान का परिचय दिया था।

"आप क्या कर सकते हो जी हमारे लिए...? मुश्किलें तो हमारी हजार हैं।" प्रधान भरतीराम के लहजे में खालिस उपेक्षा थी।

"देखिए प्रधानजी, करेंगे तो कुछ हम तब, जब हमें पता हो कि हमें करना क्या है?" फीरोज ने, जयंत के चेहरे पर आई खीज को, पढ़ लिया था। वह तुरन्त आगे बढ़ा था। यूँ भी आला अधिकारी, सवाल के जवाब में, सवाल सुनने के आदी नहीं होते हैं।

"तो आप करना ही क्यों चाहते हैं जी?" उन्होंने जेब से बीड़ी की पुड़िया निकाली और अनादर भाव से बीड़ी सुलगाकर, बीड़ी के तेज सुट्टे मारना शुरू कर दिया।

उन्होंने फीरोज को भी टका-सा जवाब दे दिया था।

हम सब एक-दूसरे की तरफ प्रश्नभरी नजरों से देखने लगे थे। अब क्या करें? प्रधान की उम्र, बेशक हम सबसे ज्यादा थी, पर उनका यह बर्ताव समझ से परे ही नहीं था, बल्कि यह व्यवहार बहुत चिढ़ाऊ था। वह पचास से ज्यादा उम्र के थे। शरीर छोटे कद का था और काठी कमजोर। वह सफेद कुर्ता पाजामा पहने हुए थे। उनके उपेक्षापूर्ण व्यवहार करने की वजह हमारी समझ से बाहर थी। इस सवाल ने हम सभी को निरूत्तर कर दिया था।

फीरोज और जयंत के चेहरे पर हताशा थी।

"परधानी मत छाँटो परधानजी, कै सै मन में वो बोलो।" राजबीर ने अपनी स्थानीय भाषा में दरेरा था। "सामने डी.एस.पी. साहब बैठे हैं।" उसने सुशील की तरफ इशारा किया था।

"नहीं, नहीं, ऐसी बात नहीं है, आप डरिए मत, आप नहीं चाहते कि हम वहाँ काम करें तो कोई बात नहीं।" सुशील ने बहुत विनम्र स्वभाव में कहा और मेरी तरफ देखकर बोला, "कोई और जगह लोकेट की जाए...क्यों?" मुझे सुशील का ढंग अच्छा लगा था।

राजबीर की बात से प्रधान के चेहरे पर ऐंठ और उपेक्षा बढ़ गई थी। वह यही तो चाहते थे कि हम उनसे यह बातें न करे। राजबीर के तेवर से उन्हें बल मिल गया था पर सुशील के कोमल बर्ताव से वह सहम गया था। चाय आ गई थी और हम सब चाय पीने लगे थे। चाय पीते वक्त, जान-बूझकर हमने बातों का विषय गाँव और संगठन से दूर रखा था। प्रधान इस बीच एक भी बात में शामिल नहीं हुए थे।

"तो फिर ठीक है, प्रधानजी।" सुशील ने उठते हुए कहा था। सभी चाय पी चुके थे।

"चलिए परधानजी।" डॉ. बने सिंह भी उठ गए थे।

"एक मिनट साबजी बैठिए...आप लोगों का क्या उद्देश्य है इस सबके पीछे, अगर समझाएँ तो बड़ी मेहरबानी होगी।" उस समय उनकी आँखों में अनुरोध तैर रहा था।

प्रधान भरतीराम दूध से जले थे शायद इसीलिए छाछ को फूँक रहे थे। हमने उन्हें अपने संगठन और उद्देश्य के बारे में विस्तार से बताया। हमने अपनी मुश्किलें, दुविधाएँ, और सीमाएँ भी उनसे बाँटी। इनमें जाति थी, धन की कमी थी, सरकारी नौकरियों से बँधा होना था। "आप अपने ही आदमी हो।" जाति की बात सुनकर उनके मुँह से सहसा निकला था। फिर उन्होंने अपने पिछले अनुभव बताए थे कि कैसे दो-तीन बार पहले भी बस्ती में एन.जी.ओ. काम करने आई थी। दो-तीन लड़कियों को गर्भवती करके भाग गए थे। सरकार से खूब पैसा लिया और गाँव में एक पैसा नहीं लगाया। इस बातचीत ने आपसी विश्वास बढ़ाया था।

"इस गाँव में टी.बी. का प्रकोप है। लगभग हर घर में एक मरीज है।" प्रधान ने बताया था। "आप मेरे घर आइए, वहाँ मैं हमेशा डी.टी.टी. पाउडर छिड़ककर रखता हूँ चारों तरफ।" मुझे उनका घर डॉ. बने सिंह ने दिखाया था। सच में, उनके घर के चारों तरफ सुरक्षाकवच की तरह पाउडर बिछा हुआ था। "पर सबसे बड़ी समस्या पानी की है। पानी आता है पर उसमें इतना पीलापन और बदबू होती है कि पी नहीं सकते आप।" यह हाल महानगर के बीचोंबीच एक गाँव का था। राजबीर नोट करता जा रहा था।

"क्या अभी गाँव चला जा सकता है?" सुशील ने घड़ी देखी थी। घड़ी में शाम के चार बजे थे।

"क्यों नहीं...सिर्फ पन्द्रह मिनट का रास्ता है।" डॉ. बने सिंह एकदम बोले।

फिर हम तीन कारों में अपने काफिले के साथ गाँव जा पहुँचे थे। शहर की मुख्य सड़क से, कार कच्चे रास्ते पर, एक डेढ़ किलामीटर अन्दर चली थी। शहर की मुख्य सड़क से मैं हजारों बार निकला था पर इस भीतरी संसार का, मुझे जून महीने के पहले तक पता नहीं था। यह एक अलग संसार था। धूल और झाड़ियों से घिरे बड़े-बड़े पत्थर और उनके छोटे-छोटे टीले। बीस हाथ दूर भी आदमी छिप जाए तो किसी को न दिखे। हाल की बारिश से कीचड़ भी हो गया था सड़क पर।

गाँव के मुहाने पर एक बीड़ी, सिगरेट, चाय की गुमटी थी। दो-एक लोग वहाँ बैठे इधर-उधर जाने क्या देख रहे थे। आठ-दस रंग-बिरंगे कुत्ते थे। दो-चार बीच सड़क पर लम्बे फैल कर सो रहे थे। कुछ इधर-उधर एक-दूसरे के कान काटते खेल रहे थे। कारों की आवाज सुनकर आदमियों के साथ कुत्ते भी उठकर हमारी

तरफ देखने लगे थे। एक-दो उत्साही कुत्ते थोड़ा दूर जाकर भौंकने भी लगे थे। एक-दो लोग आपस में हमें देख-देख कर बातें करने लगे थे। बाकी सब देख रहे थे, घूर-घूर कर।

''राम-राम परधानजी।'' प्रधान भरतीराम को कार से उतरते देख उनमें से कई ने नमस्कार किया था।

प्रधान का अन्दाज, किसी राष्ट्रीय नेता से कम नहीं था। वह कार से उतरते वक्त भी इसी अन्दाज का परिचय दे चुके थे। बस्ती में घुसते ही सबसे पहले हमारी नजर एक आदमी पर पड़ी जो बीच सड़क में पड़ा था।

''नहीं जी, शराब पीकर पड़ा है।'' हमारी आँखों में सवाल देखकर बने सिंह बोले थे। 'रामचरन।' प्रधान ने उस व्यक्ति को झिंझोड़ा था, पर वह 'ऊँ आँ' करके फिर लेट गया था। 'बने सिंह।' प्रधान ने बने सिंह को आवाज दी और दोनों ने उसे खींचकर नीम के पेड़ के नीचे लिटा दिया।

''एक शराब ने भी बरबाद कर रखा है जी। पर क्या करें...शराब नहीं पिएँ तो सोच-सोचकर मर जाएँगे। तीन दिन काम और तीन दिन खाली।'' प्रधान ऐसे बोले थे, जैसे भाषण दे रहे हों।

शराब के लिए यह तर्क मुझे चिढ़ा देता है। आदमियों ने शराब पीने के लिए बेजा तर्क गढ़ रखे हैं। औरतें क्या इन परेशानियों में बिना शराब पिए मर जाती हैं? वे भी जीती हैं और परिवार पालती हैं। सामने आदमियों के झुंड-के-झुंड ताश खेल रहे थे। क्या ताश भी वे इसीलिए खेल रहे थे? मुझे अचरज हुआ कि अभी तक बस्ती में कोई औरत दिखाई नहीं पड़ी थी। यह मर्दों का संसार था, जहाँ औरतें नदारद थीं।

बस्ती में साफ-सफाई कम नहीं थी, बल्कि कुछ ज्यादा ही साफ था। हर गली से गुजरते वक्त इस पर मेरा ध्यान गया था। कुछ दूर से रोने-पीटने की आवाजें आ रही थीं। हमने प्रधान की तरफ देखा था। हमारे सवाल को भाँपकर वह उसी दिशा में बढ़ चले थे।

''गर्भपात के दौरान डैथ हो गई है जी।'' डॉ. बने सिंह ने वहाँ खड़े लोगों से बात करके लौटकर खबर दी थी।

''क्या अनमैरिड थी?'' जयंत ने पूछा।

''नहीं जी तीन-चार बच्चे थे।'' भीड़ में से एक आदमी हमारे पास आ खड़ा हुआ था। उसने यह जवाब दिया।

''आओजी आगे चलें...ये जी चमारों के घर हैं सारे।'' डॉ. बने सिंह आगे बढ़ते हुए बुदबुदाए। हम सभी तय नहीं कर पाए कि इस लहजे में क्या भावना थी? तभी वहाँ भगदड़-सी मच गई। बच्चे प्लास्टिक की कैन लेकर दौड़ने लगे थे।

उनके दौड़ने की दिशा बस्ती का नुक्कड़ था, जहाँ लोग ताश खेल रहे थे। औरतें भी तेज-तेज कदमों से उधर ही जा रही थीं। अब लाश के पास सिर्फ आदमी रह गए थे।

"पानी का टैंकर आया होगा जी। तीन दिन में एक बार आता है।" प्रधान खोए-खोए से बोले थे। "पीने के लिए तो चाहिए ही जी।"

"और कौन-कौन जात हैं गाँव में।" सुशील ने डॉ. बने सिंह के कन्धे पर हाथ रखा। हम अब तक यह तो समझ ही गए थे कि डॉ. बने सिंह चमार जाति के नहीं हैं। लाश के पास की नाली पर मक्खियाँ भिनभिना रही थीं।

"बलाई हैं, नाई हैं, धोबी हैं, मुसलमान हैं, सातों जात हैं सरजी।" डॉ. बने सिंह ने आगे बढ़ते हुए जवाब दिया।

"सबसे ज्यादा घर किसके हैं?"

"हमारे हैं जी।" डॉ. बने सिंह ने हमारी आँखों में सवाल देखा तो रुका, "बलाइयों के।" उन्होंने स्पष्ट किया।

क्या इसीलिए भरतीराम गाँव के प्रधान थे? क्या इसीलिए पानी का टैंकर बलाइयों के मुहल्ले में आता है? क्या इसीलिए गाँव में एक जवान मौत के बावजूद बलाई पुरुष बेझिझक ताश खेलने में मस्त हैं? यह उन्हें अपना मामला नहीं लगा था शायद।

"और वाल्मीकि?" सुशील ने डॉ. बने सिंह से पूछा।

"कौन हरिजन...हाँ जी, हरिजनों के घर गाँव की दूसरी तरफ हैं... तीस-चालीस घर हैं उनके।" प्रधान को अपना महत्त्व कम होता लगा था शायद। इसीलिए इस बार जवाब उन्होंने दिया था।

"उन लोगों का गाँव से कम वास्ता है।" प्रधान की बात सुनकर सुशील का चेहरा सख्त हो गया था, पर वह बोला कुछ नहीं।

"और खटीक?" मैं भी पूछ बैठा था। "यह क्या हुआ" मैं खुद इस सवाल से हैरान रह गया था।

"हाँ जी, खटीकों के भी पाँच-सात घर हैं।" प्रधान ने जवाब दिया। "जाटों के दो घर हैं, मुसलमानों के तीन घर हैं।"

"आस-पास कोई सरकारी स्कूल?" जयंत ने पूछा। आस-पास चार-पाँच, भूख से सूखे बच्चों की भीड़ जुट गई थी।

"यहाँ एक प्राथमिक स्कूल है, राजपुर खुर्द में, एक बारहवीं तक का स्कूल है, पर वह दूर पड़ता है, ...बच्चे तो प्राथमिक स्कूल में ही नहीं जा पाते।"

"क्यों?" लगभग हम सभी के मुँह से एक साथ निकला था, संयोग से। हम एक-दूसरे की तरफ देख मुस्कराए थे।

"औरत-मरद दोनों मजदूरी पर जाते हैं। घर पर छोटे बच्चों की देखभाल के लिए बड़े बच्चे रह जाते हैं। अब वो भी स्कूल जाएँगे तो देखभाल कौन करेगा?" वह बहुत सहज ढंग से उत्तर दे गए थे।

हम बस्ती की गलियों से घूमते हुए वाल्मीकियों के घरों तक पहुँच गए थे। शायद हममें से किसी ने प्रधान से वहाँ चलने को कहा था।

"दसवीं पास कितने बच्चे हैं।" फीरोज ने पूछा।

"दो।" बने सिंह ने जवाब दिया।

"और लड़कियाँ?" जयंत ने पूछा।

"अब तो एक भी नहीं है जी। अब लड़कियाँ स्कूल नहीं जाती।" प्रधान ने बुझे स्वर में कहते हुए बने सिंह की तरफ रहस्यभरी नजरों से देखा था।

"क्यों? लड़कियों के लिए पढ़ाई ज्यादा जरूरी है।" सुशील ने समझाने के स्वर में कहा। एक बच्चा सुशील से सटकर खड़ा हो गया था। वह पोलियोग्रस्त था।

"बात तो ठीक है, पर जी मजबूरी है।" बने सिंह ने राजबीर की तरफ देखा था। फिर उस बच्चे को भगाते हुए 'हट' कहा था।

राजवीर समझ गया था कि उनका इशारा किस तरफ है। फिर राजबीर बताने लगा था कि किस तरह इस गाँव की एक लड़की ने, दसवीं की बोर्ड की परीक्षा में सर्वाधिक अंक पाए थे। उसका नाम प्रियंका कपूर था। वह जाति से बलाई थी और उसका पिता एक राजमिस्त्री था। स्कूल चूँकि राजपुर खुर्द में था, इसलिए उसे भी पैदल-पैदल आना पड़ता था। प्रियंका देखने में सुन्दर थी। राजपुर खुर्द के मास्टर रामरतन शर्मा का उस पर विशेष स्नेह था। वह उसे स्कूल के बाद भी पढ़ाते थे। इसकी तीन वजह थीं। एक तो पंडताइन के बच्चे नहीं होते थे और होने की सम्भावना भी नहीं थी, क्योंकि वह लगभग पचास वर्ष की थी। दूसरे, शर्मा दम्पत्ति भी राजस्थान के जयपुर जिले के थे, जहाँ के प्रियंका के पिता बदलूराम थे। तीसरे, बदलूराम ने मास्टरजी का घर औने-पौने दाम की मजदूरी पर बनाया था। इसी लड़की पर रतीराम के लड़के धनीराम का जी आ गया था। वह आते-जाते प्रियंका से छेड़खानी करता था।

प्रियंका की शिकायत पर, मास्टरजी ने चौधरी रतीराम को उसके लड़के की इन करतूतों की खबर दे दी थी।

रतीराम ने मास्टरजी की शिकायत पर धनीराम की सरेबाजार पिटाई की थी और प्रियंका से बहन बोलकर माफी मँगवाई थी। रतीराम सरल और इज्जतदार आदमी थे। वह हर मसले का हल पिटाई जानते थे। धनीराम ने अपने पिता का बदला प्रियंका से लिया था। स्कूल से लौटते वक्त उसे जाटों के सात-आठ

लड़कों ने अगवा कर अपना मुँह काला किया था और पत्थरों से कोंच-कोंचकर मार दिया था।

राजबीर के मुँह से यह सुनकर हम स्तब्ध रह गए थे। हम किस दुनिया में जी रहे हैं?

"और धनीराम?" यह सब सुनकर जयंत के मुँह से निकला था।

"अजी इनका क्या होना है? पैसा खिला दिया था रतीराम ने, पुलिस को। कहता था कि लड़की तो मर गई, अब लड़का भी मार दें।" प्रधान की उदास आवाज, उसकी खोखल काया से आई थी। "अजी लड़की थी हमारी...कि हीरा थी। मैं तो जी उसे 'नगीना' पुकारता था, प्यार से।" कहते हुए उनकी आँखों में वात्सल्य उमड़ पड़ा था। "पाँचों विषयों में डिक्टेशन आई थी उसकी।" वह डिस्टिंक्शन को डिक्टेशन कह रहे थे। "अस्सी से कम किसी में नहीं थे।" कहते हुए उनके स्वर में गर्व आया था। "दाँतों के बीच में जीभ की जैसी हालत है जी हमारी।" उनकी आवाज में दर्द आया था।

"अगले हफ्ते फिर आएँगे, सुबह दस बजे।" हमने लौटते हुए प्रधान से कहा था। अगले हफ्ते डॉक्टरों के एक ग्रुप के साथ हम गए थे और प्रारम्भिक जाँच की थी। एक महीने की अथक भागदौड़ से पानी की एक लाइन बस्ती तक ले आए थे हम।

"आपस की जात-पाँत तोड़ो प्रधानजी।" सुशील ने कहा था। प्रधान बलाई होने की वजह से खुद को बाकी जातियों से श्रेष्ठ मानने के भाव में रहते थे। यह बात सुशील ने भाँपकर कही थी। प्रधान बार-बार कहते थे कि हम चमारों से ऊपर हैं। हम चमड़ा नहीं छीलते, हम कपड़ा बुनते हैं।

"पर अजमेर की तरफ तो बलाई जूतियाँ बनाते हैं।" मैंने उनसे कहा था। यह अँधेरे में तीर चलाया था मैंने।

"अजी हम जयपुर की तरफ के हैं। उधरवालों से तो हम रोटी-बेटी का ब्यौहार भी नहीं रखते।" वह कुछ ऐंठकर बोले थे। "हमारा कपड़े का काम है। इसीलिए हमारे गोत की भी, गांधी, कपूर, खुराना होते हैं।"

"मतलब वे लोग बलाई नहीं हैं?" जयंत ने पूछा था।

"हैं तो वे भी बलाई...पर हमारेवाले बलाई नहीं हैं। दूसरे बलाई हैं।"

"मतलब छोटे?" जयंत ने फिर पूछा।

"हाँ जी, छोटे ही समझो।" प्रधान के भवों में गरूर था, बड़प्पन था, उपेक्षा थी।

"तो आप कोली हुए?" मैंने प्रधान को दबाया।

"नहीं जी, कोली अलग हैं, हमारा कोलियों से क्या लेना-देना?" डॉ. बने सिंह ने बीच में हस्तक्षेप किया था। 'जैसे मेरा पूरा नाम है डॉ. बने सिंह खुराना

और परधानजी का नाम है भरतीराम गांधी। हमारे गोत कोलियों की तरह नहीं हैं।'' उन्होंने और स्पष्ट किया।

''तो यहाँ भी खुराना ज्यादा होंगे बस्ती में।'' मैंने बने सिंह से जान-बूझकर पूछा।

''कहाँ सरजी, यहाँ तो गांधी गौत्र के ज्यादा हैं, हमारे तो पचास-साठ परिवार हैं बस।'' बने सिंह के स्वर में खीझ थी, हताशा थी, अफसोस था।

तो क्या भरतीराम इसलिए भी प्रधान हैं, क्योंकि उनके गोत्र के तीन-चार सौ घर हैं? मेरे मन में सवाल कुलबुलाया था। इस बीच हमने तय कर लिया था कि यहाँ जरूरत एक शिशुगृह और प्राथमिक चिकित्सालय की ज्यादा है। धीरे-धीरे हमारे पास बीस महिलाओं का एक समूह तैयार हो गया था। एक-एक करके काफिला बढ़ता जा रहा था। हमारा आत्मविश्वास भी बढ़ने लगा था धीरे-धीरे। जाट जाति के स्थानीय विधायक डॉ. सुखदेव तँवर भी हमसे जुड़ गए थे।

''क्या सनडे को मिल सकते हो मास्टरजी?'' आयशा का शुक्रवार की शाम फोन आया था। कुछ देर की बातचीत के बाद उसने पूछा था?

''यह अक्तूबर का पहला सप्ताह था। मेरे हाँ कहने पर उसने मुझे सेन्ट पॉल मिशनरी चर्च मिलने बुलाया था। मैं उसके बताए अनुसार ठीक डेढ़ बजे वहाँ पहुँच गया था। वह और जैकलिन प्रार्थना करके लौट आई थी। ''तुम घर पहुँचो।'' उसने जैकलिन को पास आते ही कहा था।

जैकलिन ने पास आकर मुझे 'हैलो सर' कहा था। वह साँवले रंग के बावजूद, गहरे नीले रंग के टॉप में काफी खिली-खिली लग रही थी। उसकी उम्र पैंतीस-छत्तीस के आस-पास थी। आयशा ने बताया था कि वह आगरा की रहनेवाली है और मुसीबतों की मारी है। क्या यह भी दलित होगी? उसे देख आज मेरे मन में कुलबुलाया था यह विचार।

''मास्टरजी!'' आयशा के स्वर से मेरा ध्यान टूटा था। वह मुस्करा रही थी, रहस्यात्मक ढंग से उसने पूछा था, गर्दन मटकाते हुए, ''क्या बात है।'' मुझे खुद अजीब लगा कि मैं अपनी आदत के उलट जैकलिन को काफी घूर-घूरकर देख रहा हूँ। जैकलिन लौट गई थी और हम चर्च के पास बने पार्क में जा बैठे थे।

मौसम काफी सुखद था। धूप में तेजी नहीं थी, पर बहुत देर तक बरदाश्त नहीं की जा सकती थी। हम गुलमोहर के पेड़ के नीचे पड़ी बैंच पर

जा बैठे थे। धूप पत्तियों से छन-छनकर हम पर गिर रही थी। धूप की छोटी-छोटी चमकीली चिन्दियाँ, पत्तियों की तरह आयशा के पूरे शरीर पर बिखर गई थी।

"मैं सात तारीख को जा रही हूँ...यानी दो दिन बाद।" उसने मेरी तरफ देखे बिना कहा था। उसकी नजरों में सामने पार्क में घास काटते लोग थे। आवाज में वैसी ही ठंडक थी, जैसी छाया में खड़ी घास पर थी।

"इस काया का 'तीसरा' करने।" वह बुदबुदाई थी।

माली घास काटने की मशीन सैट कर रहा था। कभी वह उस डिब्बे को सैट करता, जिसमें घास कट-कटकर गिरनी थी, तो कभी बिजली के तार को गोल-गोल घुमाता। घास इकट्ठा करने का डिब्बा दो-एक बार गिरने के बाद जमा लिया था उसने।

"दो-तीन बार हो आई हूँ वहाँ। सेवारामजी आदमी खराब नहीं हैं। उनकी पत्नी का देहान्त बहुत पहले हो गया था। बच्चों के भविष्य के लिए उन्होंने दूसरा विवाह नहीं किया था। अब बच्चे बड़े होकर उड़ गए हैं, इसलिए अकेले हैं।" सेवाराम शास्त्री के बारे में बहुत ठंडे लहजे में आयशा बताने लगी थी।

माली ने घास की मशीन शुरू कर दी थी। घर्रऽऽ घर्रऽऽ, झिन्नऽऽ झिन्नऽऽ की आवाज सारे वातावरण में गूँज रही थी। वह पहले सीधे चलता जाता था और फिर गोल घूमने लगता था। घास कट-कटकर डिब्बे में इकट्ठा होती जा रही थी।

"तुम उनके साथ रहोगी अब?" मैंने पूछा, मेरा स्वर शान्त और संयत था।

"कुएँ से निकलकर खाई में नहीं गिरूँगी, मास्टरजी।" वह मेरे आशय को समझ गई थी। माली ने मशीन रोक दी थी। वातावरण में एकाएक सन्नाटा हो गया था। "मैंने वह इलाका देखा है। वह नरक है धरती पर। बंगाली होने की वजह से यह मुझे और ज्यादा शर्मनाक लगा। कलकत्ते की पावन भूमि पर सोनागाछी कलंक की तरह है मास्टरजी।"

वह वहाँ की यात्राओं और लोगों से मुलाकातों की बातें बताने लगी थी। उसने वहाँ के कार्यालय के बारे में भी, मेरे पूछने पर विस्तार से बताया था। अपनी भावी योजनाओं के बारे में भी बताती रही थी। उसने संगीता से की मुलाकातों के बारे में बताया था। उसने संगीता को मेरे बारे में बहुत सारी बातें कही थी जो मेरे पक्ष में जाती थीं। उसने अपनी असलियत नहीं बताई थी उसे। संगीता को बार-बार बच्चा गिराने से रोका था उसने।

"वेबर वहाँ पहुँच गया है।" आयशा ने मुझे सूचना दी थी। मैं अवाक् रह गया था कि भारत आने की खबर उन्होंने मुझे नहीं दी थी।

''हम कुछ दिन मिलकर काम करेंगे। वह बहुत भला आदमी है...है न मास्टरजी?'' यह सवाल जैसा था, पर सवाल नहीं लगा था मुझे। वह ज्यादा-से-ज्यादा सत्यापन की एक माँग जैसा था। मैंने खुद को इसके लिए सक्षम नहीं पाया था।

माली घास काट चुका था और डिब्बा खोलने में व्यस्त था। घास के ढेर को दो ग्रामीण महिलाओं जैसी आकृतियाँ अपने बोरे में भरने में लगी हुई थी। ''भर ले, भर ले, पूरा भर ले...बाहर मत छोड़ियो थोड़ा भी। पूरा डाल, खोल ले इसे ढंग से।'' माली दोहरे अर्थ वाले अपशब्दों में बात कर रहा था और वे दोनों इससे बेखबर, बोरे का मुँह खोलकर घास सकेर रही थी।

''वह मेरे प्रति भावुक है।'' मुझे चुप देख शायद आयशा ने स्पष्टीकरण दिया था। आयशा का ध्यान उस तरफ नहीं था। वह उस माली की बात भी नहीं सुन पाई थी।

''और तुम?'' मैं दोनों तरफ था। यह शायद मेरा सुख था या शायद दुख या सिर्फ नियति।

''मैं...?'' धीमे-से उसके चेहरे पर मुस्कराहट फैलती चली गई थी। ''आप तो मुझे अपनाएँगे नहीं?'' वह ढलते सूरज की तरफ देखने लगी थी, जो चर्च के बुर्ज के नीचे चला गया था। वहाँ अब सिर्फ उसकी किरणें फूट रही थीं। वह यही बता रहा था कि वह है पर न होने के अर्थ में। ''आप मिल जाते...तो...पर आप!''

वह कुछ कहना चाहती थी पर न उसकी जबान साथ दे रही थी, न दिमाग।

''वेबर तुम्हारे बारे में जानता है?'' मैं चाहकर भी यह भुला नहीं पाता था कि उसका पेशा वह है, जिसे सभ्य समाजों में गलत समझा जाता है।

''इसकी जरूरत नहीं है हमारे बीच।'' ये पैने शब्द थे।

''मतलब...?'' मुझे चुभे थे ये शब्द...शायद अपनी अस्पष्टता की वजह से भी।

''उसने पूछा नहीं, मैंने बताया नहीं।'' वह फिर अनन्त में देखने लगी थी।

''यह सब पता लगने पर, कोई मर्द बहुत देर तक भावुक नहीं रह सकता। मैं अपने अतीत को यहीं दफन कर जाऊँगी।'' उसकी भवें सिकुड़ गई थीं कुछ, पर आवाज तनावहीन बनी रही।

''पर तुम्हारा अतीत...उसके लिए परेशानी।'' मुझे अतीत, कभी-कभी उस शिकारी कुत्ते जैसा लगता था, जो एक बार पीछे पड़ जाने के बाद, किसी भी तरह पीछा नहीं छोड़ता। मैं खुद इस शिकारी कुत्ते के पीछे पड़ने से पस्त हो चुका था।

"क्या तुम, मुझसे इसीलिए डरते हो मास्टरजी?" आयशा ने अपनी उँगलियों से मेरी ठोड़ी, अपनी तरफ की थी। वह मेरी आँखों में झाँककर सच्चाई जान लेना चाहती थी। आयशा के स्पष्ट सवाल से, मैं विचलित हुआ था, पर मैं छिपा गया।

आयशा, बेशक, मुझे अच्छी लगने लगी थी। वह खूबसूरत तो थी ही, समझदार भी थी। उसका 'कामन सेंस" बहुत प्रखर था। उससे बातें करते वक्त, मुझे कभी यह महसूस नहीं हुआ था कि हम एक-दूसरे की बात समझ नहीं रहे हैं। मेरे शब्दों को ही नहीं, वह मेरे इशारों और मुद्राओं तक को भी समझने लगी थी। मेरे और उसके बीच, अन्य सभी लोगों से ज्यादा अपनापा था, गहराई थी, आकर्षण था, पर इसके बावजूद, संगीता की जगह वह नहीं ले सकती थी। तब क्या आयशा का यह सवाल सही है?

हम इस सवाल से चुपचाप लड़ते रहे थे, अन्दर-ही-अन्दर। एक निशब्दता, हमारे चारों तरफ, धीरे-धीरे, शाम बनकर उतर आई थी। उसके कुहासे में हम थे, एक-दूसरे के पास और एक-दूसरे से दूर। मैं तय नहीं कर पा रहा था कि अब मुझे क्या कहना चाहिए।

मैं अनावश्यक झूठ और भ्रम से हमेशा बचना चाहता रहा था। पर इसके विपरीत, निशब्दता के इसी लुभावने लम्हे में, मेरा हाथ अप्रत्याशित ढंग से उठा और उसके कन्धे पर चला गया। यह मैं शायद नहीं चाहता था...पर...। वहाँ कोई नहीं था, अब हमारे सिवा। माली और वे ग्रामीण महिलाएँ कभी के जा चुके थे।

वहाँ चर्च का ठंडापन था। संगीता की बेरुखी थी। शरीर की हरारत थी।

मेरे दूसरे हाथ ने उसके झुके चेहरे को उठाया और उन आँखों में झाँका। वे आँखें पल-भर मेरी तरफ देखती रही और फिर झुक गई, पल-भर में फिर उठी और फिर गिर गई, फिर वे आँखें मूँद गई थी। यह समर्पण था, मौन निमन्त्रण था। इन आँखों की निश्छलता फैलकर नाक से होती हुई होंठों तक आ गई थी।

मैंने मन में कहा था...नहीं।

पर इसी एक क्षण में मेरे होंठों से वे होंठ कस गए थे। उसकी उँगलियाँ, मेरी उँगलियों में फँस गई थी। उनमें कँपकँपाहट थी, उत्तेजना थी जो उसकी छाती के तेजी से ऊपर-नीचे जाने से महसूस हो रही थी। मेरी साँसें भी तेज चल रही थीं, शायद धौंकनी की तरह, गर्म भी।

हम हटे थे एक बार। उन आँखों में एक विचित्र निमन्त्रण था, बेकरार मनुहार। हम एक बार फिर जुड़ गए थे। इस बार वह मेरे होंठ ऐसे पी रही थी, जैसे बचपने में कोई बच्चा आइसकैंडी चूसता है।

पिछली साल भर की दोस्ती में यह पहला तोहफा था, जो हमने एक-दूसरे को दिया था। मैं शायद यह सब नहीं चाहता था पर इस न चाहने के बावजूद मैं उसे रोक नहीं सका था, खुद को भी।

मैं जानता था कि वह वेश्या थी, पर अब वह वेश्या नहीं रही थी। वह काम, वह छोड़ चुकी थी और कम-से-कम मेरे लिए तो वह कभी वेश्या नहीं रही थी, वह मेरी दोस्त बनी थी और दोस्त बनकर ही रही थी। समाज के हर रिश्ते की मानिन्द यह एक अलग तरह का रिश्ता था। मैंने उसे किसी 'चीज' की तरह नहीं, बल्कि एक 'सम्बन्ध' की तरह, अपने भीतर की ऊष्मा दी थी। बहुत देर तक हम ऐसे ही जुड़े रहे थे, आस-पास के वातावरण से बेखबर। उसको खुद से चिपकाए मैं सोचता रहा था। बीमार रहने के बाद, यह शायद उसकी भी जरूरत थी और मैं तो पिछले सात महीनों से बीमार ही चल रहा था। मैं खुद को समझाता रहा था अपना सही होना।

उस शाम उसने आखिरी बार मुझे बीयर पीने का निमन्त्रण दिया था। ''मैं इन पलों को 'याद' बनाकर सारी जिन्दगी सँजोए रखना चाहती हूँ।'' मेरे 'क्यों' पूछने पर उसने जवाब दिया था। उसने अपने नर्म और गर्म हाथों में मेरी हथेलियाँ दवा ली थीं। आज हम घर पहुँचे थे...न बिग बनाना...न मेन्डारिन फोर्ट। रास्ते से मैंने ठंडी बीयर खरीदी थी पैसे वह जिद करके, देकर मानी थी। आज मैंने भी जिद की थी पैसे देने की, पर वह नहीं मानी।

यह सब मूर्ख और भावुक क्षणों से ज्यादा क्या कुछ था? पर वाकई यह मूर्खता और भावुकता भी कितनी सुखद और आह्लादकारी थी।

''जैकलिन तुम जाओ प्लीजऽऽ।'' आयशा ने घर पहुँचकर सबसे पहले जैकलिन से अनुरोध भरे स्वर में कहा था, उसकी कलाई पकड़ते हुए। मेरे यह पूछने पर कि ''वह कहाँ जाएगी, वह तो यहीं रहती है न।''

''अपने भाई के यहाँ'' उसने सपाट स्वर में जवाब दिया था।

जैकलिन ने चलते वक्त खाने के लिए पूछा था तो हम दोनों एक-दूसरे की तरफ देखने लगे थे। फिर जैकलिन रसोई में घुस गई थी। सबसे पहले, वह वहाँ से तीन गिलास निकालकर मेज पर रख गई।

''तीन गिलास'' मेरी आँखों से सवाल गिरा था।

''जैकलिन के लिए।'' आयशा मुस्करा गई थी।

''अच्छी समाजवादी व्यवस्था है।'' मैं हँसा था।

मैं, बैग से बोतलें, कबाब का पैकेट और दूसरी चीजें निकालने लगा। आयशा गिलासों को सीधा करके रखने लगी थी, पानी झाड़ते हुए, फिर वह उठकर 'ओपनर' ले आई थी। मैंने बीयर खोलकर बराबर तीनों गिलासों में डाल दी थी।

इसी बीच जैकलिन एक प्लेट में 'हरा सलाद' ले आई थी और लौटते हुए बेझिझक एक गिलास उठाकर ले गई थी। जाते वक्त उसने 'थैंक्स' भी कहा था। रसोई से बरतनों की आवाजों के अलावा, मसालों की खुशबू के साथ-साथ चावल के पकने की महक भी आ रही थी।

"तुम्हारे जाने के बाद मैं क्या करूँगा?" बहुत देर तक हम पीते हुए, चुपचाप बैठे रहे थे, जैसे कोई बात नहीं रह गई थी अब करने को, जैसे किसी आत्मीय को विदाई देते हुए होता है। पर क्या हम दोनों वाकई चुप थे? या फिर हम दोनों 'किसी घटना' का इन्तजार कर रहे थे चुपचाप? या हम आनेवाले 'किन्हीं' पलों के लिए खुद को तैयार कर रहे थे? उसने मेरे सवाल का कोई जवाब नहीं दिया था।

हम फिर चुपचाप अपने गिलास उठाते और रखते रहे थे। हमारे चारों तरफ, चुप्पी की मकड़ी ने जाल बुन दिया था, धीरे-धीरे। हम दोनों के बाहर, इस जाल में कुछ नहीं था और भीतर सिर्फ साँसें थीं। जैकलिन इस जाले में दो-तीर बार घुसी थी, पर साँसों के इस क्रम में कोई व्यवधान नहीं पड़ा था। "चावल और एग कऽऽरी" ये जैकलिन के शब्द थे, जो जाल की भीतर गिरे थे और फिर सरकते-सरकते बाहर हो गए थे।

"मैं बाहरवाले कमरे में टी.वी. देख लूँ दीदी।" जैकलिन ने पूछा था, पर उसने उत्तर का इन्तजार नहीं किया था। आयशा ने भी ना 'हाँ' किया था, ना मना। बाहर जाते हुए जैकलिन, बेहिचक आधी बची बोतल और अपना गिलास ले गई थी। वह लौटकर फिर आई थी और रसोई से अपने लिए एक प्लेट में खाना डालकर ले गई थी। दूसरे कमरे से अब टी.वी. चलने की आवाजें आने लगी थीं। ये आवाजें, हमारे दोनों के बीच के अबोले में गूँज रही थीं।

मैं रात नहीं रुक गया था। सुबह घर लौटा था। जैकलिन देर रात तक टी.वी. देखती रही थी, फिर जाने कब सो गई थी, वहीं सोफे पर। उस कमरे की बत्ती, रात-भर जलती रही और टीवी की आवाजें बदलती रहीं। सुबह मैं सोकर उठा तो खुद को मैंने काफी तरोताजा महसूस किया था। साथ में आयशा सो रही थी। उसकी आँखें थोड़ी-थोड़ी खुली हुई थीं और हरकत में थीं।

"क्या यह कोई सपना देख रही है।" मैंने सोचा था।

तीन दिनों बाद आयशा चली गई थी, अपने गंतव्य की ओर। उसने जिन्दगी का मकसद ढूँढ़ लिया था, उसको इस बात की बेहद खुशी थी। आयशा सुख की स्थिति में पहुँच गई थी और इस स्थिति में, वह सिर्फ सुख ही बाँट सकती थी।

वेबर, आयशा के साथ जुड़े रहे थे। वे दो एक बार जर्मनी भी गए थे और फिर लौटकर यहीं जम गए थे। वेबर के कहने पर, आयशा ने 'भगवान' रजनीश

के ओशो कम्यून में, पूना जाकर, कुछ ध्यान क्रियाएँ सीखी थीं और सोनागाछी लौटकर, शिविर चलाने में भी, वेबर की मदद करने लगी थी।

एड्स की रोकथाम और उसके प्रति जागरूकता पैदा करनेवाली उनकी संस्था 'बिफोर एसलीप' में एक बार बिल क्लिंटन भी अतिथि बनकर आए थे।

वेबर और आयशा ने विवाह नहीं किया था, पर उनका परिवार बहुत बड़ा हो गया था।

संगीता को रिंकू की शादी के बाद आखिरी बार मैंने एक दिन बस से गुजरते हुए देखा था। वह फुटपाथ पर किसी महिला के साथ जा रही थी। मैं बस में था। उसका पेट काफी उभर गया था। शादी के समारोह के बाद, वह सुदेश चाचा और सुखजोत चाची के साथ ही लौट गई थी। अम्मा और पिताजी के कहने के बावजूद वह रुकी नहीं थी। वह पक्के निश्चयवाली थी और इसीलिए आगे बढ़ने का साहस, मैं जुटा नहीं पाया था। मुझे पता था कि वह रुकेगी नहीं और मैं खुद को बेइज्जत नहीं करना चाहता था।

यह दोपहर का वक्त था। धूप में काफी तेजी थी। बस तो एकदम भभक ही रही थी, टीन की छत के तपने से। पर तारकोल की सड़क भी उससे कम गर्म नहीं थी। मैंने बस से उतरते ही महसूस किया कि दोनों तरफ आग बराबर लगी हुई है। तेज धूप मुझसे बरदाश्त नहीं होती थी। जयंत और फीरोज हँसते थे, मेरी इस कमजोरी पर। 'राजस्थानियों का ये हाल।' तो क्या दूसरी जातियों के लोग इसे 'दलितों का ये हाल' कहकर हँसेंगे, अगर वे जानेंगे तो। विद्यापति के 'दुहु दिसि दारुण दहन में, आकुल कीट परान' जैसी हालत थी मेरी।

लू भाँय-भाँय करती चल रही थी। बस तो लगभग खाली-सी थी। सड़क एकदम वीरान थी। अब वे दोनों धीमे-धीमे चलते हुए स्पष्ट दिखाई देने लगी थी। पहले उनके काले छाते दिखे थे, फिर सिर और धीरे-धीरे वे नजदीक आती चली गई थी। बस स्टॉप पर मैं अकेला खड़ा था। छाया के बावजूद मेरी हाँफ छूट रही थी।

''जय भीम प्रेरणा जी।'' मैंने संगीता के साथ वाली महिला को पहचान लिया था। वह संगीता की डिस्पेंसरी में हैड नर्स थी। वे दोनों भी मुझे दूर से पहचान लेतीं, इसलिए मैं पीठ करके खड़ा हो गया था। मुझे संगीता का भरोसा नहीं था। वह रास्ता बदल सकती थी।

मैंने उसके मोबाइल पर रिंकू की शादी के बाद लगभग हर हफ्ते और शुरू में तो दिन में तीन-तीन, चार-चार बार फोन किए थे। उसका मोबाइल बजता

रहता था पर वह फोन नहीं उठाती थी। बाद में जब वह फोन काटने लगी तो मैं भी ठंडा पड़ता गया था। एक-दो बार मैंने उसे अनजान नम्बरों से भी फोन किया था, पर मेरे 'हैलो' कहते ही या तो वह चुप रह गई थी या कुछ देर बाद चुपचाप रिसीवर रख दिया था। मुझे जो बोलना होता था वह मैं बोलता रहता था।

क्या आयशा का डर भी उसे डरा नहीं पाया था?

"जय भीम जी, जय भीम, नमो बुद्धाय।" वे कहकर हाँफती हुई आगे बढ़ गई थीं। हमारी स्थितियों से वह बखूबी वाकिफ थीं। संगीता भी हाँफ रही थी। उसका मुँह चिड़िया की चोंच की तरह खुला था।

"मुझे कुछ बात करनी है।" संगीता को आगे बढ़ते देख, मुझसे रहा नहीं गया। उसके व्यवहार में उपेक्षा थी। मेरे वाक्य को सुनकर वह पल-भर रुकी और उसने मेरी तरफ सवालिया नजरों से देखा। ये नजरें कैसी जहरीली थीं...इनमें मेरे लिए सिर्फ उपेक्षा थी, अपरिचय था और निस्संगता थी। पर वह रुक गई थी।

"आप चलिए।" उसने प्रेरणा की पीठ से कहा था।

उस पीठ में कोई हरकत नहीं आई थी। वह पलटी नहीं थी। उसने सुन लिया था और प्रेरणा सीधी चलती रही थी, जैसे कि इस होने को वह पहले ही अन्दाजा कर चुकी हों। संगीता ने प्रेरणा के सामने मुझे बेइज्जत होने से बचा लिया था। वह एक समझदार दुश्मन जैसी थी अब।

"बोलो।" उसने बस स्टॉप के गर्म लोहे पर सहारे के लिए हाथ रखा था, पर शायद गर्म होने के कारण एकदम हटा लिया था। "बहुत गर्मी है।" उसके मुँह से भाप की तरह धीरे-धीरे ये तीन शब्द निकले थे।

"हूँ!" मैंने गर्दन हिलाई थी।

"इतनी गर्मी में आप...।" वह अधूरी बात में पूरी बात बोल गई थी।

क्या उसे मेरी चिन्ता हुई है? क्या उसने यह व्यंग्य में कहा है? क्या यह एक अनायास और सहज उच्छवास भर है? एकाएक पट-पट कई सवाल फूटे थे।

"तुम्हारे बिना यह जीवन ही...।" मैं भी पूरा वाक्य न बोल सका था। वह इसे बनावट समझती, जिससे मुझे परेशानी होती। बहुत सद्भावनाओं के बावजूद कई बार कोमल भावनाओं के इजहार पर संयम बरतना पड़ता है। क्या यही सभ्यता है? क्या यही समझदारी है? अगर यही सभ्यता और समझदारी है तो यह ऐसी क्यों है?

उसने इस अधूरे वाक्य को पूरा समझ लिया था। उसकी निगाहें झुक गई थीं।

कुछ देर हम यूँ ही उस गर्म सड़क और लोहे के बने उस गर्म बस स्टॉप पर सिकते रहे। फिर एक ऑटो रिक्शावाले के ज्यादा पैसे माँगने पर बिना हुज्जत किए हम ऑटो रिक्शा में बैठ गए थे। वह घर जाना चाहती थी और मैं किसी

रेस्तराँ में। पर अन्ततः वह घर ही गई। आधे घंटे तक, वह बेमकसद, ऑटो रिक्शा को तपती धूप में दौड़वाती रही पर रेस्तराँ चलने की मेरी बात उसने नहीं मानी। मैंने उसे वापस लौट आने को कहा था। उसने इस पर पहले तो कुछ जवाब ही नहीं दिया। वह बात बदलती रही पर मेरे ज्यादा जोर देने पर उसने टका-सा जवाब 'नहीं' में दे दिया था।

"मैं क्या करूँ?" मैंने बुझे मन से कहा।

"आयशा से शादी कर लो।" वह बाहर पीली धूप को देख रही थी, जो अपनी पीली परछाई संगीता के चेहरे पर फैलाए हुए थी।

"वो अच्छी लड़की है...इधर कई बार आई थी मुझसे मिलने।" यह सूचना मेरे लिए नई थी, पर इस बारे में पूछने की कोई उत्सुकता मेरे भीतर नहीं थी। "वह तुमसे प्यार करती है।"

"तुम्हें कैसे पता?" मैंने खीझ-भरे स्वर में पूछा।

"तुम्हारी आदतें जानती हूँ मैं।" उसने फिर ताना मारा था। "तुम गुनाह करना भी चाहते हो और बचना भी चाहते हो।"

क्या वह वाकई मेरी उस दुविधा को स्पष्ट करके मुझे समझा रही थी, जिसे मैं अपनी नासमझी में समझ नहीं पा रहा था या अपनी चालाकी में उसे समझना नहीं चाहता था?

"हाँ हाँ मैं ऐसा ही हूँ...क्या नहीं हूँ? मैं निषिद्ध फल चखना भी चाहता हूँ और बचना भी। ऐसा नहीं है कि मेरे पास गोपनीय ढंग से इस फल को चखने के मौके नहीं थे, थे और बहुत थे, पर मैं नहीं चख सका था।"

क्या मैं खुद को अपनी ही नजरों में उठते हुए देखना चाहता था? क्या वाकई कोई जमीर जैसी चीज मुझे ऐसा करने से रोकती थी? क्या मैं अपने संस्कारों और लालसाओं के बीच कहीं झूल रहा था? क्या मुझे किसी से डर था? पर कुछ था जो मुझे सहज नहीं होने देता था। कुछ था, जो मुझे मेरी दबी इच्छा का अहसास तो देता था, पर उसका अंकुर फूटने नहीं देता था। कुछ था, जो मुझे न जीने देता था, न मरने देता था। न मैं जन्नत पाता था और न जन्नत की हूरें, न मैं दोजख पाता था और न दोजख की आग।

संगीता के इस एक सुराग ने मेरे तहखाने को खोल दिया था, जहाँ पहले मैं अँधेरे में, अन्धों की तरह, अलग-अलग चीजों को छूता रहता था।

"क्या कहना चाहती हो?" मैं फिर नासमझ बन पूछ रहा था।

"यही कि तुमने ही पहले उसे उकसाया होगा कि वह तुम्हारी तरफ खिंचे और पीछे हट गए होंगे।" संगीता ने कहा तो मेरी जान-में-जान आई कि जो मैं अनुमान कर रहा था, वैसा वह कुछ नहीं समझी है।

पर उसके एक वाक्य से मैं खुद को समझ गया था। 'छिः' मेरे मन में यह लफ्ज उछला था। यह शायद मेरे लिए था या शायद इस बात के लिए कि मैं खुद के पाक साफ निकल जाने से कैसे खुश हो सकता हूँ या शायद यह बस मेरी मूर्खता के लिए एक मीठी झिड़की था।

"तुम्हें वहम ज्यादा होते हैं। मुझ पर बेवजह के इलजाम लगाकर खुद को ज्यादा समझदार होने का मुगालता मत पालो।" मैंने उलटे उसी पर इलजाम जड़ दिया।

अपनी औरत की ताकत स्वीकारने का मतलब मर्द की ताजिन्दगी गुलामी होती है। मैं चाहते हुए भी इसे भुला नहीं पाता था। मैं, वे घर भी नहीं भुला पाता था, जहाँ औरतों की चलती थी। वे कोहराम के घर थे, परिवार नहीं।

"क्या मैं मर्दवादी हूँ"—यकायक मेरा मन इस विचार से विचलित हुआ था। मैं बस अपनी स्मृतियों से डर रहा था। मैं बस अपना घर बचाना चाहता था। मैं तो बस अपना परिवार बनाना चाहता था। पर कुछ नहीं बचा...न घर...न परिवार...न जिन्दगी।

क्या जिन घरों में औरतों की चलती है, वे घर कोहराम के घर इसीलिए नहीं बन गए हैं, कि आदमी चुपचाप उनकी ताकत और समझदारी को सहन नहीं कर पाते? क्या गैर-दलित भी आदमियों की तरह पिछड़ों और दलितों की इसी ताकत और समझदारी को इसीलिए बरदाश्त नहीं कर पाते? क्या अमेरिका भी अपनी, इसी मर्दानगी के कारण, तीसरे विश्व के देशों को बरदाश्त नहीं कर पाता है?

इसीलिए शायद ये परिवार, ये राष्ट्र और ये दुनिया कोहराम से भार बन गए हैं।

"मैं आयशा को सारी बातें साफ कर चुकी हूँ। इस मामले पर मैं दोबारा बात नहीं करना चाहती।" यह इतना सख्त लहजा था कि मैं दोबारा वाकई हिम्मत नहीं जुटा सका।

"मैं तुम्हें बहुत प्यार करता हूँ संगीता।"

"यह वाकई मैं बोलना चाहता था पर कहीं-न-कहीं इस विचार की बदबू भी इसमें थी कि मजबूत औरतें, मर्दों के समर्पण से मूर्ख बन जाती हैं।"

कहीं मजबूत पिछड़े या दलित भी तो सवर्णों के जाली समर्पण से इसी तरह मूर्ख तो नहीं बन जाते हैं। कहीं अपनी सत्ता की स्वीकार्यता को इस जाली समर्पण से वे सत्यापित तो नहीं करते हैं। कहीं कोई हीनभावना उनके अहम् को तुष्ट तो नहीं करती है। यह कैसी विडम्बना है!

"हो सकता है।" अपना हाथ उसने मेरे हाथ के नीचे से निकालते हुए कहा, जो अपनी बात कहते हुए मैंने पकड़ लिया था। "इन बातों का कोई अर्थ

नहीं बचा।'' ये बहुत भारी पल थे और उसकी आवाज बहुत हलकी थी। इन शब्दों के भार से मैं दब गया था। ''तुम अपनी जगह खुश रहो, मैं अपनी जगह।''

''इस बच्चे के लिए मैं भी उतना ही जरूरी हूँ, जितनी तुम।'' इस बार मैंने उसके उभरे हुए पेट पर हाथ रखा था।

इस बात में कोई कपट नहीं था, सिर्फ प्यार था और जिम्मेदारी थी। वह सिर्फ उसका नहीं था, वह सिर्फ मेरा भी नहीं था। वह हम दोनों का था। हम दोनों के होने का अर्थ था। हम दोनों के होने का सहउत्पाद था। हम दोनों के होने के वर्तमान का भविष्य था।

''कभी-कभी सोचती हूँ कि मैं क्यों जी रही हूँ?'' वह बुदबुदाई थी।

''मेरे पास मर जाने की हजार वजह हैं, जीने के लिए एक भी नहीं पर फिर भी मैं मरती नहीं हूँ। क्यों? जानते हो सिर्फ यही एक बात कि मैं कुछ रच रही हूँ...यही मकसद मुझे जीने का सम्बल देता है। इस जीवन के पार कुछ नहीं है, पर इधर है। मुझे भी डर लगता है...अकेलेपन से, खुद से, तुमसे...पर कुछ कर नहीं सकती।''

वह धीमे-धीमे बोलती रही थी, जैसे ऑटो के काले रेगजीन के बावजूद धूप की ताप, हमारे चारों तरफ पसरी हुई थी।

''जिन्दगी एक ही बार मिलती है। शादी तो बहुत सारे दूसरों सहारों की तरह एक सहारा है। अकेलेपन को काटने और बाँटने का।'' उसकी निगाहें अनन्त में थीं। ''शरीर अपना उपाय ढूँढ़ लेता है।''

''तुम लौट आओ।'' मैंने दोनों हाथ उसके सामने जोड़ दिए थे। वह मुँह फेरकर बाहर देखने लगी थी।

सहसा मुझे ऑटोवाले की उपस्थिति का अहसास हुआ था। वह सामने चौंधियाई हुई सड़क पर नजरें जमाए ऑटो चलाने में मशगूल था। वह शायद मियाँ-बीबी के झगड़े को समझ गया था और यह भी समझ गया था कि हमें ज्यादा-से-ज्यादा वक्त की जरूरत है। वह अपने मन से ऑटो चला रहा था। उसका जहाँ मन होता मोड़ देता और जहाँ भी पेड़ों की छाया देख मन होता पेशाब करने के बहाने रोककर खड़ा हो जाता था। इस बीच वह दो बार पेशाब कर चुका था और दो बार बीड़ी-माचिस खरीद चुका था। वह भला आदमी था, पर हमारा ध्यान इस तरफ, उस वक्त नहीं गया था। हम किसी और दुनिया में थे और यह दुनिया अपना अर्थ खो चुकी थी।

''अम्माजी और आयशा की सिर्फ इस बात को मैं मान रही हूँ कि यह बच्चा बेकसूर है।'' कुछ पलों की चुप्पी के बाद वह बोली थी।

"मैं तुम्हारी तरह इस बेकसूर के सामने कसूरवार नहीं बनना चाहती...इससे ज्यादा कुछ नहीं...जिनके सपने बड़े होते हैं उनके गुनाह भी बड़े होते हैं।"

फिर मैंने उसे उसके हॉस्टल के गेट पर छोड़ दिया था।

"मैडम लौट आएँगी सर।" ऑटोवाले ने निम्नवर्गीय मानसिकता के अनुसार बेवजह हस्तक्षेप किया था...मेरे विचारों में, संगीता के जाने के बाद। मैं कोई प्रत्युत्तर नहीं दे सका। मैं उस स्थिति में नहीं था।

उस रात मुझे और रातों से सोने की खातिर ज्यादा उपक्रम करना पड़ा था। बार-बार, घूम-घूमकर वही बातें याद आ रही थीं। उन बातों को, न कह पाने की खीज, मन को मथ रही थी, जो मैं कहना चाहता था और कह नहीं सका था। उन बातों पर गुस्सा आ रहा था, जो उस वक्त कही जानी थी पर तब याद नहीं आई थी। उन बातों के अनेक कोण मेरे सामने खुलते और बन्द होते जाते थे। यह अलग मुझे तोड़ रहा था। मैं नींद ढूँढ़ रहा था पर वह जाने कहाँ छिप बैठी थी। कभी इस करवट लेटता, कभी उस करवट। कभी सीधा हाथ छाती पर रखता, कभी उलटा हाथ। कभी दोनों हाथों को एक-दूसरे में फँसाकर मोटी मुट्ठी बनाकर पेट पर रख लेता। कभी पेट के बल लेटा, कभी एकदम चित्त, पर नींद नहीं आनी थी और नहीं आई।

मैं उठ बैठा...फिर लेट गया...फिर उठा और आहिस्ता-आहिस्ता कमरे में टहलने लगा। पर बातें मेरा पीछा नहीं छोड़ रही थी और नींद पकड़ में नहीं आ रही थी। मैं रोज ऐसे ही करता था, पर तब किसी-न-किसी कोण में सुख महसूस करते हुए मैं नींद की आगोश में जाने कब चला जाता था। पर आज ऐसा नहीं हो पा रहा था।

आखिर मैंने हारकर अपने सिर के नीचे अपनी दोनों हथेलियाँ दबाई और चिन्तन मुद्रा में खुद को उसके पूरी तरह हवाले कर दिया, फिर जाने कब मुझे नींद चुपचाप आकर घसीट ले गई थी।

एक बार सुखजोत चाची से पता चला था कि डिस्पेंसरी में संगीता की किसी साथी डॉक्टर से तकरार हो गई थी। मैंने वजह जाननी चाही थी पर चाची टालती जा रही थी। हालाँकि, आमतौर पर कोई व्यक्ति बात न बताना चाहे तो मैं जिद नहीं करता था। यह मामला सुखजीत चाची का व्यक्तिगत नहीं था, संगीता का था और संगीता का मामला, मेरा अपना मामला था। काफी टालमटोल के बाद, उन्होंने जो बताया, पहले उससे मैं अवाक् रह गया था। मुझे गुस्सा आया था, शायद गुस्से से ज्यादा यह क्षोभ था।

उस डॉक्टर का नाम आदित्य था और वह अविवाहित था। वह शायद संगीता को पसन्द करता था और संगीता के बार-बार मना करने के बावजूद प्रेम प्रदर्शित

करता रहता था। आदित्य के दिल में शायद संगीता का मुझसे अलग हो जाना फीरोज की तरह उम्मीद पैदा कर रहा था। फीरोज निगार को लेकर यही उधेड़बुन तो करता रहता था।

''मैं उस हरामजादे के दाँत तोड़ दूँगा'' मैंने उसी शाम संगीता को फोन किया था। मैं और भी जाने क्या-क्या अनाप-शनाप बोलता रहा था। मैं आपे में नहीं था।

''तुम होते कौन हो?'' आखिर उसने चुप्पी तोड़ी थी। ''यह मेरा मामला है...माइंड योर ओन बिजनेस।'' यह इतना कड़वा और बेलिहाज लहजा था कि मुझे यकीन ही नहीं हुआ, पल-भर को लगा कि क्या यह वही मेरी पुरानी संगीता है। उस एक स्वर ने मेरे आस-पास के सारे माहौल को गुम कर दिया था।

''अब भी हमारे बीच कुछ है।'' ये शब्द एक साथ नहीं निकले थे। बहुत बड़े-बड़े पत्थरों को जैसे धक्का देकर धीरे-धीरे सरकाया जाता है, वैसे ही भारी शब्द थे ये।

''नहीं...यह तुम्हारी गलतफहमी है सिर्फ...यह सिर्फ मेरा मामला है।'' फिर संगीता ने फोन काट दिया था।

''क्या आप से बात होती है उसकी।'' मैं अम्मा से मिलने घर गया था। यह बारिश का दिन था। छाते के बावजूद मैं भीग गया था।

''हूँ।'' अम्मा सुनकर खाट पर अधलेटी-सी हो गई थी।

मैं उनके पैर दबाने लगा था। उन्होंने एक बार मना भी किया पर मैं आदतानुसार पैर दबाता रहा। कुछ देर अम्मा चुप रही और मैं उनके बोलने का इन्तजार करता रहा। यहाँ रोशनी कम आ रही थी पर अम्मा के माथे पर जगमगाहट थी। कहीं अम्मा संगीता के साथ तो नहीं हैं—यह विचार मेरे मन में सहसा और अविश्वसनीय ढंग से उठा था। मैं तय नहीं कर पाया कि मैं अम्मा के बारे में ऐसा क्यों सोच बैठा? क्या मेरे स्वभाव का यह आधार भूत तत्त्व है? क्या मैं संगीता को खोने के डर से घबरा गया था और सब पर शक कर रहा था? अम्मा इन सब बातों से बेखबर, मुझे आशीषें दे रही थी। हम दो अलग द्वीपों की तरह, अपने-अपने समुद्रों की पछाड़े खा रहे थे।

अम्मा ने हाथ से पैर न दबाने का इशारा किया था। मैं रुक गया था। मैं इन्तजार कर रहा था कि वह कुछ कहें, पर अम्मा अब भी चुप रहीं। मैं चुपचाप चादर के रंग-बिरंगे गोलों और चतुर्भुजों पर उँगलियाँ फेरने लगा था। बीच-बीच में अम्मा के चेहरे की तरफ देखता पर वहाँ सिर्फ जगमगाहट थी और एक रहस्यमयी चुप्पी। अम्मा कहीं सो तो नहीं गई क्योंकि वह बिलकुल निस्पन्द लेटी थी। मैंने उन्हें बेहरकत देख सोचा था।

"अम्मा...।" मैंने कहा तो वहाँ आ बैठी चुप्पी, बिल्ली की तरह भाग गई।

"हूँ।" वह जागी हुई थी।

क्या अम्मा वाकई जाग गई थी? अम्मा का व्यवहार और सोच उनके जागने का सबूत देता था। बूढ़े लोगों के विपरीत उन्हें आधुनिक समाज की ज्यादातर बातें अच्छी लगती थी। अम्मा शिकायती नहीं थी।

"मेरे बारे में कुछ कहती है?" मुझे अब सब्र नहीं हुआ था।

"बत्ती जला दे, सँझा का समय है।" उन्होंने मेरी बात अनसुनी कर दी। क्या वह जानबूझकर ऐसा कर रही है? मैंने सोचा था।

मैं उठकर दीवार के पास गया था, जहाँ बोर्ड था। मैंने स्विच ऑन किया, पर ट्यूबलाइट नहीं जली। स्विच बन्द करके मैंने दोबारा ऑन किया पर व्यर्थ। मैं साथ के कमरे से स्टूल उठाकर लाया और चढ़कर स्टार्टर घुमाने लगा, फिर ट्यूब घुमाई तो वह झप-झप करके जल गई।

"उसका रोज फोन आता है।" मेरे बैठते ही अम्मा ने कहा था। "मेरी दवा-दारु का वही ख्याल रखती है।"

अम्मा से मैंने डॉक्टर आदित्य के झगड़े की बात छेड़ी तो उन्हें इसका भी पता था। पहले तो अम्मा ने सुखजोत चाची को गालियाँ दी कि क्यों उन्होंने मुझे यह सब बताया? फिर कहने लगी कि औरतों की ऐसी बातें आदमियों को नहीं बतानी चाहिए। औरतें खुद ही निबट लेती हैं इन बातों से तो। आदमी के बीच में पड़ने से बेवजह छोटी बात बड़ी हो जाती है। आदमी सौ सवाल तो अपनी ही औरत से करेगा कि आखिर तुम्हारे साथ ही ऐसा क्यों हुआ? पता लगा कि नमाज बख्शवाने गए और रोजे गले पड़ गए। अम्मा समझाने लगी थी।

"अभी हफ्ता-भर पहले पन्ना की तबियत बिगड़ गई थी घर पर कोई नहीं था उस वक्त।" अम्मा बताने लगी थी। "तेरे मोबाइल पर फोन किया था।" मेरी आँखों में हैरत और सवाल देखकर अम्मा ने मेरे कन्धे पर हाथ रखा था। "रिंकू और सुमन को तो फोन करना बेकार ही है किसी काम के लिए...उनकी नौकरी ही ऐसी है...चीकू, मीना को लेकर ससुराल गया हुआ था।" अम्मा अब पलथी मारकर बैठ गई थी, खाट पर। फिर उन्होंने खँखार कर गला साफ किया और झुककर थूकदान में थूक दिया। "तब मैंने संगीता को फोन किया था तो पन्द्रह-बीस मिनट में पहुँच गई थी वह...तुझे पता है आठवाँ महीना चल रहा है उसका...फिर भी।" कहते हुए अम्मा की आँखों में आशीर्वाद मिश्रित प्रशंसा थी।

"ऐसी हिम्मती है मेरी संगीता, मास्टरजी तुम नहीं समझे उसे।" उन्होंने शायद उलाहने और प्यार से मेरे सिर पर चपत लगाई थी।

''क्या सच में, अम्मा मैं उसे समझ नहीं सका हूँ।'' मैं आहत हुआ था।

अम्मा की जगह यह बात कोई और कहता तो यह मेरे दुखी होने या सोचने की नहीं थी, पर अम्मा की बात, साठ साल के अनुभव और सूझ-बूझ से निकलकर आती थी।

''नहीं रे...तेरा दिल तो साफ पानी है, तू नहीं समझेगा तो कोई नहीं समझेगा इसे।'' अम्मा ने मेरे सिर के बालों में उँगलियाँ फिराई थी, प्यार से। ''मैं उसके प्यार करने और निछावर होने की ताकत की बात कर रही हूँ मास्टरजी।''

''उल्लू की पट्ठी।'' मैंने, मन-ही-मन, अपनी संगीता को गाली दी थी। यह चिढ़ ज्यादा थी या प्यार मैं ठीक-ठाक समझ नहीं सका था। जब मुझसे कोई रिश्ता नहीं रखना तो अम्मा पर या मेरे परिवार पर इतना कुरबान-मेहरबान होने की क्या जरूरत पड़ी है।

मुझे जून की वह तपती दोपहरी याद आई थी। उसका टका-सा इनकार याद आया था। उसकी बेरूखी याद आई थी। साथी डॉक्टर से हुई उसकी तकरार पर मेरा फोन करना, मुझे याद आया था। उसकी फटकार याद आई थी, उसकी उपेक्षा, उसकी हिंसक आवाज याद आई थी...। सब कुछ। पिछले तीन महीने की सारी कड़वाहट एकबारगी घूम गई थी। यह कोई और संगीता है शायद! क्या वह मुझे मेरी नजरों में गिराना चाहती है?...ताकि मेरा परिवार उसके सामने और ज्यादा शर्मिंदगी महसूस करे।

मुझे प्यार आ रहा था, गुस्सा भी।

''मेरे लिए कुछ कहा कभी?'' मैंने उत्सुकता से सवाल उछाला।

''तलाक के कागज बनवा लिए थे उसने, वकील से।'' अम्मा मेरी आँखों में झाँकने लगी थी। क्या वहाँ कोई दीनता थी? अम्मा का स्वर फिर करुणार्द्र हो गया था। ''तेरे साइन के लिए भेज रही थी, मैंने मना किया था, एक बार फिर सोचने के लिए कहा था आखिरी बार, पर वह मानी नहीं थी, फिर कुछ दिन बाद फोन आया था कि नहीं भेज रही हूँ कागज।''

''क्यों?'' कहते हुए मुझे आयशा की बातें याद आई थी। वह क्या इसी बीच संगीता से मिली थी? शायद मेरा अनुमान सही था।

''पता नहीं कह रही थी कि रिश्ता तो मन का है, जब मन ही मर गया तो कागज का टुकड़ा क्या, रिश्ता क्या। मैंने समझाया था उसे, उस दिन भी कि जिनके साथ रिश्ते बचाए रखने हों तो उनकी गलतियों को भूलना पड़ता है और जिनसे तोड़ना हो उनकी गलतियाँ ढूँढ़ लो।''

''ज़िद्दी है।'' मैं अबकी बार उबल ही पड़ा था।

"नहीं...आतमसम्मानी है।" अम्मा की आवाज में, संगीता का पक्ष दृढ़ता बनकर उतर आया था। "उसकी जगह कोई भी औरत हो उसे ऐसा ही करना चाहिए।"

"अम्मा...मैं तुम्हारा हूँ।" मैं रुआँसा हो गया था।

"वो भी मेरी है।" अम्मा की दृढ़ता और कठोर हो गई थी।

इसके बाद पता नहीं क्यों, मैं कुछ न बोल पाया था, अम्मा भी नहीं बोली कुछ। हम दोनों एक-दूसरे के लिए अपरिचित, अजनबी हो गए थे।

वक्त के विशाल मकड़े ने हम दोनों के आस-पास अबोले का एक जाल-सा बुन दिया था। इस जाल के पार से सिर्फ कुछ आवाजें थीं, जो छन-छन कर हम तक पहुँच रही थी। अम्मा के अजीब रूप थे। मैं फिर लौट आया था।

वक्त का पंछी उड़ता है तो उसके पंखों के रगड़ने की आवाज़ भी नहीं होती, पर...ये दिन ऐसे नहीं कटे थे। ये दिन, मरणासन्न चूहे की तरह थे, जो वक्त के बिलौटे के दाँतों में, छटपटाते हुए बीते थे।

संगीता की उपेक्षा, चुभती थी, उसकी यादों के छोटे-छोटे तीर, गहरे तक बेधते थे।

"जब किसी अमरूद के पेड़ की एक डाल पर लगे दो अमरूद भी रंग, आकार और स्वाद में एक जैसे नहीं होते, तब किसी जाति या धर्म के करोड़ों-करोड़ लोग एक जैसे कैसे हो सकते हैं?" मैंने आजिज आकर कहा था।

वह पिछले एक घंटे से मुझे अपने 'सीधे रास्ते' पर लाने में लगे हुए थे। वह मुझे फीरोज के खिलाफ करना चाहते थे। वह चाहते थे कि मैं उसे अस्पतालवाली परियोजना से बाहर कर दूँ और वैशाली से शादी न होने दूँ। वह फीरोज को मददगार और अविश्वसनीय बता रहे थे।

मैं जानता था कि चाचाजी सिर्फ मुसलमानों के विरोधी नहीं थे, वह जाटवों के भी विरोधी थे और बहुत भीतर ब्राह्मणों के भी। मुसलमानों के विरोधी तो वह हाल ही में किसी हिन्दूवादी दल में जाने के बाद बने थे। ऐसे नए-नए हिन्दू, नए-नए मुसलमानों से भी ज्यादा धार्मिकता दिखाते हैं। चाचाजी ऐसे ही नए-नए हिन्दू थे, जो बात-बात पर 'बच्चा-बच्चा राम का, जन्मभूमि के काम' का रोने लगते थे।

वह वास्तव में संवेदनशील व्यक्ति थे या शायद भावुक। साधू, माफिया और संवेदनशील लोग हद दर्जे के स्वार्थी लगते थे मुझे। वे कमजोर होते हैं और शायद इसी कमजोरी के कारण बेहद स्वार्थी भी।

वह खटीकों के लिए भी मरना नहीं चाहते थे। वह सिर्फ खुद के लिए मर-मिट सकते थे, इसमें जो भी उनका सहायक बन सके, वह उसके लिए, उसके साथ थे। अगर वह मुसलमान होते तो शायद उनसे सच्चा मुसलमान भी दूसरा नहीं होता दिखावे में और वह इसी पाक इरादे से हिन्दुओं या गैर-मुसलमानों से लड़ाई लड़ते।

चाचाजी के अचानक, इस तरह आ जाने को, मैंने विस्मय से नहीं देखा था। यह स्वाभाविक था। मैं जानता था कि हम पर नजर रखी जा रही थी। सत्ता और सत्ता के अप्रत्यक्ष दावेदार, हमारे हर काम की निगरानी कर रहे थे। यह उनका फर्ज था, उनकी जिम्मेदारी थी और उनका स्वार्थ भी। चाचाजी, जहाँ से संचालित होकर मुझ तक पहुँचे थे, वे सत्ता के अनधिकृत परन्तु ताकतवर केन्द्र थे।

''पर अमरूद के पेड़ पर सेब तो नहीं लगते। तुमने भले देखे हों, बनवारीलाल ने तो नहीं देखे।'' उन्होंने गर्दन मटकाते हुए उँगलियाँ नचाई।

''मेरे लिए फीरोज को छोड़ना नामुमकिन है।'' वह कुतर्क पर उतर चुके थे, इसलिए अब मुझे दो टूक शब्दों में उन्हें समझाना जरूरी लगा। यह मैं पहले ही कर देता तो शायद इतना वक्त भी खराब न करना पड़ता। पर यह तानाशाही शायद गलत होती।

हमें दूसरों को सुनने और अपनी गलतियाँ ढूँढ़ने के मौकों से परहेज नहीं करना चाहिए। मैं उनके साथ इतनी देर तक बातचीत इसीलिए करता रहा था। बातचीत विरोधियों से भी चलती रहनी चाहिए।

''तू बच्चा है लाला। इन्हें बनवारी जानता है खूब। बँटवारे के वक्त इन्होंने हमारी औरतों पर कैसे-कैसे जुल्म ढाए थे। हमारी औरतों के बोबे तक काट दिए थे इन्होंने।'' बोलते-बोलते उनके होंठ खिंच गए थे, भवें उठ गई थी और नथुने फड़कने लगे थे।

वह और भी कुछ-कुछ बोलते रहे। उन्हें अपने पूरे संवाद याद थे और मैं जान गया था कि मुझे प्रभावित करने के लिए वह अपनी कायिक चेष्टाओं का उपयोग भी सम्मोहन के लिए कर रहे थे। पर यह सब व्यर्थ था। उन्हें सुनते हुए इस बीच मैंने कैलेंडर की तारीख पढ़ी और अपने कार्यक्रम में बचे दिनों का हिसाब लगाया। कैलेंडर पर जीभ चिढ़ाते बच्चे का फोटो देखकर मन-ही-मन मुस्कराया और फिर खुद को उसकी जगह और अपनी जगह चाचाजी को रखकर देखने की कल्पना की थी। बाहर गहराती शाम का अन्दाजा कर उनके निकलने की कामना की थी। संगीता का दो-एक बार और आयशा का दस-बारह बार ख्याल आया था। मैं उस पल को भी कोस रहा था, जब मैंने उन्हें अपने खाली

होने की बात कहकर, उन्हें अतिरिक्त बोलने की जगह दी थी। अब मैं चुप रहूँगा और इन्हें टालूँगा। ताज्जुब मुझे इस बात पर हुआ था कि उन्हें वैशाली से फीरोज की होनेवाली शादी के बारे में भी पता था। यह बात तो चन्द लोगों तक ही सीमित थी।

"आप क्या बँटवारे के वक्त पैदा हो गए थे?" मैं फिर बोल पड़ा था। मैं चुप रहने की प्रतिज्ञा के बावजूद, उनकी बेवकूफाना बातों से भड़क गया था। मुझे उनकी उम्र का अन्दाजा था। वह ज्यादा-से-ज्यादा चालीस से पैंतालीस के बीच थे।

"बँटवारे की लड़ाई देखना जरूरी है क्या? आए दिन दंगों में हम नहीं देखते-सुनते? क्या तुम्हारी तरह सब अक्ल के अन्धे हैं?" वह अब अपशब्दों पर उतर आए थे। उम्र और रिश्ते में बड़े होने का वह अनुचित लाभ उठा रहे थे।

"ये कहीं चैन से बैठते हैं?" वह बेचैन हो गए थे शायद मेरी बात से चिढ़ गए हों। "हिन्दू शान्तिप्रिय और सहनशील होते हैं।"

"आप हिन्दू हैं?" मैं खुद को रोकते-रोकते भी बोल पड़ा।

मैं जानता था कि जिस हिन्दू धर्म को देश की सर्वोच्च बुद्धि परिभाषित न कर सकी हो तो ये अदने से जीव किस खेत की मूली हैं।

"हाँ...बनवारीलाल हिन्दू हैं...गर्व से कहो कि हम हिन्दू हैं।" वह मुट्ठी बाँधकर नारे की भाषा में चिल्लाए।

आस-पास अँधेरा भरने लगा था बाहर का।

"और जाटव-वाल्मीकि?" मैंने अपनी बात रखने की भूमिका बनाई।

"सीधे बोलो चूहड़े-चमार...वे हरिजन होते हैं।" उनके कहने में घृणा थी।

"मतलब ये हिन्दू नहीं होते?"

"होते हैं, पर छोटी जात के...दूसरे हिन्दू होते हैं।" उनके कहने में उपेक्षा थी।

"तब बामन-ठाकुरों के साथ तो आपकी बराबरी होगी?"

"नहीं वे तो हमसे बड़े हैं...हम तो परजा हैं।" उनके कहने में समर्पण था।

"मतलब उनकी नज़र में आप हरिजन हुए।" मैंने उनकी तरफ देखा।

मुझे याद आए थे, गाँव लालपुर खुर्द और वहाँ के प्रधान भरतीराम। भरतीराम बलाई थे और वाल्मीकियों को हरिजन कह रहे थे।

चाचाजी के चेहरे का रंग बदल गया था। मैंने उसे पहचान लिया था। "हैं कि नहीं अपने से छोटी जात हरिजन हुई कि नहीं?"

"हैं उनका मुँह खुल गया। नहीं हम हरिजन नहीं हैं।" वह सोते से जाग गए जैसे।

"तब कोई भी जात हरिजन कैसे हो सकती है?" मेरे लहजे में सपाट और निर्भाव शब्द थे। इसके बावजूद शब्दों में पक्षधरता थी। "अच्छा ये बताइए कि अगर ये जातियाँ हिन्दू हैं तो ये दूसरे हिन्दू उनकी जान-माल और औरतों के दुश्मन उसी तरह क्यों बन जाता है, जैसे गैर-हिन्दुओं के। पादरी स्टेन्स, बाबरी मस्जिद, गोधरा याद है कुछ।"

"मुसलमानों में भी जात है।" वे पढ़े हुए तोते एक बार फिर बोले।

"तो क्या हिन्दुओं की तरह कभी मुसलमानों ने मुसलमानों की जान-माल और औरतों को नुकसान पहुँचाया है?" मैंने भी अब उन्हें चुप करने की ठान ली थी। "बताइए क्या वे करते हैं जात के आधार पर आपस में कोई हिंसा और यह जात भी वहाँ सिर्फ हिन्दुस्तान की देन है।"

"पर भाया।" भाया कहते ही उनकी आवाज में आते ठंडेपन का अहसास हुआ था मुझे। "हिन्दुओं के मुहल्ले में जैसे मुसलमान का एक घर आराम से रह सकता है, वैसे मुसलमानों के मुहल्ले में हिन्दू घर नहीं रह सकता।" उनकी आवाज गर्म से नरम हो गई अब, उन्होंने शायद समर्पण की मानसिक तैयारी कर ली थी।

मैं इस सवाल का जवाब उन्हें बहुत आसानी से दे सकता था, शायद बहुत तफसील से। इस सवाल का जवाब मेरे पास था कि खुद हिन्दू मुसलमानों की तरह एक नहीं है। कि जिस तरह मुसलमान एक बड़ी पहचान है हिन्दू नहीं हैं। वे ब्राह्मण हैं, ठाकुर हैं, बनिए हैं, कायस्थ हैं, वे वाल्मीकि हैं, जाटव हैं, खटीक हैं, कोली हैं, वे नाई-कुर्मी-अहीर हैं, कि वे अलग-अलग और लगभग विरोधी पहचानों का एक ज़बरदस्ती बनाया गया कुनबा है।

वास्तव में, अलग-अलग कबीलों का एक बड़ा कुनबा है हिन्दू धर्म। इन कबीलों के अपने-अपने देवता थे। ये अपने-अपने देवताओं को पूजते थे और स्वाभाविक रूप से दूसरों के देवताओं को, उनके रीति-रिवाजों को नापसन्द करते थे। इसीलिए एक बड़े कुनबे में बन्द करने के बावजूद, ये अपनी पुरानी यादें और नापसन्दगियाँ भुला नहीं पाए थे। शैव, शाक्त, वैष्णव के अलावा, हजारों छोटी-छोटी पहचानें और उनके देवी-देवता, उनके रीति-रिवाज इसमें ठूँस दिए गए थे। इसीलिए, वे आपस में, आज भी अलग हैं, एक नहीं हैं और यह सहनशीलता, सहनशीलता नहीं मजबूरी है...एक कड़वी सच्चाई। जाटों के गाँव में ब्राह्मणों के दो घर वैसे ही रहते हैं, जैसे मुसलमानों के मुहल्ले में हिन्दू रहते हैं।

''अल्पसंख्यक हर जगह पिटता है और इसीलिए, बहुसंख्यकों के खिलाफ हमेशा दाँत बाहर और पूँछ अन्दर रखता है।'' मैं चाचाजी से सिर्फ इतना ही बोल सका था। कभी-कभी ज्यादा उद्वेलन, अभिव्यक्ति को अवरुद्ध और सीमित कर देता है।

मैं जानता था कि वह इस सूत्र-वाक्य को समझ लेंगे। मुझे एक बार उन्होंने अपने खटीक-भाइयों के ही खिलाफ शिकायत की थी। वह जिस गाँव में रहते थे, वहाँ उनके महामना गौत्र के लोग कम थे और सेजवाल गौत्र के खटीकों की संख्या ज्यादा थी। इसलिए पंचायत के हर फैसले में दबदबा सेजवालों का रहता था। उनकी मनमानी रहती थी।

इसके बाद, हम चाहकर भी बातचीत का आगे कोई सुराग नहीं ढूँढ़ पाए थे। काफी देर की चुप्पी के बीच एक बार, मैं बत्ती जलाने उठा और किताबें टेबल पर एक तरफ इकट्ठी करके रख दी।

''बनवारीलाल चलेगा भाया अब।'' वह घुटने पर जोर देकर उठे थे। ऊर्जाविहीन और बोझिल शब्द उनके टूटे कन्धों से गिरे थे हमारे बीच। वह दरवाजे की तरफ बढ़ गए थे। मैंने बढ़कर दरवाजा खोल दिया।

''हम कहाँ जाएँ भाया, कौन से कुँआ-भाड़ में?'' दरवाजे से बाहर निकलते हुए चाचाजी बुदबुदाए थे।

मैंने उन्हें ''अच्छा चाचाजी'' कहा था और सुनकर वह पलटकर मुस्कराए थे। उनकी यह मुस्कान बहुत हताश और दयनीय थी।

ट्रिन...ट्रिन...ट्रिन...अन्दर फोन बज रहा था। आदत के अनुसार पहले मोबाइल फोन की स्क्रीन पर नम्बर देखा, स्क्रीन पर सुशील का नाम आ रहा था।

''कहाँ मर गया था बे।'' फोन ऑन करते ही सुशील की दहाड़ सुनाई दी।

''अरे, वो चाचाजी भेजा खाकर गए हैं अभी...उन्हें दरवाजे तक छोड़ने गया था...बाहर तक। तू सुना।'' मैंने माथा दूसरे हाथ की उँगलियों से मसलते हुए कहा।

''क्या कह रहे थे।'' उसने उधर से पूछा। वह उनके जातिवादी रवैये से काफी परिचित था।

''फीरोज के लिए कह रहे थे कि मुसलमानों का भरोसा नहीं करना चाहिए।'' मैंने मुट्ठी बनाकर माथा ठोंकते हुए कहा।

''मुसलमानों से नहीं, हमें चमारों पर भरोसा नहीं करना चाहिए।'' वह हँस रहा था, पर मुझे कहीं यह अहसास हो रहा था कि उसके मन में कोई बात जरूर है जो उसे कसक रही है।

''प्लीज सुशील, अब तू मत शुरू होना। फोन कैसे किया?'' मैंने बातचीत विषय पर केन्द्रित करने की सोची।

''तूने हमारी एन.जी.ओ. की वेबसाइट तो बना दी है न?'' उधर से आवाज आई थी।

''हाँ।'' मैंने संक्षिप्त-सा उत्तर दिया।

''हाँ यार, टेक्नालॉजी से जुड़ने में ही दलितों का लाभ है।'' उधर से फिर आवाज आई थी।

''हूँ।'' मैंने इसके अलावा सिर्फ 'और कुछ' कहा था...दो-एक पल बाद।

''सभी को फोन कर दिए हैं न?'' उधर से फिर आवाज आई थी।

''हाँ।'' मैं डर रहा था कि कुछ भी ज्यादा बोलना पहले की तरह की माथापच्ची हो सकता है। वह चौदह अक्तूबर को अस्पताल शिशु-गृह और आँगनबाड़ी के भवन-निर्माण की नींव की ईंट रखे जाने की बाबत पूछ रहा था। चौदह अक्तूबर को ही उन्नीस सौ छप्पन में बाबा साहेब अम्बेडकर ने पुराने धर्म को, पुराने वस्त्रों की तरह उतार कर रखा था या और पुराने वस्त्रों को नया करके पहन लिया था।

यह दिन, दुनिया के ज्ञात इतिहास का सबसे बड़ा धर्मांतरण था।

''मैं कई दिन से एक बात कहना चाहता था तुमसे।''

''बोल।''

''मैं नहीं चाहता कि जयंत...जयंत अच्छा इनसान है, मुझे भी पसन्द है, सारे मतभेदों के बावजूद...पर मुझ पर दबाव है।'' सुशील रुक-रुक कर कह रहा था शायद हिचक रहा था।

''कहना क्या चाहता है सुशील।'' मैंने बेसब्री से पूछा।

''मैं नहीं चाहता कि कोई चमार इस प्रोजेक्ट में रहे।'' इस बार उधर से घृणा आई थी, ईर्ष्या आई थी, गुस्से की आँच आई थी।

''वे हमें हर जगह, अपनी संख्या की ताकत से कोने में कर देंगे।'' मेरे 'पर क्यों' पूछने पर उसने जवाब दिया था। ''वे हमें कभी लीडरशिप नहीं देंगे।'' मुझे चुप देख, दो-एक पल रुककर, उधर से प्रतिद्वन्द्विता आई थी।

''और तुम दे दोगे?''

''मैं क्या...मुझे अपने लोगों की चिन्ता है।'' उधर से उसकी साँसों की आवाजों के कुछ देर बाद उसकी आवाज आई थी। ''वे क्या ऐसे ही मर जाएँगे...कमजोर, फटेहाल...मुझपर दबाव है...जब हम अपनी जात के लिए करने लगते हैं तो यही लोग हमें जातिवादी कहने लगते हैं, दलितों के एक होने की बात करने लगते हैं, पर सच यह है कि ये लोग हमसे अपनी जात की सेवा कराना

चाहते हैं और हमारा 'इंडिपेंडेंट एक्जिसटेंस'' नहीं बनने देना चाहते।...इन्होंने हमारी जातों में काम करने के बारे में क्यों नहीं सोचा अब तक। हम ही दौड़ते रहें इनके लिए इधर-उधर।...तुम समझ कर भी नासमझ बने रहो या दलितों के एक होने का सपना देखते रहो...मैं यह नहीं कर सकता।'' उसकी खंड-खंड आवाज मेरे सपने को खंडित कर रही थी।

''हम अलग-अलग हैं क्या?'' मुझे उसके वक्तव्य पर हैरानी हो रही थी। क्या हो रहा है यह? क्यों वह ऐसा सोचने पर मजबूर हो गया है? कैसे हो गया 'यह सब?' मैं पूछ ही बैठा।

''हाँ...हम एक हैं भी और नहीं भी।''

इसके बाद, हम दोनों के बीच एक सन्नाटा पसर गया था जैसे कोई अजगर था जो फैलता जा रहा था।

''तू देख लेना...यह विरोध और बढ़ेगा कल...कल यह वेस्टर्न यू.पी. के चमारों के बीच होगा, तू देख लेना। इसीलिए मैं आज ही यह रेखा हमारे बीच खींच देना चाहता हूँ।'' उसने एक साँस में बात कह डाली।

''तुम भरमा गए हो, सुशील...शायद कुछ पुराने दिमागों की संगत से...न यह मुनासिब है और न मुमकिन...मिलते हैं फिर।'' मैंने उसकी हाँ-ना-का इन्तजार किए बिना फोन काट दिया था।

जब दोस्तों में प्रतिद्वन्द्विता हो जाए तो दोस्ती कभी बच नहीं सकती देर तक। देर-सबेर वह टूट ही जाती है।

पर क्यों मैं किसी एक बनवारीलाल, सुशील या किसी और एक को इतनी अहमियत दे रहा हूँ?

''यह बस अहंकारों का टकराव था और व्यक्तिगत उच्च आकांक्षाएँ थीं। इस मदहोशी में ये ताक़तवर और गद्दीनशीन लोग उन लोगों की तरफ नहीं देख पा रहे थे, जो देहातों में आज भी मिट रहे थे, जलाए जा रहे थे, मारे जा रहे थे। वे वाल्मीकि नहीं थे, जाटव भी नहीं, मुसहर भी नहीं, दुसाध भी नहीं, महार भी नहीं, मादिगा और धानुक भी नहीं, ...वे सताए हुए लोग थे...वे बस कमजोर लोग थे, जो अपनी हिफाजत करने के काबिल भी नहीं थे।

ये ताकतवर लोग उन कमजोर लोगों की जातें ढूँढ़ रहे थे।

दिन टूट-टूटकर घुलते रहे थे, जैसे ग्लेशियर से टूट-टूटकर नदी बनती जाती है।

चौदह अक्तूबर का दिन था यह। यह और दिनों से कुछ अलग नहीं था। बाहर वैसी ही सुबह थी और कमरे में वैसी ही उदास धूप, पर मन में

एक अजीब उत्साह था। यह उमंग इस दिन को और दिनों से अलग कर रही थी। यह एक उत्सव जैसा दिन था या शायद उत्सव जैसा मन था, इसलिए दिन भी वैसा ही लग रहा था। मन के सूरज की किरणें, पूरे कमरे, पूरी कायनात पर थी।

गाँव राजपुर खुर्द में हम सभी दस बजे तक पहुँच गए थे। सुशील, जयंत, वेदप्रकाश, फीरोज, चाचाजी, पिताजी, चीकू, असलम, राजबीर, सुदेश चाचा और सुखजीत चाची, भरतीरामजी, डॉ. बने सिंह, मास्टर रामरतन शर्मा, रतीराम और उनका बेटा धनीराम, विधायक डॉ. सुखदेव तँवर, सभी जुट गए थे।

नींव की पहली ईंट कौन रखे? भीड़ में यह सवाल गेंद बन गया था। सब एक-दूसरे का नाम ले रहे थे, पर शायद मन में, सब अपने ही बारे में सोच रहे हों। एक-दूसरे का नाम लेते हुए, उसके औचित्य के कारण भी गिनाए जा रहे थे। जिसका नाम लिया जाता था, वह विनम्रता और नाटकीयता से उसके लिए खुद की अयोग्यताएँ गिनाने लग जाता था और किसी दूसरे को या उसका नाम लेनेवाले को ही ज्यादा योग्य बताने लगता था। आधे-पौने घंटे तक यही नसब चलता रहा। नींव की ईंट मेरे माथे से होती हुई सुशील, जयंत, फीरोज, पिताजी और विधायक तक के जाकर लगी थी, पर सब बचा गए थे।

"प्रियंका की माँ से रखवाओ।" यह मास्टर रामरतन शर्मा की धीमी आवाज थी।

वह मेरे और सुशील के बीच में बैठे थे। वह इतने धीरे बोले ये कि बमुश्किल वह आवाज हम दोनों तक ही पहुँची थी। वह हम दोनों की सरहदों से बाहर जाने के लायक, वह मजबूत भी नहीं थी।

"प्रियंका की मदर से रखवाया जाए, प्रधानजी।" सुशील ने कहा था।

"बिलकुल।" सामने बैठे जयंत ने उसकी उछाली बात को लोक लिया था।

"बिलकुल-बिलकुल।" सभी लोग सहमत हो गए थे। यह अप्रत्याशित सुझाव था, पर वहाँ उपस्थित सभी चेहरों पर सहमति थी। विधायक डॉ. सुखदेव तँवर, बेशक कुछ बुझे मन से इसे स्वीकार कर रहे थे। वह राजनीतिक व्यक्ति थे और अपने ओहदे से परिचित थे।

मास्टर रामरतन शर्मा ने कहीं यह सुझाव जान-बूझकर तो नहीं दिया था...कहीं उनके मन में यह बात पहले से रही हो कि हो-न-हो, ईंट रखने का मौका एक विधायक को मिलेगा जो जाति से जाट है और खुद वह इस सब में कहीं नहीं है...

कुछ भी था, पर यह सुझाव था बहुत मानवीय और इसीलिए उचित भी।

''सुनिए-सुनिए साहब लोग सुनिए।''

प्रधान भरतीराम अपनी प्रधान के लहजे में बार-बार आते थे और बार-बार लौट जाते थे। सामने जाट जाति के गणमान्य लोग थे, मास्टर रामरतन शर्मा थे और हम लोग थे। उन्हें हमसे भय नहीं था पर दूसरों से तो था। फिर एक बार चुप्पी हो गई।

''हाँ भई भरती बोल, क्या कहना है तुझे?'' रतीराम ने डपटने के अन्दाज में कहा। पर उनका तरीका ही यही था, सभी से। वह विधायक को भी उनके नाम से नहीं, ''उनके पिता के लड़के'' के रूप में बुलाते थे।

''जी चौधरी साहब, पर वो तो पगलैट हो गई, मतलब—हाफ मैंड'', भरतीराम ने कनपटी के पास तर्जनी गोल-गोल घुमाकर, समझाने की कोशिश की थी कि वह पगला गई है।

''अबे हाफ मैंड है या पूरी...।'' यह किसी ग्रामीण का स्वर था।

''जी हजूर, मतलब मजदूरी पर तो जाती है पर...पर...प्रियंका की मौत के बाद...।'' भरतीराम की आवाज में डर था या लिहाज या डर में पैदा हुआ लिहाज, पर वह पूरी बात साफ-साफ नहीं बोल पाए थे।

गुलाम आदमी का फैसला भी गुलाम होता है।

''कोई बात ना, किसी को भेज, उसे बुलाओ, ये उसी का हक है।'' यह रतीराम की आवाज थी और आश्चर्यजनक रूप में बदली हुई। यह दूसरे रतीराम थे। अभी विधायक और अन्य लोगों से बात करनेवाले गाँव के चौधरी रतीराम नहीं रह गए थे।

सभी लोग आपस में खुसर-पुसर करने लगे थे। वक्त बीतता जा रहा था। सूरज की गर्मी से लोग खिसकते-खिसकते पेड़ों के आस-पास पहुँच गए थे।

मैंने घड़ी देखी पौने बारह बज चुके थे। आसमान साफ था, उम्मीद के उलट एकदम साफ। यह भी राजधानी का ही आसमान है...और इतना साफ।

डॉ. बने सिंह ने किसी लड़के को रूपा को बुलाने भेजा था, फिर खुद भी पीछे-पीछे चले गए थे। इस बीच सुशील, प्रियंका और उसकी माँ रूपा के बारे में बात करता रहा था। जयंत और पिताजी, आपस में बातें कर रहे थे, चीकू भी वहीं खड़ा था, उनके पास। विधायक कुर्सी पर पैर लटकाए, कभी इस पैर पर पैर रखकर हिलाते तो कभी उस पैर पर। मास्टर रामरतन शर्मा और चौधरी रतीराम दरी पर बैठे धीमे-धीमे कुछ बातें कर रहे थे।

प्रधान भरतीराम उनकी बातों पर ऐसे हामी भर रहे थे, जैसे उन्हें सब कुछ सुनाई दे रहा हो। वह मास्टर रामरतन शर्मा की बगल में दरी पर बैठे हुए थे।

दृश्य बार-बार बदल रहे थे। कभी कोई किसी दृश्य में पहुँच जाता था तो कोई कहीं से हट जाता था। यह मौका दृश्यों की आवृत्तियों का कोलाज जैसा था।

क्या यह जिन्दगी भी ऐसी ही नहीं है?

''ट्रिन...ट्रिन...।'' मेरे मोबाइल की आवाज ने मेरे दृश्यावलोकन को भंग किया। आदत के अनुसार मैंने पहले नम्बर पढ़ा, वहाँ पापा लिखा आ रहा था। इसका मतलब फोन घर से आ रहा था।

''हलो।'' मैंने फोन ऑन किया था।

''हाँ, मास्टरजी, मैं अम्मा बोल रही हूँ।'' उधर से अम्मा की आवाज आई थी।

''हाँ अम्मा बोलो, सब ठीक है न?'' मेरे स्वर में चिन्ता थी। मैं अपनी इस आदत से परेशान था।

''संगीता को अभी हस्पताल ले गए हैं...फोन आया था।'' अम्मा बताती जा रही थी।

मेरे मन में बेचैनी हो गई थी। डर था पिघलता हुआ, खुशी थी उछलती हुई! बातें करते हुए मैं उसी तरफ बढ़ चला था, जहाँ पिताजी, जयंत और चीकू खड़े थे। वे सब अपनी बातों में मशगूल थे और इनका ध्यान मेरी तरफ नहीं था।

''पापा, संगीता को भारतीय आयुर्विज्ञान हॉस्पिटल ले गए हैं, अम्मा का फोन था।'' मैंने बताया था।

''तुम निकलो, यहाँ हम सँभाल लेंगे।'' जयंत ने अधीरता से कहा।

''नहीं तुम रुको मास्टरजी...मैं और चीकू चले जाते हैं। तुम यहाँ का काम निबटा कर पहुँचो।'' कहकर पिताजी जेब से पैसे निकालकर गिनने लगे थे। मैंने तुरन्त पर्स खोलकर पाँच सौ के दस नोट उनके हाथ में रख दिए। ''चीकू तेरे पास कितने हैं?''

''हजार-पाँच सौ होंगे पापा। मैं तो रखकर नहीं चला था।'' चीकू की आवाज में असहायता का भाव था।

''कोई नहीं बाइस सौ मेरे पास हैं।'' वह बुदबुदाए। ''कुल लगभग आठ हजार हैं, काफी हैं।'' उन्होंने हिसाब लगाया।

''ये भी रख लीजिए अंकल।'' जयंत ने पाँच सौ के कुछ नोट निकाले थे।

''नहीं-नहीं तुम रुको, इतने में काम नहीं बनेगा तो चीकू को घर भेजकर और मँगा लूँगा।'' पिताजी ने आगे बढ़ते हुए कहा था। जयंत ने दो-तीन बार कहा भी पर पिताजी ने नहीं लिए। ''अभी तो दर्द शुरू हुए होंगे, वक्त लगेगा।'' उन्होंने

शायद मेरे चेहरे पर चिन्ता की रेखाएँ पढ़ ली थी। उन्होंने मेरे कन्धों को थपथपाया। न घबराने की सलाह दी थी और फोन पर, वहाँ का हाल बताते रहने का दिलासा दिया था।

मैं उड़कर वहाँ पहुँच जाना चाहता था पर...।

''रूपा अपने आदमी के साथ बेलदारी पे गई है।'' डॉ. बने सिंह ने आकर खबर दी।

अब फिर ढाक के तीन पात।

''विधायक साहब से हमारा अनुरोध है कि इस महत्त्वपूर्ण कार्य को वे अपने हाथों से अंजाम दें।'' सुशील, जयंत, फीरोज, भरतीराम और मैंने आपस में मंत्रणा कर ली थी, इस बीच।

सुशील ने खड़े होकर इसकी घोषणा कर दी। अब मैं भी इस काम को जल्द-से-जल्द निपटाना चाहता था।

''नहीं...नहीं जी।'' विधायक की जबान ना-ना कर रही थी और मूँछे मुस्करा रही थी। उनकी आँखें हँस रही थीं और माथे की रौनक खिलखिला रही थी, पर वह मना कर रहे थे। सभी के दबाव के आगे आखिर उन्हें 'जैसी पंचों की राय' कहकर यह काम करना ही पड़ा था।

कुछ देर बाद हम भाग निकले थे, अस्पताल की तरफ। फीरोज, असलम, सुशील, जयंत और भरतीराम भी साथ थे। पिताजी डिलीवरी रूम के बाहर कुर्सियों पर बैठे मिले। मीना अन्दर संगीता के पास थी। माँ कुर्सियों के दूसरे छोर पर बैठी, पीठ मोड़े खाना खा रही थी। चीकू, दवाइयाँ और सामान लेने गया था, जो डॉक्टर ने मँगाए थे।

फिर दृश्य बदला।

चीकू सामान लाकर डॉक्टर को दे चुका था और अब कुर्सी पर सुस्ता रहा था। मीना उसके कान के पास कुछ कहे जा रही थी। माँ उस दृश्य में नहीं थी। पिताजी बरामदे में टहल रहे थे। फीरोज, असलम, जयंत और सुशील खड़े-खड़े बातें कर रहे थे। भरतीराम मेरे सीधे हाथ के पास खड़े बीड़ी पी रहे थे। वेदप्रकाश इस दृश्य में जुड़ गया था।

दृश्य बदलते रहे।

''लड़की हुई है।'' माँ ने बाहर निकलते हुए पिताजी से कहा।

माँ की आवाज एक कुशल राजनीतिज्ञ की तरह थी। वह न खुश थीं, न दुखी। वह तटस्थ थीं। सब मुझे मुबारकें देने लगे थे। मैं पिता बन गया था।

''ओह मेरी बच्ची...मैं तेरा अहसानमन्द हूँ।'' मैंने मन में कहा था।

माँ की ही तरह, भरतीराम की आवाज भी थी। वह भी तटस्थ थे, पर बाकी सब लगभग उछल पड़े थे।

"तुम्हें पूछ रही है मास्टरजी।" अम्मा की आवाज मेरी चेतना में बजी थी।

दृश्य फिर बदल गया था। सब जा चुके थे। मैं कुर्सी पर बैठा-बैठा ही सो गया था। माँ की जगह इस दृश्य में अब अम्मा थी।

अम्मा पास की कुर्सी पर बैठ गई थी। मैंने घड़ी देखी। सात बज रहे थे। अस्पताल में बरामदा वैसा ही भरा हुआ था, लोग बदल गए थे। कुछ लोग जा चुके थे, कुछ जुड़ चुके थे और कुछ वही थे, जो दोपहर में थे, और शायद जाने की प्रतीक्षा में थे। पर कहाँ? क्या यही जिन्दगी है? ये जिन्दगी ऐसी क्यों है? मैं सोचता रहा।

मैंने अम्मा की तरफ देखा। वह आँखें बन्द किए कुर्सी पर पीठ टिकाए आराम की मुद्रा में थी।

क्या जीवन और मृत्यु सिर्फ मुद्राओं का बदलाव भर है? उनके झुर्रियों से भरे, गोरे चेहरे पर, एक निश्चिन्त शान्ति थी, जैसे कोई पहाड़ी गहरी झील का पानी स्थिर और शान्त रहता है। उनके सफेद बाल और सफेद भवें, बर्फ की तरह थी। बादामी शाल में लिपटी मेरी बूढ़ी अम्मा, मुझे नवप्रसूता बच्ची जैसी लगी थी।

कल मैं इनकी जगह इसी अवस्था में बैठूँगा। मैंने स्थिति विपर्यय किया था।

अम्मा की यह निश्चिन्त शान्ति मुझे अच्छी लगी थी। क्या मैं भी कल इसी तरह, इस निश्चिन्तता को प्राप्त कर पाऊँगा? क्या यह निश्चिन्त शान्ति, जीवन की सार्थकता से पैदा हुई है? आखिर अम्मा ने ऐसा कौन-सा बड़ा काम किया है? मैं विचारों के जाले में छटपटाने लगा था। मैं जितना निकलने और भिड़ने की कोशिश कर रहा था उतना ही और ज्यादा जकड़ता जा रहा था। मेरी हालत दलदल में फँसे हाथी जैसी थी।

इसी पल के एक सौवें हिस्से में सहसा ख्याल चमका था। मैंने खुद को सहज छोड़ दिया था, उस पल के हवाले कर दिया था। मैं बच गया था।

"तुम अभी तक यहीं हो।" अम्मा उठी और मेरा हाथ पकड़कर, उठाकर अन्दर की तरफ बढ़ चली।

जाने कब मैंने अम्मा को अपना हाथ सहारे के रूप में पकड़ा दिया था।

दो कमरों को पार करने के बाद, हम जिस तीसरे कमरे में पहुँचे, वहाँ बेड पर संगीता लेटी हुई थी। उसकी आँखें बन्द थी, पर यह मेरी संगीता नहीं थी। यह कोई और थी। यह रूप कोई और था। क्या सिर्फ माँ बनने-भर से संगीता

का रूप बदल गया? क्या मेरे भीतर भी कुछ बदल गया है? कैसी महक है, यह मेरे भीतर, और क्यों है? मैंने सोचा था।

सामने संगीता आँखें बन्द किए लेटी हुई थी।

"बैठ जा।" अम्मा बेड के पास रखे स्टूल पर बैठ गई थी। उन्होंने साथ रखे दूसरे स्टूल की तरफ इशारा किया था।

"बैठ जा।" भी उनकी आँखों ने ही कहा था।

मैं, ज्यों ही बैठने को हुआ था, मेरे फोन पर कम्पन हुई थी। मेरा ध्यान गया था। मैंने अस्पताल में आते ही, फोन 'साइलेंट' करके 'वाइब्रेशन' पर लगा दिया था।

राना का नाम स्क्रीन पर आ रहा था।

"क्या बेमौके।" मैंने मन में सोचा और सोचा कि काट दूँ पर नहीं काट सका।

"हाँ कहो राना।" मैं लम्बे-लम्बे डग भरते हुए, कमरे से बाहर निकलते हुए गलियारे तक पहुँच गया था।

"सॉरी यार, मैं नहीं आ सका...कुछ मजबूरी पड़ गई, दफ्तर की।" यह विनम्र स्वर था।

"कोई बात नहीं, सब निबट गया वहाँ, अभी मैं हॉस्पिटल में हूँ।" मैंने व्यग्रता से कहा।

"सब ठीक तो हैं न?" उसके स्वर में चिन्ता थी।

"कुछ नहीं, सब ठीक हैं...मैं बाप बन गया हूँ, मेरे घर बेटी आई है।"

"वाओ ग्रेट...बधाइयाँ।" उसके स्वर में उत्साह था। "आज दिन अच्छा है प्रोफेसर, सबको बधाइयाँ दे रहा हूँ सब तरफ खुशियाँ है, पता है तुम्हें कालरा ने भी शादी करने का फैसला कर लिया है, कोई 'विडो लेडी' है...इसका क्रेडिट वह तुम्हें दे रहा था।" उधर से रुककर यह प्रसन्न स्वर आया था, "हम मिले थे कभी उससे, बता रहा था कालरा।"

"मेरी तरफ से बधाई दे देना; ठीक है, फिर मिलते हैं।" उधर से राना के ओ.के. कहने पर मैंने फोन काट दिया था।

मैं वापस कमरे में पहुँचा। अम्मा संगीता के माथे पर हाथ फेर रही थी। संगीता अब भी आँखें बन्द किए थे, किसी छोटी बच्ची की तरह। शायद वह सो रही थी। उसके सिर पर बँधे नीले स्कार्फ पर मेरा ध्यान गया। यह मैंने ही उसे उपहार में दिया था, शादी से पहले, दूसरी मुलाकात पर।

अचानक संगीता ने आँखें खोल दी थी। उसे पता चल गया था कि कोई उसको तरफ अपलक देख रहा है? वह मेरी तरफ ही देख रही थी और इस देखने

में पहचान थी। वह अपनी बच्ची के पिता की तरफ देख रही थी। वह अपने पति की तरफ देख रही थी। "हम दो अधूरे व्यक्ति पूरे हो गए।" मैंने आगे बढ़कर कहा था।

संगीता ने कम्बल से अपना हाथ बाहर निकाला और कम्बल को थोड़ा-सा सरकाया था। वहाँ मेरी बच्ची थी...आँखें बन्द किए, वह मीठे सपने में थी, मेरी प्यारी-सी गिलहरी, मेरी गोरी-गोरी गुड़िया...मेरी साँस। उसके काले और रेशम से भी मुलायम बाल, माथे पर फैले हुए थे। वह एकदम सफेद रंग की थी, संगीता से रंग लिया था उसने।

"नाक-नक्शा, तेरे पर जाएगा।" अम्मा ने, मुझे उसकी तरफ निहारते देख कहा था।

मैं अब भी खड़ा था। आगे बढ़ने में कोई हिचक थी, जो मेरे हाथों में बेड़ी, बनकर आ पड़ी थी। मैं मुस्करा रहा था, उस छोटे-से अपने प्रतिरूप को देखकर। मैं आज में खड़ा हो भविष्य देख रहा था।

"औरत-मर्द आसानी से अलग हो सकते हैं मास्टरजी।" अम्मा ने मेरी हिचक पकड़ ली थी। वह कहते-कहते उठ गई थी। "माँ-बाप का अलग होना इतना आसान नहीं होता।"

धीमे-धीमे और छोटे-छोटे कदमों से चलते हुए, मेरी बूढ़ी अम्मा, एक छोटी बच्ची की तरह डगमग करती, ठुमकती, बाहर चली गई थी। उनकी बूढ़ी काली पुतलियों में आशीषें छलछला आई थीं।

"स्वागत है"—मेरी बच्ची ने, आँखें खोलकर, जैसे कहा था। वह टुकुर-टुकुर देख रही थी। इन आँखों में सिर्फ भोला आश्चर्य था।

"अम्मा...नाम?" मैंने, अम्मा से कहा था, जो दरवाजे तक पहुँच गई थी।

"तुम्हारी 'माया' है मास्टरजी।" अम्मा ने रुककर 'माया' पर जोर देते हुए कहा था।

"क्या जिन्दगी को हम, तुम्हारी तरह, सिर्फ अचम्भे की तरह ही देख सकते हैं, क्यों माया?" मैंने अपनी तर्जनी की पोर से, अपनी बच्ची के फाहे से बालों को माथे से ऊपर किया था।

"क्या हम वाकई, इससे ज्यादा कुछ नहीं कर सकते?" मैं बुदबुदाया था, पर यह स्पष्ट स्वर था। मैंने उसकी बन्द मुट्ठी, हलके-से खोली थी।

"यहाँ भी!" मैं फिर बुदबुदाया था। उसके अँगूठे की जड़ में, हथेली के पास एक निशान था...लहसुनियाँ...बिलकुल मक्खी के आकार का।

"साऽऽब, कचरा साफ कर दूँ?" मैं पलटा था, संगीता ने मेरे हाथ-पर-हाथ रखकर, पीछे की तरफ इशारा किया था।

वहाँ दरवाजे पर, एक साँवले रंग की महिला खड़ी थी। उसके हाथों में सफेद दस्ताने थे और मुँह पर कपड़ा बँधा था। उसकी निगाहें स्टूल के पास रखे डस्टबिन की तरफ थी।

"इस एक दुनिया में कितने संसार हैं!!!" मैंने माया की मुट्ठी में, अपनी उँगली पकड़ा दी थी।

मेरी आँखों को, माया के कान बन जाने दिया था।

संगीता के चेहरे का सवाल, मुस्कराहट में बदल गया था।

दृश्य फिर से बदल गया था।

●●●